빌 브라이슨의
틀리기 쉬운 영어

BRYSON'S DICTIONARY OF TROUBLESOME WORDS
by Bill Bryson

Copyright ⓒ Bill Bryson, 1984, 1987, 2001
All rights reserved.

Korean Translation Copyright ⓒ 2020 by MUNHAKDONGNE Publishing Corp.
Korean translation rights arranged with The Marsh Agency through EYA(Eric Yang Agency).

이 책의 한국어판 저작권은 EYA(Eric Yang Agency)를 통해
The Marsh Agency와 독점계약한 '㈜문학동네'에 있습니다.
저작권법에 의하여 한국 내에서 보호를 받는 저작물이므로
무단 전재와 무단 복제를 금합니다.

이 도서의 국립중앙도서관 출판예정도서목록(CIP)은
서지정보유통지원시스템 홈페이지(http://seoji.nl.go.kr)와
국가자료종합목록 구축시스템(http://kolis-net.nl.go.kr)에서 이용하실 수 있습니다.
(CIP제어번호: CIP2020005663)

빌 브라이슨의
틀리기 쉬운 영어

빌 브라이슨 지음 | 권상미 옮김

THE TIMES
교열기자 출신이 알려주는
유용한 영어 사용 팁

문학동네

서문

1983년 『펭귄 까다로운 낱말 사전』을 처음 집필했을 때 나는 더 타임스의 성실한 교열 기자였고, 어법에 민감하고 까다로운 태도는 내 직업의 근간이었다. 어차피 내가 채용된 것도 그 때문이기에, 나는 이 책임을 진지하게 받아들였다.

실은 책임을 너무 진지하게 받아들인 나머지, 내가 명확히 알지 못하는 영어 어법이 얼마나 광범위한지를 깨닫고는 펭귄북스의 친절한 편집자 도널드 맥팔런에게 편지를 써서 영어의 혼란스럽고 문제가 되는 측면들을 다루는 간단한 안내서가 필요하다고, 내가 그 일을 맡아볼 의향이 있다고 충동적으로 제안하기에 이르렀다. 놀랍고 감사하게도, 맥팔런 씨는 계약서와 함께 내가 무안해하지도 스스로를 과대평가하지도 않을 만큼 면밀히 산정한 금액을 계약금 조로 보내왔다. 이렇게 해서 나는 놀랍도록 무질서한 영어라는 언어를 이해하려는 작업에 착수했다.

초판에서 피력했듯이, 이미 책은 나왔지만 제목을 이렇게 붙였다면 설득력은 좀 떨어져도 더 정확했을 터다. '상당히 최근까지만 해도 지은이가 완전히 명확하게 알지 못하던 영어 어법의 모든 것에 대한 지침서'. 책에 나오는 거의 모든 내용은 일간지 교열 작업에서 맞닥뜨린 의문의 산물이었다. '10퍼센트 미만의 투표자'라고 말할 때 'fewer than 10 per cent of voters'로 써야 할까, 'less than 10 per cent'로 써야 할까? '그 여자보다 돈이 많다'고 할 때는 'more money than her'인가, 'than she'인가?

이런 질문들에 대한 해답을 찾는 게 늘 쉽진 않았다. 동료들의 조언을 구하는 것이 때로는 위험할 수도 있다는 걸 알게 됐다. 어떤 어법 항목이든 기자 두 명과 논의하면, 대부분 서로 상반되는, 확신에 찬 두 가지 답변을 듣게 됐다. 전통적인 참고문헌들은 더 도움이 되지 않았다. 이것들은 너무도 흔히 서로 모순되거나 다소 짜증스러운 태도를 보이거나, 독자들이 문법 세부 사항을 잘 알고 있다고 후하게—적어도 내 경우에는 그랬다—상정하고 있기 때문이었다. 이런 어려움 탓에, 아직도 많은 영어 사용자가 오랜 미신이자 부족한 이해에 불과한 지식을 근거로 어법에 관한 결정을 내린다. 예를 들면, 많은 이들이 분리 부정사를 완강히 거부하면서 그래야만 고급 문법을 구사하는 거라고 확신한다. (그렇지 않다.) 또 어떤 이들은 'hopefully'가 대단한 감염성이라도 있는 듯 사용을 피하면서 그 대신에 더 거추장스러운 'it is hoped'를 쓰면서 문법의 미심쩍은 점을 충족하려 하지만 내가 보기에 개중 많은 이는 이 점을 명확히 설명할 수 없다. 이런 사람들에게 올바른 영어란 생각을 명확하게 표현하는 수단이라기보다 어떤 임의적인 틀에 단어들을 끼워맞추는 것에 더욱 가깝다.

하지만 영어, 그 흥미로운 무질서에 질서를 부여하는 데 도움이 되는 거라면 당연히 무엇이든 대부분 좋은 일이기도 하다. cup컵은 마실 것을 담는 용기를, cap모자은 머리에 쓰는 물건을 가리키는 데 쓰기로 하면 명확성을 더 기할 수 있다는 데 다들 동의하듯이, 어떤 낱말들의 차이를 구별한다면 세상이 조금 더 나아지리라고 생각한다. its와 it's, I lay down the law와 I lie down to sleep, imply와 infer, forego와 forgo, flout와 flaunt, anticipate와 expect,* 그리고 셀 수 없이 많은 경우가 그 예가 될 것이다. 이 책의 취지는 내가 할 수 있는 한 그런 차이를 간결히 명확하게 설명하는 데 있다.

독자에게 낱말을 이렇게 쓰라고 말할 권리를 가진 사람은 나를 비롯해서 아무도 없다. 이 책에서 독자가 무시해선 안 되는 표제어는 거의 없을 것이며, 독자가 경멸해온 표제어도 분명 몇몇 있을 것이다. between you and I라고 말하고 싶거나 '풍성한'이란 의미로 fulsome을 쓰고 싶다면 당연히 그럴 권리가 있고 저명한 여러 저작에서 이를 뒷받침하는 선례들을 찾아볼 수 있다. 그러나 그런 어법들은 '올바른 영어'라는, 이 기이하고도 변화무쌍한 말뭉치와 일치하지 않는다는 사실을 알아두면 유용하다는 점도 알게 될 것이다.

이 책의 60퍼센트 정도는 새로운 내용이다. 안타깝게도 이는 내가 18년 전

---

* 각 차이점에 대한 세부 논의는 본문 참조.

보다 지식이 60퍼센트 더 쌓여서가 아니다. 오히려 그 반대에 가깝다. 초판 텍스트를 재검토하면서 '와, 이건 몰랐는데. 수 년 동안이나 이 실수를 하고 살았잖아' 하는 생각을 몇 번이나 했는지 말도 못할 지경이다(적어도 말하고 싶지 않은 게 사실이다). 이 책에 개정된 내용은 내가 한때 알았으나 잊고 있던 부분에 대한 퇴고가 대부분이며 그후로 내 주의를 끌던 여러 사안을 추가한 것이기도 하다. 걱정스러울 만큼 진정한 의미에서 이제 이 책에 다른 제목을 붙인다면 '상당히 최근까지만 해도 지은이가 온전히 명확하게 알지 못하던 영어 어법의 훨씬 더 많은 것'이 되겠다.

이전 판본들과 마찬가지로, 대부분의 표제어는 영국과 미국의 주요 간행물에서 문제의 소지가 있는 용법들을 예로 들어 설명했으며, 일부 간행물의 인용 빈도는 그 간행물의 품질보다 내 독서 습관과 더 관련 있음을 밝혀야겠다. 나는 또한 권위자들이 저지른 오류도 주저 없이 인용했다. 내가 그토록 염치없게도 의지해온 권위자들의 드문 실수에 이목을 집중시키다니, 물론 참으로 눈치 없는 짓이다. 그러나 내 의도는 권위자들에게 망신을 주거나 도전하려는 것이 아니라, 단순히 이런 실수를 저지르기가 얼마나 쉬운가를 보여주기 위함이며 그런 관점에서 받아들여지리라고 믿는다.

내가 빚지고 있는 분들 역시 바로 그런 권위자들—특히 필립 하워드, 어니스트 가워스 경, 타의 추종을 불허하는 H. W. 파울러와 작고하신 시어도어 번스타인—이다. 또한 무궁무진한 인내심을 보여주고 (아주 많은 것을 주었지만 그중에서도) 탁월한 샌드위치를 선사해준 아내 신시아, 지금 어디에 계신지 알 수 없는 도널드 맥팔런, 펭귄북스의 토니 레이시, 내 에이전트이자 좋은 친구인 캐럴 히턴, 초판과 개정판 원고를 참을성 있게 헌신적으로 편집해준 키스 테일러와 도나 포피에게도 깊은 고마움을 표하고 싶다. 이 모든 분께 감사를 전한다.

2001년 4월
빌 브라이슨

019

a, an | abbreviations, contractions, acronyms | accessible | accidentally | accommodate | accompanist | acidulous, assiduous | acolyte | acoustics | activity | acute, chronic | AD | adage | adapter, adaptor | adjective pile-up | administer | admit to | advance planning | adverse, averse | aerate | affect, effect | affinity | affright | Afrikaans, Afrikaners | agenda | aggravate | aggression, aggressiveness | aid and abet | Aids | airlines | 'Alas! poor Yorick! I knew him, Horatio!' | albumen, albumin | alias, alibi | allay, alleviate, assuage, relieve | all intents and purposes | all right | All Souls College | all time | allusion | altercation | ambidextrous | ambiguous, equivocal | amid, among | amoral, immoral | and | Andersen, Hans Christian | androgenous, androgynous | and which | annex, annexe | anno Domini | annual, a year | another | antecedence, antecedents | antennae, antennas | anticipate | anxious | any | anybody, anyone, anything, anyway, anywhere | any more, any time | Apennines | appendices, appendixes | appraise, apprise | appreciate | approximate | a priori, prima facie | Aran Island와 Aran Islands | arbitrate, mediate | aroma | artefact, artifact | as … as | assume, presume | as to whether | attain | auger, augur | auspicious | autarchy, autarky | autobahn | autostrada | auxiliary | avant-garde | avenge, revenge | average | avocado | a while, awhile | awoke, awaked, awakened | axel, axle | Ayers Rock

042

bacteria | bail, bale | bait, bate | balk, baulk | banzai, bonsai | barbaric, barbarous | barbecue | barrier | basically | basis | bathos | BC | be | Becher's Brook | before, prior to | behalf | behove | beleaguered | belles-lettres | bellwether | beluga | benzene, benzine | bereft | besides | besiege | between, among | between you and I | Big Ben | bimonthly, biweekly | Bishopsgate | blatant, flagrant | blazon | blueprint | bogey, bogie, bogy | bon vivant, bon viveur | born, borne | both | both A and B | bottleneck | bouillabaisse | bravado | breach, breech | Britannia, Britannic | British Guiana | BSE | buenos días | buffalo | buoy | burgeon | but caddie, caddy | Caesarean | Caius | calligraphy | camellia | can, may | cannot help but | canvas, canvass | capital, capitol | carat, caret | carbon dioxide, carbon monoxide | cardinal numbers, ordinal numbers | careen, career | Catharine's, Catherine's | ceiling, floor | celebrant, celebrator | Celeste, Mary | celibacy | cement, concrete | cemetery | Centers for Disease Control and Prevention | centre round 또는 around | centrifugal/centripetal force | chafe, chaff | chamois | chilblain | children's | chord, cord | Christ Church, Christchurch | Cincinnati | CinemaScope | circumstances, in the와 under the | claim | clamour | clichés | climactic, climatic, climacteric | climb up, climb down | close proximity | coelacanth | co-equal | cognomen | cognoscenti | colic | coliseum, Colosseum | collapsible | collectives | collide, collision | collusion | Colombia | comic, comical | commence | comparatively | compare to, compare with | compatriot | compel, impel | compendium | complacent, complaisant | complement, compliment | complete | compound | comprise | conceived | condone | confectionery | confidant/confidante | Congo | consensus | consummate | contagious, infectious | contemptible, contemptuous | conterminous, coterminous | continual, continuous | contrary, converse, opposite, reverse | conurbation | convince, persuade | country, nation | Court of St James's | crass | creole, pidgin | crescendo | criteria, criterion | Crome Yellow | cross-Channel ferry | culminate | current, currently | curricula vitae | curtsy | curvaceous | cut back

dangling modifiers | danke schön | danse macabre | data | dates | dB | decimate | defective, deficient | definite, definitive | defuse, diffuse | delectable | demean | demise | deplete, reduce | deplore | deprecate | de rigueur | derisive, derisory | despite, in spite of | destroy | diagnosis, prognosis | dialect, patois | differ, diverge | different | different from, to, than | dilemma | DiMaggio, Joe | diphtheria | disassemble, dissemble | disassociate, dissociate | discernible | discomfit, discomfort | discreet, discrete | disinterested, uninterested | disorientated | dispensable | disposal, disposition | distrait, distraught | disturb, perturb | Dobermann pinscher | Dormobile | dormouse | dos and don'ts | double meanings | double negatives | doubt if, that, whether | doubtless, undoubtedly, indubitably | douse, dowse | drunken driving | drunkenness | due to

each | each and every | each other, one another | Earhart, Amelia | Earth, earth | economic, economical | Ecuadorean | effete | e.g., i.e. | egoism, egotism | Eiffel Tower | eisteddfod | either | eke | elegy, eulogy | elemental, elementary | elicit, extract, extort | embalmment | embarrass, embarrassment | Emmental | empathy, sympathy | empower | encumbrance | enormity | envisage, envision | epidemic | epigram, epigraph | equable, equitable | equally as | especially, specially | estimated at about | et cetera (etc.) | evangelical, evangelistic | eventuate | ever | exception proves the rule, the | exigent, exiguous | exorbitant | expatriate | expectorate, spit | expressible | extempore, impromptu | extraneous | extrovert | eyeing fable, parable, allegory, myth | façade | facile | factious, factitious | fact that | fait accompli | Falange, Phalange | Farrar, Straus & Giroux | farther, further | faux pas | faze | feasible | feet, foot | fever, temperature | fewer, less | filet mignon | filigree | finalize | Finnegans Wake | first and foremost | first, firstly | flak | flammable, inflammable | flank | flaunt, flout | florescent, fluorescent | flotsam and jetsam | flounder, founder | Fogg, Phileas | forbear, forebear | forbid, prohibit | forceful, forcible, forced | forego, forgo | forever, for ever | forgather | former, latter | fortissimo, fortississimo | fortuitous | fraction | Frankfurt am Main | Frazer-Nash | fresh | Friesian, Frisian | frisson | front bench, frontbench | frowsty, frowzy | Fujiyama | fulsome | fusion, fission | future

gabardine, gaberdine | gambit | gamy | Gasthaus, Gasthof | gateau | geezer, geyser | gendarmes | gender | genus, species | George Town, Georgetown | germane, relevant, material | gerrymander | gerund | Ghanaian | ghettos | gild the lily | goodbye | good will, goodwill | gourmand | graffiti | grammatical error | grandiloquence | greater | grief, grieve | grievous | grisly, gristly, grizzly | gross domestic product, gross national product | growth | Guadalupe, Guadeloupe | Guangdong, Guangzhou | Guiana, Guyana | Guinea, Guinea-Bissau, Equatorial Guinea | guttural

Häagen-Dazs | Haarlem | habits | had better | haemorrhage | haemorrhoids | hail, hale | haka | hamlet | handiwork | hangar | hanged | Hansard | hara-kiri | harangue, tirade | harass | harebrained, harelipped | hark, hearken | hartebeest | Harz Mountains | Hasselblad | Hawker Siddeley | head over heels | healthy, healthful, salutary | hear, hear! | Hebrew, Yiddish | Heidsieck | heir apparent, heir presumptive | Helens, St | hiccup, hiccough | highfalutin | high jinks | high street | Hindi, Hindu, Hinduism, Hindustani | hindrance | hippie | hippopotamuses | Hirshhorn Museum | historic, historical | hitchhike, hitchhiker | hitherto | hoard, horde | hoary | Hobson's choice | hoi polloi | holocaust | homely | homogeneous, homogenous | homonym, homophone | honorariums | hopefully | hors-d'oeuvre | hovercraft | Howards End | Hudson Bay, Hudson River, Hudson Strait | humerus

134

I, me | idée fixe | idiosyncrasy | if | if and when | ileum, ilium | imply, infer | important, importantly | imports, exports | impractical, impracticable, unpractical | in, into, in to | inadmissible | inasmuch | inchoate | incline | include | incomprehensible | inculcate | indefinitely | indexes, indices | indict, indite | indispensable | individual | inflation | innocent | in order to | insidious, invidious | intense, intensive | International Atomic Energy Agency | international courts | International Olympic Committee | internecine | interval | intrigue | invariably | inveigh, inveigle | irony, sarcasm | irregardless | -ise/-ize | it | its, it's

146

Jame's, St | jargon, argot, lingua franca | jeep, Jeep | jerry-built, jury-rigged | Johns Hopkins | join together, link together | Joneses, keeping up with the | Jonson, Ben | Juilliard School of Music | just deserts

148

Katharine's Docks, St | KCB | keenness | Khrushchev, Nikita | kibbutz, kibitz | kind | kindergarten | Kingsford-Smith | kitemark | kith and kin | Kitts-Nevis, St | Kmart | knot | koala bears | krona, krone | Krugerrand | kudos

152

lackadaisical | La Guardia Airport | languid, limpid | last, latest | laudable, laudatory | lawful, legal | lay, lie | lead, led | lectern, podium, dais, rostrum | legend, legendary | Leiden, Leyden | lend, loan | level, mark | Lhasa | liable, likely, apt, prone | libel, slander | licence, license | Liechtenstein | lifelong | lighted, lit | light years | like, as | Limbourg, Limburg | limited | lion's share | liquefy, liquefaction | lira, lire | literally | livid | Lloyd George, David | Lloyds TSB Bank | loath, loathe | local residents | Longchamp | Love's Labour's Lost | Luxembourg, Luxemburg | luxuriant, luxurious

M

Mac, Mc, M' | McDonald's | McDonnell Douglas Corporation | Magdalen College | magnum opus, opus magnum | major | majority | maleficence, malfeasance | Malory, Sir Thomas | Manila | manner born, to the | mantel, mantle | marginal | masterful, masterly | materialize | Maudsley Hospital | Mauretania, Mauritania | may well be | mean, median, midrange, mode | media | melamine | men's, women's | Messerschmitt | metal, mettle | metaphor, simile | mete, meet | meteor, meteorite, meteoroid | meticulous | Middlesbrough | militate, mitigate | millepede | minimize | minuscule | minute detail | mischievous | mishap | misogamist, misogynist | misspell | modus vivendi | Monégasque | mongooses | mononucleosis | more than | moribund | mortar | motiveless | mucous, mucus | munch | Muscovite | 'Music hath charms to soothe a savage breast' | mutual, common | Muzak | myself

N

National Institutes of Health | naught, nought | nauseous | naval, navel | Neandertal | near disaster | neat's-foot oil | nebula | needless to say | neither | nemesis | nerve-racking | new | niceish | nincompoop | noisome | none | non sequitur | normalcy | not | not all | Notes from Underground | not so much | Nullarbor Plain | number | numbers in text | numskull | Nuremberg

O

oblivious | obsolete, obsolescent | obviate | occur, take place | off of | Oireachtas | Old Peculier | Olympic-sized swimming pool | Omar Khayyám | on, upon | one | one of the, one of those | one or more | only | on to, onto | openness | ophthalmologist, oculist, optometrist, optician | opt, choose | optimistic, pessimistic | optimum | or | oral, verbal | orientate | originally | Orkney | 'Ours is not to reason why, ours is but to do or die' | over | overly | overweening | 'Ozymandias' paean, paeon, peon | pail, pale | palaeology, palaeontology | palate, palette, pallet | pallor | panacea | parlay, parley | partly, partially | past | past history | pastiche | peaceable, peaceful | pease pudding | pedal, peddle | pedant, pedagogue | peninsula | penn'orth | per | per cent, percentage point | percentage, proportion | perceptible | perchance, perforce | period of time | perpetrate, perpetuate | persevere, perseverance | personal, personally | perspicacity, perspicuity | peruse | Peterhouse | Philippines | phrasal verb | Pittsburgh | pizzeria | place names | plan ahead | plea, plead | plenitude | plethora | plus | populace, populous | pore, pour | poser, poseur | position | possessives | possible | postmeridian, post meridiem | practical, practicable | practice, practise | precautionary measure | precipitant, precipitate, precipitous | precondition, preplanning, prerecorded, etc. | premier, première | premises | prepositions | prescribe, proscribe | present, presently | pressurize | prestigious | presumptive, presumptuous | pretension | prevaricate, procrastinate | prevent | preventive, preventative | principal, principle | pristine | Procter & Gamble | prodigal | prone, prostrate, recumbent, supine | proper nouns | prophecy, prophesy | protagonist | prototype | proved, proven | proverbial | provided, providing | purposely, purposefully | put an end to | pyrrhic victory

Qantas | quadriplegia | quadruped | quandary | quantum leap | Queen's College | query, inquiry, enquiry | question, leading | question mark | quinquennial | quite | quoting in fragments

rack, wrack | Radio Telefís Éireann | radius | raining cats and dogs | ranges of figures | Ranks Hovis McDougall | rapt, wrapped | rarefy, rarefaction | ravage, ravish | raze | razzmatazz, razzamatazz | react | reason··· is because | reason why | reckless | reconstruction | refute | regretfully, regrettably | reiterate | relatively | remunerate | rendezvous | repel, repulse | repetition | replica | responsible | restaurateur | restive | revert back | re- words | Rime of the Ancient Mariner, The | Rottweiler saccharin, saccharine | sacrilegious | Sahara | salutary | Salvadoran | Sam Browne | sandal | sanitary | Sara Lee | Sauterne, Sauternes | savoir-faire, savoir-vivre | Sca Fell, Scafell Pike | Scalextric | Scarborough | scarves, scarfs | scary | Schiphol Airport | scrutiny | scurrilous | second largest | Securities and Exchange Commission | seismometer, seismograph, seismogram | self-confessed | sensual, sensuous | sentences, length of | septuagenarian | Serengeti | serving, servicing | sewage, sewerage | Shakespearian, Shakespearean | shall, will | Shalott, The Lady of | shambles | Shangri-La | Shepherd Market | Shetland 또는 the Shetland Islands | should like | Sidney Sussex College | 'Sign of Four, The' | since | Sisyphus | situation | skulduggery | sleight of hand | Soane's Museum, Sir John | so as to | some | sometime, some time | sort | spate | special, especial | split compound verbs | split infinitives | spoonfuls | stalactite, stalagmite | stalemate | Stamford, Stanford | stanch, staunch | stationary, stationery | straitjacket | strata, stratum | Stratford-on-Avon, Stratford-upon-Avon | strike action | stupefied, stupefaction | stupor | subjunctives | substitute | subsume | successfully | supersede | Suriname, Surinam | surrounded

Tales of Hoffmann, The | Tallinn | Taoiseach | tarantella | target | tautology, redundancy, pleonasm, solecism | taxiing | Technicolor | Teesside | temblor | temporary respite | than | that | that, which | thinking to oneself | though, although | Through the Looking-Glass and What Alice Found There | tic douloureux | time | time, at this moment in | to all intents and purposes | together with, along with | ton, tonne | tonnages of ships | tortuous, torturous | total | to the tune of | towards, toward | trade mark, trade name | transatlantic | translucent | transpire | triple, treble | trivia | Trooping the Colour | true facts | try and | tumult, turmoil | turgid, turbid | turpitude | Tussaud's, Madame

UCLA | Uffizi Gallery | ukulele | Ullswater | Uluru | unexceptionable, unexceptional | unilateral, bilateral, multilateral | unique | unknown | unless and until | unlike | until, till, 'til, 'till | untimely death | up | use, usage | usual | utilize

일러두기

◎ 표기

• 이런 종류의 작업에 일관성 있는 표기체계를 부여하려다보면 이탤릭체, 따옴표 또는 기타 문장부호가 잔뜩 들어가게 될 수 있다. 이 점을 감안하여 나는 독자들이 보기에도 좋고 이해하기도 쉬울 것으로 기대하는 표기체계를 썼다.

• 각 표제 항목 안에서 표제어와 기타 유사 파생어 또는 밀접하게 연관된 낱말들은 의미상 필요할 때만 이탤릭체로 표기했다. 다른 낱말 및 어구들—동의어, 반의어, 올바른 대안이나 부정확한 대안 등—은 따옴표 안에 넣었으나 이 경우에도 의미상 필요할 때만 그렇게 표기했다. 두 경우 모두, 낱말이 모호하지 않은 한 이를 별도로 구별하는 문장부호는 따로 사용하지 않았다.

◎ 한국어판

• 필요에 따라 작은따옴표를 추가로 사용했다.

• 표제어 의미가 본문에 소개된 경우를 제외하고, 간략한 뜻을 표제어 옆에 표시했다. 의미가 아닌 형식에 관한 표제어는 따로 번역하지 않았다.

• 예문 번역의 경우, 잘못 쓰인 어법이 예문을 통해 다수 소개되어 있을 때는 가능하면 예문에 글쓴이가 의도한 뜻과 문자 그대로의 뜻을 모두 표시했다.

가령, 예문에 compliment(칭찬하다)가 쓰였으나 의미상 complement(보완하다)가 맞는 경우, 원래 의도된 뜻인 '보완하다'를 앞에 쓰고, '칭찬하다'를 빗금(/) 뒤에 표시했다. 'To compliment the shopping there will also be a large leisure content including a ten-screen cinema, nightclub, disco and entertainments complex쇼핑을 보완하기/칭찬하기 위해 거기에는 상영관 10곳을 갖춘 영화관, 나이트클럽, 디스코클럽, 오락시설 등 방대한 레저시설도 들어설 예정이다.'

• 문장 재구성이 권고되어 구조가 올바르게 바뀐 문장이 함께 제시되는 경우에 번역문은 올바른 문장에 표기했다.

• 원서에서 이탤릭체로 되어 있는 부분은 꼭 필요한 경우가 아니면 대부분 기본 글꼴로 바꾸었다.

• 생략 부호는 가운뎃점 세 개(…)로 표시하고 꼭 필요한 경우가 아니면 없앴다.

• '원주'라고 따로 표시하지 않은 주석은 모두 옮긴이주이다.

틀리기 쉬운 영어
A to Z

A

a, an 하나의. 독자는 'a hotel'이라고 하는가, 아니면 'an hotel'이라고 하는가? 'a historian'인가, 아니면 'an historian'인가? 유음 'h'(a house, a hostage) 앞에는 a를, 무음 'h' 앞에는 an을 쓰는 것이 관례다. 그러나 an은 'h'로 시작하는 단 네 단어(hour, honest, honour, heir) 앞에만 써야 한다는 데는 반박의 여지가 없다. 영국의 일부 권위자들은 hotel, historian, heroic, hypothesis 앞에도 an을 허용하지만 대부분은 a를 선호한다.

숫자가 쓰이면 다음과 같이 부정관사 사용 오류가 특히 더 흔해진다. 'Cox will contribute 10 percent of the equity needed to build a $80 million cable system콕스에서 8천만 달러 규모의 케이블 시스템 구축에 필요한 재원의 10퍼센트를 부담할 예정이다.'(워싱턴 포스트) 위의 경우, an을 쓰도록 한다. 이와 유사하게, 다음 문장에서 a는 불필요하며 삭제되어야 한다. 'With a 140 second-hand wide-bodied jets on the market, the enthusiasm to buy anything soon evaporated시장에 중고 광폭동체 항공기 140대가 나와 있다보니 조기 구매 열의는 사라지고 말았다.'(선데이 타임스)

abbreviations, contractions, acronyms 약어, 축약형, 두문자어. abbreviation이란 모든 줄인 낱말을 설명하는 데 쓰이는 일반용어다. contraction과 acronym이란 약어의 일종이다. contraction은 Mister를 Mr로, cannot을 can't로 줄인 것처럼, 말하자면 한 개 이상의 첫 글자와 끝 글자만 남기고 가운데를 줄인 형태다. acronym은 머리글자로 만든 낱말, 또는 낱말군의 글자들로 형성한 단어다. radio detecting and ranging을 줄인 radar, North Atlantic Treaty Organization북대서양조약기구을 줄인 NATO가 있다. 낱말로 발음할 수 없는 약어(IBM, TUC, ITV)는 acronym이 아니다. 그냥 약어일 뿐이다.

NATO라고 쓸 것인지 Nato라고 쓸 것인지는 보통 선호도나 기관 고유의 표기법 문제에 달려 있다. 미국 출판물은 약어를 낱말로 발음하는 경우에도 모두 대문자로 표기하는 경향이 있다. 영국에서는 낱말로 발음할 수 있고 상당히 널리 알려진 약어는 첫 글자만 대문자로 쓰는 것이 관례다. 그러므로 영국 간행물에서는 대부분 Nato와 Aids^{후천면역결핍증}라고 쓴다(하지만 Seato*라고 쓰지는 않는다). 기업들이 상호에 새로운 방식으로 대소문자 쓰기를 좋아하다보니 3i, EXcell, PricewaterhouseCoopers 같은 식으로 이름을 지으면서 혼란을 야기하고 있다. 이런 장난을 존중해야 할지가 종종 문제시된다. 기업들의 별난 철자 사용은 유의되어야 하며 어쩌면 준수되어야 할 수도 있지만 과도하게 받아주어서는 안 된다고 대략 정리할 수 있겠다. 한 회사가 상호의 글자 하나를 반대로 뒤집어서 쓰거나 작은 글꼴의 대문자로 쓴다고 해서 인쇄매체에도 혼란을 줄 권리가 있는 것은 아니다.

어떤 유형의 약어든 어수선해 보이거나 거슬리는 것은 가급적 피한다. 'the IGLCO'나 'NOOSCAM'을 반복해서 쓰는 것보다, 약어로 지칭된 대상을 'the committee^{위원회}' 'the institute^{연구소}', 혹은 다른 적절한 낱말로 지칭하는 것이 낫다.

마지막으로, 특히 영국이나 영연방이 아닌 곳에서 자란 이들에게 당황스러운 또다른 문제는 약어 끝에 마침표를 언제 찍어야 할지의 문제다. 가령, inch를 in 아니면 in.으로 써야 할지 Captain을 Capt 아니면 Capt.로 써야 할지 고민이 된다. 관례는 약어의 마지막 글자가 온전한 낱말의 마지막 글자일 때―즉 축약어일 때―는 마침표가 안 붙지만, 약어가 온전한 낱말의 중간에서 끝날 때는 마침표가 필요하다는 것이다. 그러므로 Doctor, Mister, Street (또는 Saint)는 Dr, Mr, St로 쓰고 Professor, inch, Captain은 Prof., in., Capt.로 쓴다. 이런 낱말들이 복수가 되면 보통 약어에 's'가 붙지만, 구두점은 단수일 때와 마찬가지로 그대로 남는다. 그러므로 two inches는 2 ins.로 쓰지만 two yards는 2 yds로 쓴다.

---

* 1977년에 폐지된 동남아시아조약기구.

accessible 접근 가능한. -able이 아님.

accidentally 우연히. 다음과 같은 철자 오기가 너무 잦다. 'Moranis's absent-minded professor accidently zaps his kids down to Lilliputian proportions^{딴 데 정신이 팔린 모라니스의 교수님은 뜻하지 않게 아이들을 아주 작아지게 만들곤 한다}.' (인디펜던트)

accommodate 수용하다. 철자 오기가 가장 잦은 낱말 중 하나. -mm-에 유의.

accompanist 반주자. -iest가 아님.

acidulous, assiduous. acidulous는 시큼한의 뜻. assiduous는 부지런한이란 뜻.

acolyte 조수助手. -ite가 아님.

acoustics 음향학, 음향. 과학 분야를 말할 때 이 낱말은 단수다('Acoustics was his line of work^{음향학이 그의 전문분야였다}'). 소유물의 집합체를 가리킬 때는 복수다('The acoustics in the auditorium were not good^{강당의 음향 장치는 훌륭하지 않았다}').

acronyms. ABBREVIATIONS, CONTRACTIONS, ACRONYMS 참조.

activity 활동. 다음과 같이 장황한 글쓰기의 조짐을 보이는 경우가 많다. 'The warnings followed a week of earthquake activity throughout the region^{전 지역에 걸쳐 일주일 동안 지진 활동이 발생한 뒤에 경보가 발령되었다}.'(인디펜던트) 그냥 'a week of earthquakes'라고 쓰도록 한다.

021

acute, chronic 급성의, 만성의. 이 두 가지는 때때로 혼동되는데, 의미가 서로 정반대임을 생각하면 희한한 일이다. chronic은 오래가는, 쉽게 극복되지 않는 상태를 가리킨다. acute는 갑작스러운 위기로 치달아 즉각 조치를 취해야 하는 상태를 말한다. 'People in the Third World may suffer from a chronic shortage of food. In a bad year, their plight may become acute제3세계 국민은 만성적인 식량 부족에 시달릴 수 있다. 심각한 해에는 이들의 참상이 급심해질 수 있다.'

AD 서기. anno Domini, 라틴어로 '그리스도의 해'라는 뜻이다. AD는 연도 앞에(AD 25), 세기 뒤에(fourth century AD) 써야 하며, 대개 작은 대문자로 쓴다. (ANNO DOMINI와 BC도 참조.)

adage 속담, 격언. 영어를 매우 신중하게 구사하는 사용자들마저도 자주, 불필요하게 'old adage'라고 표현한다. adage에는 이미 'old오래된'의 뜻이 담겨 있다.

adapter, adaptor. 전자는 (가령 연극 공연 등을 위해 책을) 각색하는 사람이며, 후자는 해외에서 전자기기를 사용할 수 있게 하는 기기(어댑터)다.

adaptor. ADAPTER, ADAPTOR 참조.

adjective pile-up 형용사 겹쳐 쓰기. 다음 더 타임스 헤드라인과 같이, 많은 언론인은 제한된 공간에 최대한 많은 정보를 담으려고—어떤 면에서는 칭찬할 만한 노력의 일환이다—주어 앞에 형용사를 겹쳐 쓰곤 한다. 'Police rape claim woman in court경찰 법정 주장 여성 성폭행.' 품격이 없다는 점 외에도, 이런 헤드라인은 일단 혼란을 준다. 정상적인 주어-동사-목적어 구조를 기대하고 읽어내려가던 독자는, 경찰Police이 법정에서 주장하는 여성claim-woman in court을 성폭행하다rape고 일단 결론지었다가, 개연성이 떨어진다는 생각에 헤드라인을 다시 읽게 될 수 있다. 아무리 짧은 글이라 해도 독자가 왔던 길을 되짚게

해서는 안 된다. 이런 관행은 헤드라인에서 가장 흔히 발견되지만, 다음과 같이 본문에 나타나기도 한다. 'His annual salary is accompanied by an up to 30 per cent performance bonus^{그의 연봉에는 성과금 최대 30퍼센트가 포함되었다.}'(옵서버) 'accompanied by a performance bonus of up to 30 per cent^{최대 30퍼센트의 성과금}'으로 쓰면 문장의 어색함을 즉시 없앨 수 있다.

administer 관리·운영하다. administrate가 아님.

admit to ~을 인정하다. 이는 다음 예문에서 볼 수 있듯 거의 항상 잘못된 표현이다. 'The Rev. Jesse Jackson had just admitted to fathering a child with an adoring staffer^{제시 잭슨 목사는 자신을 따르는 직원과의 사이에 아이를 낳았다고 갓 인정한 바 있다}'(볼티모어 선) 'Pretoria admits to raid against Angola^{남아공 정부, 앙골라 공습 인정}'(가디언 헤드라인) 'Botha admits to error on Machel cash^{보샤, 마셸 관련 금액 오류 인정}'(인디펜던트 헤드라인) 각각 to를 삭제한다. 잘못을 인정한다고 할 때는 admit라고 써야지 admit to로 쓰지 않는다.

advance planning 사전 계획. advance planning에서 advance는 언제나 군더더기다. 모든 계획은 사전에 이루어져야 하니까.

adverse, averse. 'He is not adverse to an occasional brandy^{그는 가끔 브랜디 한 잔씩 하는 것을 꺼리지/적대적으로 여기지 않는다.}'(옵서버) 여기서 필요한 단어는 '내키지 않아 하는' '꺼리는'을 뜻하는 averse다(aversion^{혐오}을 생각하라). adverse는 '적대적인' '반목하는'이란 뜻이다(adversary^{적수}를 생각하라).

aerate (흙 등에) 공기가 통하게 하다. 단 두 음절. aereate가 아님.

affect, effect. 동사 affect는 영향을 미치다('Smoking may affect your health^{흡연은 건강에 영향을 미친다}'), 또는 자세나 방법을 취하다('He affected ignorance^{그는 모르는 척했다}'라는 뜻이다. 동사 effect는 성취하다('The prisoners effected an escape^{죄수들이 탈옥을 감행했다}')의 뜻이다. 명사라면 둘 중 필요한 낱말은 거의 언제나 effect다. ('personal effects^{개인 소지품}'나 'damaging effects of war^{전쟁의 참상}'처럼) 명사 affect는 감정 상태와 관련된 좁은 심리적 의미를 지닌다. (그로 인해 affection^{애착}과 연관이 있다.)

동사 affect는 거의 언제나 특징이 없고 무의미에 가깝다는 점은 기억해두는 게 좋다. 'The winter weather affected profits in the building division^{겨울 날씨, 건설 부문 수익성에 영향}'(더 타임스)과 'The noise of the crowds affected his play^{관중의 소음, 경기에 영향}'(데일리 텔레그래프)에서 날씨와 소음이 각각 수익성과 경기에 도움이 되었다는 것인지, 방해가 되었다는 것인지, 이를 지연시켰다는 것인지 또는 악화시켰다는 것인지 결코 명확하지 않다. 대부분 affect를 대체할 더 적확한 낱말을 찾을 수 있다.

affinity 친밀성. 이 낱말은 상호관계를 내포한다. 그러므로 엄밀히 말하면 어떤 사람이나 사물이 다른 사람·사물에 대해 affinity를 갖는다(have an affinity for another)고 말하지 않고, 사람·사물끼리 또는 사람·사물 간에(affinity with or between)로 표현하는 게 낫다. 상호성을 의도한 것이 아니라면 'sympathy'가 더 나은 단어겠다. 그러나 상당수 권위자와 많은 사전이 더는 이런 구별을 고집하지 않는다는 점도 유념하자.

affright 공포. -ff- 에 유의.

Afrikaans, Afrikaners 아프리칸스어*, 아프리카너스**. 첫번째는 언어이고, 두번째는 사람들의 집합이다.

---

* 네덜란드에서 발달한 언어로 남아프리카 공화국의 공용어.

** 남아프리카 공화국에서 아프리칸스어를 제1언어로 쓰는 이들로, 대개는 네덜란드계 사람.

Afrikaners. AFRIKAANS, AFRIKANERS 참조.

agenda 의제. 라틴어로는 복수지만, 영어에서 agenda는 단수다. 영어에서 복수형은 agendas다(DATA 참조).

aggravate 악화시키다. 'exasperate^{분노하게 하다}'의 의미로 적어도 17세기 초부터 사용되었으며 대략 그만큼의 기간 동안 문법학자들이 반대해온 낱말이다. 엄밀히 말하면 aggravate는 나쁜 상황을 더 나쁘게 만든다는 뜻이다. 다친 다리로 걸으면 부상을 aggravate할 수 있다. 사람이 아닌 상황만이 aggravate의 주어가 될 수 있다. 보다 느슨한 용법에 대한 반대를 집착이라 불렀던 파울러의 주장―'순수주의자들이 이미 진 싸움을 계속하고 있다'―은 필시 옳았겠지만, 'annoy'를 써도 될 곳에 굳이 aggravate를 쓸 이유도 없다.

aggression, aggressiveness 공격성, 공세적 행위. 'Aggression in US pays off for Tilling Group^{미국에 대한 적극성이 틸링그룹에 보상을 안겨주었다}.'(더 타임스 헤드라인) aggression은 언제나 적대감을 내포하는데, 여기서는 그런 의도로 쓰이지 않았다. 헤드라인 작성자는 회사가 미국 시장에 단호하고도 패기 있게 접근했다고 말하려는 것일 뿐이다. 이 경우 써야 할 말은 aggressiveness로, 이 단어는 적대감을 표시할 수도 있고, 그냥 과감성과 적극성만을 표시할 수도 있다.

aggressiveness. AGGRESSION, AGGRESSIVENESS 참조.

aid and abet 방조·교사하다. 법조계에서 선사한 동어반복 표현이다. 두 단어를 함께 썼다고 해서 둘 중 한 단어가 단독으로 전달하는 것 이상의 아무런 의미가 추가되지 않는다. abet은 보통 범죄 의도를 내포하는 맥락에만 한정된다는 게 유일한 차이다. 그러므로 어떤 자선사업가가 교회나 청소년 클럽의 건설을 '지원'한다고 말할 때 abet을 쓴다면 경솔한 선택이겠다. 법조인들이 즐겨 쓰는 다른 중복 표현으로는 null and void^{무효의}, ways and means^{수단과 방법}, without let or hindrance^{아무 방해도 받지 않고} 등이 있다.

Aids 에이즈. 정확히 설명하면 질병이 아니라 의학적 상태다. 이 용어는 후천 면역결핍증을 줄여 부르는 말이다.

airlines 항공사. ʻIt is thought the company may also be in exploratory talks with another US carrier, Alaskan Airlines^{그 회사는 다른 미국 항공사 Alaskan Airlines와도 사전협의 중인 것으로 추정된다}.ʼ(더 타임스) Alaska Airlines라고 해야 한다. ʻIt was found only a few miles from where a Swiss Air jet crashed two years ago^{그것은 스위스항공 제트기가 2년 전에 추락한 곳에서 불과 몇 마일 떨어진 지점에서 발견됐다}.ʼ(보스턴 글로브) Swissair라고 써야 한다. 항공사는 합병하거나 이름을 바꾸는 일이 흔해서 인지 신문 보도에서 항공사 명칭이 잘못 기재되는 경우가 많다. 다음은 자주 잘못 기재되는 항공사 명칭들이다.

Aer Lingus
Aerolíneas Argentinas
AeroMexico
AeroPéru
Air-India(붙임표에 주의)
AirTran Airlines(옛 ValuJet Airlines)
Alaska Airlines
All Nippon Airways(-lines가 아님)
Delta Air Lines(Air Lines로 두 단어임에 주의)
Iberia Airlines(Iberian이 아님)
Icelandair
Japan Airlines(Airlines는 한 단어로 쓰며, 회사명의 약어는 JAL)
KLM Royal Dutch Airlines(대개 KLM만 씀)
LanChile

Sabena Belgian World Airlines(대개 Sabena만 씀)

Scandinavian Airlines System(대개 SAS로 씀)

SriLankan Airlines

Swissair

United Airlines(Airlines는 한 단어로 쓰며, 회사명의 약어는 UAL)

US Airways(옛 USAir, 한 단어)

Virgin Atlantic Airways

'Alas! poor Yorick! I knew him, Horatio!' 안타깝도다! 가련한 요릭! 내가 알던 사람이네, 허레이쇼!『햄릿』의 올바른 인용구인데, 종종 불가사의 하게도 'Alas poor Yorick, I knew him well'로 잘못 인용되곤 한다.

albumen, albumin. albumen은 달걀흰자이며, albumin은 달걀흰자 안에 든 단백질이다.

albumin. ALBUMEN, ALBUMIN 참조.

alias, alibi. 두 단어 모두 라틴어 어근 alius('다른'이라는 뜻)에서 파생되었다. alias는 가명을 가리키며 이름에만 해당한다. 'an imposter passing himself off under the alias of being a doctor 의사의 가명으로 행세하는 사기꾼'는 잘못된 용례다.

　alibi는 논쟁의 여지가 훨씬 더 많은 낱말이다. 법률 용어로는 범행을 저질렀다고 의심되는 시각에 자신은 다른 곳에 있었다는 피고인의 항변을 말한다. 그러나 일반적으로는 모든 핑계를 가리켜 쓰인다. 파울러는 후자의 용법이 해롭고 가식적이라 했고 권위자들 대부분이 이에 동의한다. 하지만 번스타인은 이 용법이 너무 느슨하다는 것을 인정하면서도, 책임전가가 목적인 핑계라는 의미를 이만큼 전달할 수 있는 다른 단어는 없다고 주장한다. 시간이 지나면 그의 주장이 더욱 지지를 받을 것으로 보이나—많은 유명 작가가 더 일반적인 의

미로, 덜 까다롭게 alibi를 써왔다— 현재로서는 많은 권위자가 일반적인 핑계
라는 뜻의 alibi를 용납하지 않는다고밖에 말할 수 없다.

alibi. ALIAS, ALIBI 참조.

allay, alleviate, assuage, relieve. alleviate는 문제의 근본 원인을 제거하
지 않은 상태의 일시적 완화를 뜻한다. 'ease'란 뜻에 가까운데, 다음 문장을 쓴
사람은 이 사실을 알지 못하는 게 분명하다. 'It will ease the transit squeeze,
but will not alleviate it^{이로써 대중교통의 재정 압박이 경감되기는 하겠지만 완화되지는 못할 것이}
다.'^(시카고 트리뷴) allay와 assuage는 둘 다 '가라앉히다' '진정시키다'란 뜻이며
공포를 내포한 말에 쓰는 경우가 많다. relieve^{덜어주다}가 더 일반적인 용어로, 이
모든 의미를 담고 있다.

allegory. FABLE, PARABLE, ALLEGORY, MYTH 참조.

alleviate. ALLAY, ALLEVIATE, ASSUAGE, RELIEVE 참조.

all intents and purposes 모든 점에서. 개성도 없고 동어반복이며 진부하
다. 다른 어떤 표현을 써도 이보다는 나을 것이다. 'He is, to all intents and
purposes, king of the island^{그는 모든 점에서 섬의 왕이다}'^(메일 온 선데이)라는 문장은 중
간 부분을 'in effect^{사실상}'로 바꾸거나 아예 삭제하면 바로 개선될 것이다. 군이
이 표현을 써야 한다면 마지막 두 단어를 삭제하면 된다. 'To all intents'만 써
도 'to all intents and purposes'라고 쓰는 것만큼의 의미를 전달한다.

all right. 이미 많은 영어 사용자가 격식을 갖추지 않고 준말을 쓰고 있으니 all
right를 alright로 줄이자는 것은 의미 있는 주장일 수 있다. all로 시작하는 많
은 합성어가 수백 년 동안 저항 없이 축약되었고, already, almost, altogether
와 심지어 본디 all one이었던 alone까지 여기에 포함된다. 또한 다음과 같이

유수한 신문에도 alright가 가끔 보인다. 'You came away thinking: "The guy's alright"^{당신은 "저 사람 괜찮네" 하는 인상을 받았다'(옵서버)} 'The engine cuts out and someone says: "Poor chap, I hope he will be alright"^{시동이 꺼지자 누군가 "불쌍한 젊은이, 괜찮아야 할 텐데" 하고 말했다'.(더 타임스)} 하지만 영어는 느리고 변화무쌍한 언어로, alright가 여전히 옳지 못하고 수용 불가한 것으로 여겨지므로 진지한 글쓰기에서는 이를 쓰지 말아야 한다.

All Souls College 영국 옥스퍼드대학교 단과대 중 하나. Souls' 등으로 쓰지 않는다.

all time 사상, 역대. 많은 권위자가 다음과 같은 구문에서 이 표현을 쓰는 데 반대한다. 'She was almost certainly the greatest female sailor of all time^{그녀는 거의 확실히 사상 최고의 여성 항해자였다.'(데일리 텔레그래프)} all time은 과거는 물론 미래까지도 포괄하므로 앞으로 일어날 일을 우리가 알지 못한다는 근거에서다. 위 예문에서 보는 바와 같이 이런 평가는 너무 주관적이므로 설득력이 없다는 주장도 있는데, 이 역시 합당한 견해다. 미래성에 관한 유사 문제점에 대해서는 EVER를 참조할 것.

allusion 암시. 'When the speaker happened to name Mr Gladstone, the allusion was received with loud cheers^{의장이 글래드스턴 씨를 거명하자, 이 언급은/암시는 큰 환호를 받았다.'(파울러에게서 재인용)} 이 낱말은 흔히들 추정하듯 'reference^{언급}'의 좀더 인상적인 동의어가 아니다. 어떤 것을 암시한다^{allude to something}는 것은 구체적으로 언급하지 않고 읽는 이에게 그 주체를 추론하게 한다는 뜻이다. 그러므로 다음과 같이 쓰는 것이 올바르다. 'In an allusion to the President, he said: "Some people make better oil men than politicians"^{그는 대통령을 암시하며 "어떤 이들은 정치인보다 석유 업자가 더 어울리죠"라고 말했다.'} 여기에서 이 낱말은 의미상 implication^{내포}이나 suggestion^{시사}에 더 가깝다.

along with. TOGETHER WITH, ALONG WITH 참조.

altercation 언쟁. 'Three youths were injured in the altercation^{청소년 세 명} ^{이 언쟁 중에 부상을 입었다}.'^(시카고 트리뷴) 아무도 언쟁중에 물리적으로 다치지 않는다. altercation은 열띤 말이 오가는 것일 뿐이다.

although. THOUGH, ALTHOUGH 참조.

ambidextrous 양손잡이의. -erous가 아님.

ambiguous, equivocal. 두 낱말 모두, 모호하며 하나 이상의 해석이 가능함을 뜻한다. 그러나 ambiguous statement ^{애매한 진술}는 모호성이 우연한 것일 수도 있고 의도된 것일 수도 있는 반면, equivocal은 계산된 불분명함을 가리킨다.

amid, among ~가운데. among은 분리되고 셀 수 있는 것들에, amid는 그렇지 않은 것들에 쓰인다. 구조대는 생존자들 사이에서^{among survivors}, 파손된 구조물 속에서^{amid wreckage} 수색을 한다.

among. AMID, AMONG ; BETWEEN, AMONG 참조.

amoral, immoral 초도덕적인, 부도덕한. amoral은 도덕성이 문제 제기되지 않거나 무시되는 사안을 말하는 한편, immoral은 악한 것에 쓴다.

an. A, AN 참조.

and 그리고. and로 문장을 시작해서는 안 된다는 믿음은 근거가 없다. 그리고 그게 전부다.

다음 예문에서 더 골치 아픈 점을 발견할 수 있다. 'The group has interests in Germany, Australia, Japan and intends to expand into North America next year그룹은 독일, 호주, 일본에 관심이 있으며 내년도에 북미로 관심을 확장하고자 한다.'(더 타임스) 파울러는 이를 '사생아 열거'라 불렀고 번스타인은 다소 조심스럽게 '통제를 벗어난 열거'라 불렀다. 문제는 후반 서술부('intends to expand into North America next year')가 앞에 나오는 열거에 속하지 않는다는 점이다. 이것은 별개의 사고다. 위 문장은 이렇게 되어야 한다. 'The group has interests in Germany, Australia and Japan, and intends to expand into North America next year.' (Japan 뒤 쉼표가 열거는 끝나고 새로운 구가 시작됨을 알려준다는 사실에 주목하자.)

다음 예문에서도 같은 문제가 드러난다. 'Department of Trade officials, tax and accountancy experts were to be involved at an early stage in the investigation통상부 관리, 세무 및 회계 전문가들이 수사 초기 단계에 투입될 예정이었다.'(가디언) 여기서 and는 한 열거의 종료를 표시하고 tax and accountancy를 experts에 이어주는 두 가지 기능을 한 번에 수행하도록 요구받는다. 그러나 그럴 수가 없다. 위 문장은 이렇게 되어야 한다. 'Department of Trade officials and tax and accountancy experts···통상부 관리와 세무 및 회계 전문가들이.' 저자들이 and를 한 번 더 쓰기를 주저하는 일은 흔하지만 언제나 오해다.

Andersen, Hans Christian 한스 크리스티안 안데르센. 덴마크 동화 작가 안데르센의 성. -son이 아님.

androgenous, androgynous. 전자는 '수컷인 자손만을 생산하는'이라는 뜻이며, 후자는 '양성兩性의 특징을 지닌'이라는 뜻이다.

androgynous. ANDROGENOUS, ANDROGYNOUS 참조.

and which. 'The rights issue, the largest so far this year and which was not unexpected, will be used to fund expansion plans권리의 문제—지금까지 올해 최대의 문제이자 예견되지 않은 게 아니던—가 확장 계획에 자금을 대는 데 이용될 것이다.'(더 타임스) and which에는 거의 언제나 평행 구조의 which가 선행되어야 한다. 위 문장 역시 예외일 수는 없으며, 다음과 같이 변경하면 더 매끄럽게 읽힌다. 'The rights issue, which was the largest so far this year and which was not unexpected……' 간혹 발음의 편의를 위해 첫번째 which를 쓰지 않는 것이 용납되기도 하지만 이런 경우는 드물뿐더러 그런 생략은 대개 엉성한 글쓰기의 징표일 뿐이다. and that, and who, but which, but who와 같은 구문에서도 마찬가지다. (THAT, WHICH도 참조.)

annex, annexe 합병하다, 부속 건물. 영국 영어에서 annex는 동사, annexe는 명사로 쓴다. 미국 영어에서는 동사·명사 모두 annex로 쓰는 편을 선호한다.

annexe. ANNEX, ANNEXE 참조.

anno Domini. (라틴어) 그리스도의 해('D'만 대문자로 쓴다). (AD 참조.)

annual, a year 연례의, 한 해에. 다음과 같이 한 문장에 둘 다 쓰는 경우가 얼마나 많은지 놀랄 정도다. 'Beecham Soft Drinks, which will have joint annual sales of £200 million a year……한 해에 통산 연 2억 파운드 매출을 달성할 비첨 소프트 드링크스는.'(가디언) 둘 중 하나를 분명히 선택하자.

another 또다른. 'Some 400 workers were laid off at the Liverpool factory and another 150 Bristol리버풀 공장에서 근로자 약 400명. 그리고 브리스틀에서 또다른 150명이 정리해고되었다.'(데일리 텔레그래프) 엄밀히 말해서 another는 규모와 유형이 같은 두 가지를 동일시하는 데 써야 한다. 이 경우에는 브리스틀에서도 400명이 정리해고되었을 때만 another를 써야 맞다. 'and 150 more (or others) in

Bristol^{브리스틀에서도 150명이 더}'라고 쓰는 게 더 나을 것이다.

antecedence, antecedents. antecedence는 우선함^{precedence}을 뜻하고, antecedents는 선조나 앞서 일어났던 다른 일(선례)을 뜻한다.

antecedents. ANTECEDENCE, ANTECEDENTS 참조.

antennae, antennas. antenna의 복수형으로 둘 다 옳으나 일반적으로 antennae는 생물체의 더듬이('a beetle's antennae^{딱정벌레의 더듬이}'), antennas 는 인간이 만든 물체('radio antennas made possible the discovery of quarks^{라디오 안테나 덕에 쿼크의 발견이 가능해졌다}')를 가리킬 때 주로 쓴다.

antennas 안테나. ANTENNAE, ANTENNAS 참조.

anticipate 예측하고 대처하다. 'First-year losses in the video division were greater than anticipated^{첫 해 비디오 부문의 손실은 예상보다 더 컸다}.'(더 타임스) anticipate는 앞을 내다보고 이에 대비하는 것이지, 이 예문이 분명히 의도한 바처럼 합당한 추산을 내놓는 것이 아니다. 'A tennis player who anticipates his opponent's next shot doesn't just guess where it is going to go, he is there to meet it^{상대 선수의 다음 샷을 예측하는 테니스 선수는 공이 어디로 갈지를 추측만 하는 게 아니라 샷을 받아치려고 그 자리에 미리 가 있다}.' 맨 위 예문에서는 단어 사용이 모순된다. 회사가 손실을 예측하고 대처^{anticipate}했다면 예상보다 손실이 더 크지 않았을 것이다.

anxious 간절히 / 애타도록 바라는. anxious는 anxiety에서 파생되었으므로 열렬하거나 기대에 차 있는 상태만이 아니라 걱정하는, 또는 두려워하는 상태 또한 담고 있어야 한다. 'You may be anxious to put some unpleasant task behind you, but, unless you have invested money in it, you are unlikely to be anxious to see a new play ^{어떤 불편한 임무를 끝내기를 '애타게 바랄' 수는 있지만, 돈이} 라도 투자했다면 모를까, 새로운 연극을 보고 싶어 '애가 탈' 가능성은 적다.'

any 어떤. 때로는 전문가들에게도 까다로운 단어다. 'This paper isn't very good, but neither is any of the others in this miserable subject^{이 신문은 그} 다지 훌륭하지 않지만 이 한심한 주제에 관해서는 다른 신문들도 마찬가지다.'(하워드,『언어의 지위』) 유용한 원칙은 동사가 언제나 보어에 상응하도록 하는 것이다. 그러므로 'neither is any other'나 'neither are any of the others' 중 하나로 쓴다.

anybody, anyone, anything, anyway, anywhere 누구나, 누구든, 무엇이든, 어떻든, 어디든. anything과 anywhere는 언제나 한 단어다. 나머지는 보통 두번째 요소를 강조할 때를 제외하고는 한 단어다. (가령, 'He received three job offers, but any one would have suited him^{그는 세 군데서 일자리를 제안} 받았는데 어느 자리라도 그에게 맞았을 것이다.')

    anybody와 anyone은 단수이므로 단수 대명사와 동사로 받아야 한다. 다음에서 흔한 오류―너무 흔한 오류여서 일각에서는 더이상 오류로 보지 않기도 한다―를 발견할 수 있다. 'Anyone can relax, so long as they don't care whether they or anyone else ever actually gets anything done^{일의 진척 여부} 에 신경을 쓰지 않는다면야 누구나 긴장을 풀 수 있다.'(옵서버) So long as they gets anything done이라니? 문제는 당연히 복수 대명사(they)에 단수 동사(gets)를 쓴 데 있다. 이런 구문은 적어도 몇몇 경우에 전혀 문제가 안 될 수도 있지만, 그래도 규칙을 깰 때는 최소한 왜 이것이 규칙에 안 맞는지 정도는 알아야 한다. 더 자세히 보려면 NUMBER (4)를 참조할 것.

any more, any time 더이상, 언제나. 이 두 가지는 언제나 두 단어로 쓴다.

anyone. ANYBODY, ANYONE, ANYTHING, ANYWAY, ANYWHERE 참조.

anything. ANYBODY, ANYONE, ANYTHING, ANYWAY, ANYWHERE 참조.

any time. ANY MORE, ANY TIME 참조.

anyway. ANYBODY, ANYONE, ANYTHING, ANYWAY, ANYWHERE 참조.

anywhere. ANYBODY, ANYONE, ANYTHING, ANYWAY, ANYWHERE 참조.

Apennines 아펜니노 산맥. 이탈리아의 산맥 이름. 중간 철자 -nn- 에 주의.

appendices, appendixes 부록. 둘 다 맞음.

appendixes. APPENDICES, APPENDIXES 참조.

appraise, apprise. 'No decision is likely, he said, until they had been appraised of the damage^{그들이 손실에 대해 알게 되기/(손실을) 평가하기 전까지는 어떤 결정을 내릴 가능성이 거의 없다고 그가 말했다}.'(선데이 타임스) 여기서 써야 할 낱말은 '알리다'라는 뜻의 apprise다. appraise는 사정査定하다, 평가한다는 뜻이다. 보험 심사원은 손해를 평가하고^{appraises} 차주에게 알린다^{apprises}.

appreciate. 저자들이 간혹 부여하는 것보다 좀더 구체적인 의미를 지니는 단어다. 어떤 것을 appreciate한다면 그 가치를 높이 사는 것('I appreciate your concern^{걱정해주셔서 고맙습니다}'), 또는 공감하며 이해하는 것이다('I appreciate your predicament^{곤란한 입장을 십분 이해합니다}'). 그러나 공감이나 가치를 내포하지 않는다면(가령 'I appreciate what you are saying, but I don't agree with it^{그 말씀은 납득이 가지만 그에 동의하지는 않습니다}') understand^{이해하다}나 recognize^{인식하다} 등이 더 나은 선택이겠다.

apprise. APPRAISE, APPRISE 참조.

approximate. '~에 가깝다'는 뜻이므로 very approximate는 '~에 매우 가
깝다'는 뜻이 되어야 한다. 그러나 very approximate estimate이라고 말할 때
사람들은 대부분 '아주 가까운 추산'이 아니라 '매우 대략적인 추산'이란 뜻으
로 쓴다. 가워스는 『The Complete Plain Words^{명료한 글쓰기 총람}』에서 이를 매우
허술하고 오해의 소지가 많은 용법이라고 강하게 비판했지만, 파울러는 이를
'옹호할 수 없으나 단단히 자리잡은' ─ 분명 불합리하고 심지어 안타깝기까지
하나 이미 너무 깊숙이 자리를 잡아서 반대가 무의미해진 ─ 낱말 및 구문 중 하
나로 꼽았다. 나는 파울러의 말이 옳다고 생각한다.

　　권위자들은 approximate와 approximate to가 거추장스러우며 더 짧은
표현으로 대체하는 것이 좋다는 점에서 견해를 같이한다. about이나 almost,
nearly로 쓰면 될 것을 굳이 'We were approximately 12 miles from home^우
^{리는 집에서 대략 12마일 떨어져 있었다}'이라고 쓸 필요는 없다.

a priori, prima facie. 두 가지 모두 대체로 증거를 가리키기에 때때로 혼란
스럽다. prima facie는 '언뜻 보기에' 또는 '표면상으로'라는 뜻으로, 증거가 모
두 수집되지 않았으나 일단 확보된 증거를 토대로 어떤 결론 도출이 가능한 문
제를 가리킨다. A priori는 경험보다 추정에서 도출된 결론을 가리킨다.

apt. LIABLE, LIKELY, APT, PRONE 참조.

Aran Island와 Aran Islands. 아일랜드 지명은 이렇게 쓰지만, 스코틀랜드
지명은 Isle of Arran으로 쓴다. 스웨터 종류는 Aran으로 쓴다.

Aran Islands. ARAN ISLAND와 ARAN ISLANDS 참조.

arbitrate, mediate. 간혹 이 두 단어의 기능은 인식되는 것보다 차이가 크다.

조정자^{arbitrator}는 증거를 듣고 판결을 내리도록 임명받았다는 점에서 판관과 같다. 중재자^{mediator}는 반대되는 양쪽을 오가며 타협이나 합의를 이끌어내려 하기에 협상가에 더 가깝다. 중재자는 판결을 내리지 않는다.

간혹 조정자^{arbitrator}와 결정권자^{arbiter}도 구별하기 어려울 때가 있다. 조정자는 임명된 사람이지만, 결정권자는 의견은 존중되나 권한이 부여되지 않은 사람이다. 파울러는 간결하게 이 둘을 구별했다. 'An arbiter acts arbitrarily; an arbitrator must not^{결정권자는 자의적으로 행동할 수 있으나, 조정자는 그래서는 안 된다.}'

argot 은어. JARGON, ARGOT, LINGUA FRANCA 참조.

aroma 향내. 기분 좋은 냄새에만 쓰인다. 그러므로 'the pungent aroma of a cattleyard^{코를 찌르는 축사의 향내}'(워싱턴 포스트)는 잘못된 표현이다.

Arran, Isle of. ARAN ISLAND와 ARAN ISLANDS 참조.

artefact, artifact (인공적인) 물건. 전자는 주로 영국에서, 후자는 미국에서 선호하는 철자지만 둘 다 맞다. 어느 경우든 인간의 손으로 만든 것을 가리키지, 예문에서처럼 오래된 물건 전반을 가리키는 말은 아니다. 'The team found bones and other artefacts at the site^{팀은 현장에서 유골 및 다른 인공물들을 발견했다.}'(가디언) 유골은 인공물이 아니다. 이 낱말은 모두 인간의 기여를 내포하는 artifice, artificial, artisan과 관련이 있다.

artifact. ARTEFACT, ARTIFACT 참조.

as. LIKE, AS 참조.

as ··· as. 'Housing conditions in Toxteth may be as bad, if not worse than, any in Britain^{톡스테스의 주택 사정은 영국 다른 지역보다 더 못하거나, 그에 못지않게 나쁘다.}'

037

(옮긴이) 이 문제는 '불완전 대등 비교'라 불린다. 문장에서 'if not worse' 구문을 제거해보면 문제가 더 분명해진다. 'Housing conditions in Toxteth may be as bad··· than any in Britain.' 글쓴이는 'as bad' 구문을 호응 부분 없이 미완인 채로 남겨두었다. 문장은 'as bad as, if not worse than, any in Britain' 이라고 써야 맞다.

assiduous. ACIDULOUS, ASSIDUOUS 참조.

assuage. ALLAY, ALLEVIATE, ASSUAGE, RELIEVE 참조.

assume, presume (사실에 근거하여) 짐작하다, (증거는 없으나 사실이라고) 추정하다. 이 두 낱말은 의미상 너무 비슷해서 구별이 어려운 경우가 많지만 어떤 맥락에서는 미세하게 구별할 수 있다. suppose(이미 알고 있는 지식에 의거하여 사실이라 생각하다)의 의미로 쓰이는 assume은 개연성이 높아 보이는 어떤 것을 현실적인 가설로 내세운다는 뜻이다('I assume we will arrive by midnight^{나는 우리가 자정까지 도착하리라 짐작한다}'). presume은 다소 무모하게 논쟁의 여지가 있는 주장을 하는 편에 가깝다('I presume we have met before^{우리가 전에 만난 적이 있다고 추정됩니다만?}'). 하지만 대부분 두 낱말은 서로 바꾸어 쓸 수 있다.

as to whether. whether 하나만으로 충분하다.

attain 달성·획득하다. 'The uncomfortable debt level attained by the end of the financial year has now been eased^{회계연도 말까지 달성되던 정도의 상당한 부채는 이제 해소되었다}.'(더 타임스) attain은 achieve^{성취하다}, accomplish^{이룩하다}와 마찬가지로 원하는 목표에 도달했음을 시사하므로 여기서 의도한 의미와는 거리가 멀다. 다른 낱말로 바꾸거나(가령 prevailing^{지배적인}), 여기에서는 삭제하는 게 나을 것이다.

auger, augur 나사송곳, 조짐이 되다. 'The results do not auger well for the President in the forthcoming mid-term elections그 결과는 다가오는 중간선거에 대비하려는 대통령에게 좋은 나사송곳이 아니다.'(가디언) 틀렸다. auger는 동사가 아니다. 구멍을 뚫을 때 쓰는 도구다. 예문에서 의도된 의미인 '예언하다' '전조가 되다'는 'u'가 들어가는 augur다. 두 단어는 서로 관계가 없다. 사실, auger는 비교적 최근까지만 해도 nauger로 불렸다.

augur. AUGER, AUGUR 참조.

auspicious. 단순히 '특별한'이나 '기억에 남을 만한'을 뜻하지 않는다. '시기적으로 유리한' '유망한' '징조가 좋은'이란 뜻이다.

autarchy, autarky. 전자는 절대권력, 전제정치를 뜻하며, 후자는 자급자족 경제를 의미한다. 일부 글쓰기 가이드―『저자와 편집자를 위한 옥스퍼드 사전』이나 『이코노미스트 포켓 스타일북』―는 공을 들여 두 단어의 차이를 지적하고 있는데, 두 낱말이 두 가지 다른 그리스어 어근에서 나온다는 점은 주목할 만하다. 하지만 두 책은 모두 일반 독자 대부분이 둘 중 어느 낱말도 쉽게 이해하지 못한다는 점, 그리고 거의 모든 경우에 동의어로 대체하면 (격조는 몰라도) 이해도를 높일 수 있다는 점을 간과하고 있다.

autarky. AUTARCHY, AUTARKY 참조.

autobahn. (독일어), 고속도로를 뜻한다. 복수형은 autobahns나 Autobahnen이다.

autostrada. (이탈리아어), 고속도로를 뜻한다. 복수형은 autostrade다.

auxiliary 보조의. -ll- 이 아님.

avant-garde 아방가르드. 붙임표(-)에 주의.

avenge, revenge. 일반적으로 avenge는 묵은 원한을 풀거나 불의를 시정하는 것을 가리킨다. 주로 개인적인 만족을 위해 크게 보복하는 것을 가리키는 revenge보다 훨씬 더 감정 중립적이다.

average 평균의. 'The average wage in Australia is now about £150 a week, though many people earn much more호주 평균 임금은 현재 주당 약 150파운드지만 훨씬 더 버는 사람도 많다.'(더 타임스) 훨씬 덜 버는 사람도 많다. 그러니 평균 150파운드가 되는 것이다. 평균 수치를 표현할 때는 그렇지 않은 경우를 군이 언급할 필요가 없으며 이는 때로 어리석은 짓이기도 하다. (MEAN, MEDIAN, MIDRANGE, MODE도 참조.)

averse. ADVERSE, AVERSE 참조.

avocado 아보카도. 복수형은 avocados.

awake. AWOKE, AWAKED, AWAKENED 참조.

awakened. AWOKE, AWAKED, AWAKENED 참조.

awhile. A WHILE, AWHILE 참조.

a while, awhile 한동안. for에 awhile의 의미가 내포되어 있으므로 'for awhile'이라고 쓰는 것은 오류다. 'I will stay here for a while여기 잠시 있을게'처럼 두 단어로 쓰거나 'I will stay here awhile'처럼 한 단어로 쓴다.

awoke, awaked, awakened 'awake(깨다)'의 용법. 두 가지 흔한 문제에

주의할 필요가 있다.

1. awoken은 많이 쓰이기는 하지만 대개 표준으로 간주되지 않는다. 그러므로 애거사 크리스티의 소설에 나오는 이 문장(패트리지에게서 재인용)은 잘못되었다. 'I was awoken by that rather flashy young woman^{나는 다소 요란한 차림의 젊은 여자 때문에 깼다.}' awakened로 쓴다.

2. 과거분사로는 awoke보다 awaked가 선호된다. 그러므로 'He had awaked at midnight^{그는 자정에 깼다}'이지, 'He had woke〔또는 awoke〕at midnight'이 아니다. 그러나 과거형을 확실히 모르겠을 때는 awakened라고 쓰면 틀리는 법이 없다.

axel, axle 악셀, 축. axel은 아이스 스케이팅에서의 점프를 말하고, axle은 두 바퀴를 연결하는 막대다.

axle. AXEL, AXLE 참조.

a year. ANNUAL, A YEAR 참조.

Ayers Rock 에어즈 록. (아포스트로피 없음) 호주의 관광명소인 바위산. 한편, 현행 공식 명칭은 'Uluru^{울루루}'다.

B

bacteria 박테리아. 복수형이다. 단수의 유기체라면 bacterium으로 쓴다. 또한 박테리아가 바이러스와 전혀 다르다는 점도 유의하자. 박테리아는 독립적으로 번식할 능력이 있는 살아 있는 단세포생물이다. 바이러스는 훨씬 더 작고, 살아 있는 세포에 침투해서만 번식할 수 있으며, 독립적인 생물체가 아니다.

bail, bale 보석금, 건초 더미. bail은 수감자의 보석금, 크리켓 경기에서 스텀프 위에 놓이는 가로 막대, 물을 퍼내는 행위를 말한다. bale은 면화나 건초 더미를 가리킨다. 배에서 물을 퍼낼 때는 'bail out a boat', 항공기에서 긴급탈출할 때는 'bale out of an aircraft'로 쓴다. 악의적인 사람이 짓는 '사악한' 표정은 'baleful expression'이다.

bait, bate 미끼를 놓다, 숨죽이다. 'Robin's exploits were listened to with baited breath^{사람들은 숨죽이고/미끼를 놓고 로빈의 공적에 귀를 기울였다.}'(메일 온 선데이) 로빈의 청자들이 물고기를 잡으려던 게 아닌 한 bated^{숨을 죽인}가 옳다. 이 단어는 abated^{약화한}의 사촌격이다.

bale. BAIL, BALE 참조.

balk, baulk 멈칫하다. 두 철자 모두 옳다.

banzai, bonsai. 전자는 일본어로 돌격시에 지르는 함성이며, 후자는 미니어처 수목을 위주로 하는 일본 원예의 일종(분재)이다.

barbaric, barbarous 미개한, 끔찍한. barbaric은 올바로 쓰인 경우, 조잡함 및 문명의 영향이 닿지 않았음을 강조한다. 뾰족하게 깎은 막대는 미개한 전쟁 도구로 간주될 수 있다. barbarous는 잔인성과 냉혹성을 강조하며, 'barbarous ignorance^{지독한 무지}'나 'barbarous treatment^{야만적인 처우}'에서 보듯이 대체로 도덕적 비난을 암시한다.

barbarous. BARBARIC, BARBAROUS 참조.

barbecue 바비큐. 진지한 글쓰기에서는 이 철자만이 허용된다. barbeque나, 더 심하게는 bar-b-q로 써도 좋다고 믿는 언론인이나 기타 공식적인 영어 사용자는 감수자 없이 독자적으로 집필할 준비가 되지 않은 것이다.

barrier 장벽. 'BTR's profits this week went through the £1bn pre-tax profits barrier^{금주 BTR 이익은 세전 기준으로 10억 파운드의 장벽을 넘어섰다}.'(인디펜던트) 가장 광범위한 비유적 의미로 보더라도 barrier는 모종의 장애물이나 걸림돌을 뜻한다고 봐야 하는데, 여기서는 회사가 이익을 쌓지 못하도록 막는 것이 없다는 게 명백하다. 은유를 쓰고 싶은 충동을 참을 수 없다면 'milestone^{이정표}'을 써보라.

basically 기본적으로. 이 단어의 문제점은 대부분의 맥락에서 이 단어가 기본적으로 불필요하다는 점이다. 방금 보셨듯이.

basis 기반. 이 낱말은 다음에서 볼 수 있듯 기의 항상 장황함의 분명한 지표다. 'Det. Chief Supt. Peter Topping··· said he would review the search on a day-to-day basis^{피터 토핑 총경은 일일 기반으로 수색을 검토하겠다고 말했다}.'(인디펜던트) 'would review the search daily'라고 써서 다섯 단어를 절약하는 편이 어떨까?

bate. BAIT, BATE 참조.

bathos. '깊다'는 뜻의 그리스어 bathus에서 나온 말로, 최저점이나 밑바닥, 또는 진부함과 위선을 가리킨다. 하지만 보통은 높은 지위에서 별안간 평범한 지위로 떨어지는 것을 설명하는 데 쓴다. 연민이나 공감의 감정에 관련되는 pathos^{파토스. 연민을 자아내는 힘}의 반대말이 아니다.

baulk. BALK, BAULK 참조.

BC 기원전. 언제나 연도 뒤에 오며(42 BC) 대개 작은 대문자로 표기한다. (AD 도 참조.)

be (분사와 같이 쓰일 때). 다음에서 보듯이 주로 할말을 장황하게 늘어놓을 때 쓴다. 'He will be joining the board of directors in March^{그는 3월에 이사회에 합류할 것이다.}'(더 타임스) 'He will join the board of directors in March'로 쓰는 것이 간결하다.

Becher's Brook. 그랜드 내셔널 대회*의 유명하고 무시무시한 장애물, 베처스 브룩의 철자.

before, prior to ~전에. 길이와 후자의 다소 현학적인 어감을 제외하면 두 표현 사이에는 차이가 없다. 번스타인의 말을 바꿔 말하자면, after 대신에 posterior to를 쓰는 사람이라면 당연히 before 대신에 prior to를 쓰시기를.

behalf. on behalf of와 in behalf of 사이에는 유용한 차이가 존재한다. 전자는 의뢰인을 대신하여 답변을 진술하는 변호인처럼 대리인으로 행동함을 의미하며 공식적인 관계를 나타내는 경우가 많다. 후자는 좀더 가깝고 연민을 담은 역할을 가리키며 친구나 옹호자로서 행동함을 뜻한다.

---

* 영국의 장애물 경마 대회. 위험한 것으로 유명하다.

'I spoke on your behalf'는 네가 없을 때 내가 너를 대리했다는 뜻이다. 'I spoke in your behalf'는 내가 너를 지지했거나 옹호했다는 뜻이다.

behove 마땅히 ~해야 한다. 고어이나 여전히 때때로 유용한 단어다. 다음 두 가지를 명심해야 한다.

1. 이 단어는 '필요한' 또는 '경우에 따라 요구되는'의 뜻인데, 특히 부사 ill과 함께 '적절하다'라는 뜻으로 때때로 다음과 같이 잘못 쓰이곤 한다. 'It ill behoves any man responsible for policy to think how best to make political propaganda^{어떻게 하면 정치 선전을 가장 잘할 수 있을까 생각하는 것은 어떤 정책 담당자에게도 적절하지 않다}.'(가워스에게서 재인용)

2. 이 낱말은 아무런 감정 없이 'it'을 주어로 해서 써야 한다. 'The circumstances behove us to take action^{상황상 우리는 때문에 조치를 취해야 한다}'은 잘못된 표현이다. 'It behove us in the circumstances to take action'으로 쓴다.

미국 영어의 철자는 behoove다.

beleaguered 포위된. -ured가 아님.

belles-lettres 순문학. 순전히 정보나 가치를 전달하려는 것과 반대로 문학적이거나 미학적인 글쓰기를 말한다. 대체로 복수형으로 취급되나 단수형으로 쓸 수 있다. belletrist^{순문학가}, belletrism^{순문학 글쓰기}, belletristic^{순문학적인}과 같은 파생어에는 논리적 근거는 없으나 붙임표(-)가 사라지고 낱말 자체가 축약되었다.

bellwether 지표, 전조. -weather가 아님. wether는 양[¥]을 가리키는 옛말이다. bellwether는 목에 방울을 달고 있는 양으로, 방울은 양떼를 여러 목초지로 이끌고 다니는 양임을 나타낸다. 일반적인 용법에서 이 단어는 이끌거나 길을 보여주는 것을 뜻한다. 주식에서 지표/선도 종목^{bellwether stock}이란 관례적으로 다른 주식들의 앞에 있는 종목이다. 흉조나 전조를 의미하지 않는다.

beluga 벨루가. 철갑상어의 일종이며 간혹 오해받는 것처럼 캐비어를 제조·생산하지 않으므로 첫 글자를 대문자로 써서는 안 된다(물론 문장의 첫머리는 제외하고).

benzene, benzine. 두 가지 모두 용제로 흔히 쓰이는 액상 탄화수소다. 벤젠은 주로 플라스틱 생산과 관계되는 반면, 벤진은 세탁소에서 사용하는 용해제로 쓰이는 때가 가장 많다. 여하튼 두 가지는 상당히 다른 물질로, 단순히 단일 합성물을 두 가지 철자로 쓰는 경우에 해당하지 않는다.

benzine. BENZENE, BENZINE 참조.

bereft ~을 뺏긴. 'Many children leave school altogether bereft of mathematical skills 많은 어린이가 수리 능력을 기르지 못한 채 학교를 졸업한다.'(더 타임스, 킹즐리 에이미스의 『언어의 지위』에서 재인용) bereft of something이란 무언가가 결여되어 있다는 뜻이 아니라 빼앗겼다는 뜻이다. 남편을 잃은 bereft of a husband 것은 노처녀 spinster가 아니라 과부 widow 다(이 낱말은 bereave의 과거분사다).

besides. also~외에나 in addition to~외에의 뜻이지, alternatively 대안적으로의 뜻이 아니다. 패트리지는 이런 잘못된 용례를 인용하고 있다. 'The wound must have been made by something besides the handle of the gear-lever 상처는 분명 기어 손잡이가 아닌 다른 것/기어 손잡이뿐만 아니라 어떤 것 때문에 생겼을 것이다.' other than~외에으로 바꾸자.

besiege 포위하다. -ei-가 아님.

between, among ~사이에. 일부 권위자들은 여전히 between은 두 가지에만, among은 두 가지를 넘을 때 적용된다며, 둘이서 돈을 나눌 때는 between을, 넷이면 among을 써야 한다고 주장한다. 이 말은 어느 선까지는 유용하

046

지만 그리 폭넓게 적용될 수 없다. 가령, Chicago is among New York, Los Angeles and Houston^{시카고는 뉴욕, 로스앤젤레스와 휴스턴 사이에 있다}이라고 한다면 우스운 꼴이 될 것이다. 더 논리적으로 하자면 상호적 성격의 일에는 between을 (a treaty between the UK, the US and Canada^{영국, 미국, 캐나다 간의 조약}), 집합적 성격의 일에는 among을(trade talks among the members of the European Union^{유럽연합 회원국 간 통상 회담}) 써야 한다.

between을 쓸 때 흔히 발생하는 또다른 문제를 다음 예문에서 볼 수 있다. 'He said the new salaries were between 30 to 40 per cent more than the average paid by other retailers^{그는 다른 소매업체의 평균 임금보다 신규 급여가 30에서 40퍼센트 더 많다고 말했다}.'(인디펜던트) 이 단어는 'between A and B' 형태로만 쓴다. 그러므로 'between 30 and 40 per cent'나 'from 30 to 40 per cent' 둘 중 하나로 써야 한다.

between you and I 너와 나 사이에. 존 사이먼은 이것을 '타의 추종을 불허하는 최악의 문법 오류'라 불렀다. 이는 매우 흔하며 언제나 잘못된 표현이라고 말해도 충분하다. 전치사의 목적어는 언제나 목적격이어야 한다는 게 규칙이다. 더 간단히 말하면, 우리가 'give the book to I^{책을 나는 줘}'나 'as Tom was saying to she only yesterday^{톰이 불과 어제 그녀는 말했듯이}'라고 말하지 않는 것과 마찬가지로 'between you and I'라고 말하지 않는다. 다음 예문에서도 유사한 실수가 보인다. 'He leaves behind 79 astronauts, many young enough to be the children of he and the others…^{그의 뒤로 우주인 79명이 남았는데, 그중 많은 이는 그의 자식뻘일 정도로 어렸으며 다른 이들은}'(데일리 메일) 'of him'으로 쓴다.

Big Ben. 엄밀히 말하면 영국 하원에 있는 유명한 시계탑이 아니라 시각을 알리는 커다란 종일 뿐이다. 도움이 될지 모르겠지만 시계의 정식 명칭은 웨스트민스터궁의 성 스티븐 타워* 시계다.

---

* 현재 공식 명칭은 '엘리자베스 타워'로 바뀌었다.

bilateral. UNILATERAL, BILATERAL, MULTILATERAL 참조.

bimonthly, biweekly 격월, 격주. 이 표현들 및 이와 유사한 표현은 항상 모호하다. 'every two months^{두 달마다}' 'twice a month^{한 달에 두 번}' 등을 적절히 쓰는 것이 훨씬 좋다.

Bishopsgate 비숍스게이트. 런던 시내의 한 구역 명칭. -ps-에 주의.

biweekly. BIMONTHLY, BIWEEKLY 참조.

blatant, flagrant. 이 두 단어는 딱히 동의어라 할 수 없다. 무언가가 blatant 하다는 것은 두드러지게 뻔하고 부자연스러운 것('a blatant lie^{뻔한 거짓말}'), 또는 고의적으로 고약한 것('blatant electioneering^{노골적인 선거운동}'), 또는 둘 다를 말한다. flagrant하다는 것은 충격적이고 비난받을 만하다는 뜻이다('a flagrant miscarriage of justice^{명백한 오심}'). 만일 내가 정기적으로 달 여행을 간다고 말한다면 그것은 flagrant lie가 아니라 blatant lie다. 당신이 내 집에 불을 지른다면 그것은 blatant^{노골적인}한 행위가 아니라 flagrant^{악질적인}한 행위다.

blazon. '[She] blazoned a trail in the fashion world which others were quick to follow^{[그녀는] 패션계에서 새로운 길을 개척/과시했고 다른 이들이 신속히 그 뒤를 따랐다.}' (선데이 타임스) 길을 개척한다고 할 때는 Trails are blazed로 쓴다. blazon은 동사로 쓰이면 과시하려고 내보이거나 공언한다는 뜻이 된다.

blueprint 청사진. 설계나 계획을 비유적으로 가리키는 blueprint는 상당히 남용되는 단어다. 이 단어를 쓰고 싶은 유혹을 물리칠 수 없다 해도, 최소한 청사진이란 초안이 아니라 완성본이라는 점만은 기억하자.

bogey, bogie, bogy. bogey는 콧속에 있는 것을 가리키는 점잖지 않은 용어일 뿐 아니라 골프에서 기준 타수^{par}보다 하나 많은 타수이기도 하다. 한편 bogie는 기차의 차량 아래 끼우는 바퀴 달린 대차^{臺車}이며, bogy는 두 가지 모두에 쓸 수 있는 대안적 철자다. 상상의 괴물을 가리키는 일반적인 철자는 bogeyman이다.

bogie. BOGEY, BOGIE, BOGY 참조.

bogy. BOGEY, BOGIE, BOGY 참조.

bonsai. BANZAI, BONSAI 참조.

bon vivant, bon viveur. 전자는 좋은 음식을 즐기는 사람이며, 후자는 잘사는 사람이다.

bon viveur. BON VIVANT, BON VIVEUR 참조.

born, borne. 둘 다 동사 bear의 과거분사지만 관습적으로 약간 다르게 쓰인다. born은 출생에 국한되고('He was born in December^{그는 12월에 태어났다}'), borne은 지지한다거나 참아낸다는 의미로 써야 하지만('She has borne the burden with dignity^{그녀는 점잖게 그 부담을 감내했다}') 능동태로 낳는다는 의미로도 쓰이며('She has borne three children^{그녀는 세 아이를 낳았다}'), by 앞에서 수동태로도 쓰인다('The three children borne by her···^{그녀가 낳은 세 아이}').

borne. BORN, BORNE 참조.

both 두 가지 모두. 유의해야 할 작은 문제점 세 가지가 있다.

　　1. both는 둘을 초과하는 것을 설명하는 데 쓰여서는 안 된다. 패트리지는 한 여자가 'a shrewd common sense··· both in speech, deed and dress^말

과 행동, 복식 두 가지에 기민한 센스'를 지녔다는 문장을 인용했다. both를 지우자.

2. 이 낱말은 때로는 다음 예문에서와 같이 불필요하게 나타난다. 'and they both went to the same school, Charterhouse그들은 둘 다 같은 학교, 차터하우스에 다녔다.'(옵서버) both를 지우거나 'they both went to Charterhouse그들은 둘 다 차터하우스에 다녔다'로 고치자.

3. 이 단어는 간혹 'each각각'의 뜻으로 잘못 사용되곤 한다. there is a supermarket on both sides of the street라고 하면 슈퍼마켓이 도로를 가로질러 양쪽에 걸쳐 있다는 뜻이 된다. there is a supermarket on each side of the street라고 하거나 there are supermarkets on both sides라고 쓰자. (EACH도 참조.)

both A and B A와 B 모두. 'He was both deaf to argument and entreaty그는 언쟁과 간청 둘 다에 귀를 닫았다.'(가워스에게서 재인용) 이와 관련된 규칙은 상관접속사 규칙으로, 이런 유형의 문장에서 both와 and는 문법적으로 유사한 개체들을 연결해야 한다는 것이다. both 바로 뒤에 동사가 나오면 and 바로 뒤에도 동사가 나와야 한다. both가 명사 바로 앞에 나오면 and도 마찬가지여야 한다. 그러나 위의 예문에서 both 다음에는 형용사(deaf)가, and 다음에는 명사(entreaty)가 나왔다.

문장은 'He was deaf to both argument[명사] and entreaty[명사]'나 'He was deaf both to argument[전치사 + 명사] and to entreaty[전치사 + 명사]'로 다시 써야 한다.

'not only ··· but also A뿐만 아니라 B도' 'either ··· or A 아니면 B' 및 'neither ··· nor A도 아니고 B도 아닌' 등 다른 쌍도 규칙은 같다.

bottleneck 병목. 가워스가 지적하듯이 좁아지는 지점을 가리키는 비유로서 남용되곤 한다. 하지만 이것은 비유이므로 너무 밀어붙이면 무너질 수 있다는 점을 잊어서는 안 된다. 가령, 'a worldwide bottleneck전세계적 병목'이나 'a growing bottleneck증대되는 병목'은 모순되게 들린다. 아무리 비유라 해도 병목이 자라지는 않으며 지구를 포괄할 수도 없다.

bouillabaisse 부야베스 수프. -illi-가 아님.

bravado. bravery^{용맹}와 혼동해서는 안 된다. 전자는 거들먹거리며 자랑하듯 대담성을 과시하는 것으로 숨겨진 소심증을 감추기 위해 채택되는 경우가 많다. 짧게 말하면 bravado는 거짓 bravery이며 용기와는 전혀 관계가 없다.

breach, breech. 종종 혼동됨. breach는 위반이나 균열을 말하며 언제나 관련어인 break를 암시해야 한다. breech는 사물의 뒤, 또는 아랫부분에 해당한다. 주요 표현에는 breach of faith/promise^{신의/약속의 배반}, breech birth^{골반위 분만}, breeches buoy^{반바지 모양의 구명복}, breechcloth^{허리에 감는 천}, breech-loading gun^{후장총}이 있다.

breech. BREACH, BREECH 참조.

Britannia, Britannic 대영제국의. 그러나 Brittany는 아님. 노래 제목은 'Rule, Britannia^{브리타니아여, 통치하라}'로, 쉼표를 찍는다.

Britannic. BRITANNIA, BRITANNIC 참조.

British Guiana 영국령 기아나. 기아나로 알려진 남미 국가의 옛 이름이다.

BSE. bovine spongiform encephalopathy^{소해면상뇌증}의 약어다.

buenos días. 스페인어로 아침 인사, '안녕하세요'의 뜻. 그러나 밤 인사는 buenas(-os가 아님) noches이며, 오후 인사는 buenas tardes임에 유의.

buffalo 버펄로, 물소. 복수형은 buffalo 또는 buffaloes 둘 다 가능.

buoy 부표. 이 책이 대개 발음 문제는 다루지 않고 주로 영국 영어 사용자를 대상으로 하지만, 나와 같은 미국인, 그리고 이들의 영향을 받을 수 있는 다른 이들에게 다음과 같은 점을 지적하지 않을 수 없다. 이 단어를 '부-이'로 발음하는 경향은 실수이며 잘못된 것이다. buoyant^{부력이 있는}를 '부-이-언트'로 발음하지 않는 이상, 다시 '보이'로 발음하기 바란다.

burgeon. 단순히 확장이나 번성만을 의미하지 않는다. '싹트다' '움트다' '생성되다'란 뜻이다. 무언가가 burgeon한다면 그것은 새로워야 한다. 그러므로 일찍 두각을 나타내는 아이의 움트는 재능을 말할 때는 burgeoning이라고 쓰는 게 옳지만 'the ever-burgeoning population of Cairo^{지속적으로 증가하는 카이로 인구}'(데일리 텔레그래프)라고 쓴다면 틀리다. 카이로 인구는 수백 년 동안 증가해왔으며 어차피 영원히 싹트는^{ever-burgeoning} 것은 없다.

but. 대명사 뒤에 부정적으로 쓰일 경우 문제가 되는데 이는 수백 년 동안 세심한 사용자들을 혼란스럽게 했다. 독자는 'Everyone but him had arrived'라고 말하는가 아니면 'Everyone but he had arrived'라고 말하는가? 권위자 사이에서도 의견이 분분하다.

일각에서는 but을 전치사로 보고 대명사를 목적격—me, her, him이나 them—으로 쓴다. 그러므로 'Give it to her'나 'between you and me'라고 쓰듯이, 'Everyone but him had arrived'라고 써야 한다는 것이다.

다른 이들은 but이 접속사이며 대명사는 주격(I, she, he, they)이어야 한다고 주장한다. 문장이 'Everyone had arrived, but he had not^{다들 도착했지만 그는 도착하지 않았다}'과 비슷한 것으로 보고.

but을 때로는 접속사로 보고 때로는 전치사로 보는 것이 어쩌면 해답일지 모른다. 대략적인 규칙 두 가지가 유용할 것이다.

1. 대명사가 문장 뒤쪽에 나오면 항상 목적격을 써도 안전하겠다. 그러므

로 다음과 같이 쓰면 된다. 'Nobody knew but her^{그녀를 제외하면 아무도 몰랐다}'
'Everyone had eaten but him^{그를 제외하고 다들 식사를 했다}'.

2. 대명사가 문장 앞에 나온다면 'No one but he had seen it^{그를 제외하고는}
^{아무도 그것을 보지 못했다}'처럼 주격으로 쓰는 게 더 낫다. 한 가지 예외는 대명사가
앞에 나온 전치사의 영향을 받는 경우지만 이런 구문은 상대적으로 드물고 어
색할 때가 많다. 두 가지 예를 들면 다음과 같다. 'Between no one but them
was there any bitterness^{그들을 제외하면 누구에게도 불쾌감은 없었다}' 'To everyone but
him life was a mystery^{그를 제외한 모두에게 인생은 미스터리였다}'. (THAN (3)도 참조.)

B

C

caddie, caddy. caddie는 골프 도우미이고, caddy는 차茶를 보관하는 용기다.

caddy. CADDIE, CADDY 참조.

Caesarean. -ian이 아님. 정식으로는 '제왕절개술Caesarean section'로 알려진 분만법 및 로마 황제 카이사르Caesar를 가리키는 철자로, 여전히 Caesarean이 선호된다.

Caius. 케임브리지대학교의 단과대학으로, 공식 명칭은 Gonville and Caius College다. Caius는 '키스'로 발음한다.

calligraphy 필적, 손글씨. 'Both ransom notes have been forwarded to calligraphy experts in Rome몸값을 요구하는 쪽지 두 개가 다 로마에 있는 필적/캘리그래피 전문가들에게 전달되었다.'(데일리 메일) 글쓴이의 의도는 '필적학자' 또는 '필적 전문가'였다. calligraphy는 예술의 하나다.

camellia 동백. 꽃 이름. camelia가 아님.

can, may ~할 수 있다, ~해도 된다. can은 가능한 것에, may는 허용 가능한 것에 적용된다. 일방통행 시에 차를 반대 방향으로 몰고 가는 것은 가능하지만can 허용되지는may 않는다. 규칙은 간단한데 전문가들마저도 흔히 오류를 범한다. 뉴욕 타임스의 어법 권위자인 윌리엄 새파이어가 junta스페인어 단어 junta의 발음에 대해 언급한 사례를 보자. 'The worst mistake is to mix languages. You cannot say "joonta" and you cannot say "hunta"^{최악의 실수는 언어들을 뒤섞}는 것이다. "준타"라고 발음할 수 없고, "훈타"라고도 발음할 수 없다.' 하지만 그렇게 발음할 수 있고, 그것도 쉽게 할 수 있다. 허용되지 않으며 그러지 않는 게 좋고 그래서는 안 된다는 게 새파이어의 의도였다.

cannot help but ~하지 않을 수 없다. 점점 더 많이 사용되는 구문으로, 이제는 숙어 급이 됐다고 볼 수도 있지만 불필요하게 장황하고 다소 불규칙하다는 점을 유의해야 한다. 'You cannot help but notice what a bad name deregulation has with voters^{유권자들에게 규제 완화가 얼마나 욕을 먹는지 당신도 알게 될 수밖에 없다.}'(이코노미스트) 이 문장은 'You cannot help notice ⋯'나 'You cannot but notice ⋯' 둘 중 하나로 쓰는 것이 낫겠다(아니면 적어도 전통적인 표현법이 되겠다).

canvas, canvass. 전자는 '캔버스 천'을 말하고, 후자는 '간청하다, 특히 표를 호소하다'를 뜻하는 동사다.

canvass. CANVAS, CANVASS 참조.

capital, capitol 자본/수도, 의사당. capitol은 언제나 건물에, 대개는 미국에서 의회가 모이는 곳에 쓰인다. 미국 의회가 열리는 워싱턴 디시의 돔형 의사당을 가리킬 때는 언제나 첫 글자를 대문자로 쓴다. 다른 모든 의미에서는 항상 capital이라는 철자로 쓴다.

capitol. CAPITAL, CAPITOL 참조.

carat, caret. carat은 보석류(무게를 가리킨다)와 금(순도를 가리킨다)의 단위이며, caret은 교정에 쓰이는 삽입 기호(^)다. carat의 미국식 철자는 karat이다.

carbon dioxide, carbon monoxide 이산화탄소, 일산화탄소. carbon dioxide는 우리가 호흡할 때 내쉬는 기체이고, carbon monoxide는 자동차 매연과 관계된 고독성 가스다.

carbon monoxide. CARBON DIOXIDE, CARBON MONOXIDE 참조.

cardinal numbers, ordinal numbers 기수, 서수. cardinal numbers는 1, 2, 3등 서열이 아니라 크기를 나타내는 수다. ordinal numbers는 첫째, 둘째, 셋째 등 차례를 나타내는 수다.

careen, career (차량이) 위태롭게 달리다, 제멋대로 달리다. 간혹 이탈 차량 등을 설명할 때 혼동해서 쓴다. careen은 흔들리고 위험하게 기울어진다는 개념을 전달한다. 통제를 벗어난 움직임만을 의미한다면 career를 쓰자.

career. CAREEN, CAREER 참조.

caret. CARAT, CARET 참조.

Catharine's, Catherine's. 케임브리지대학교의 단과대학 이름은 St Catharine's이고, 옥스퍼드대학교의 단과대학 이름은 St Catherine's다.

Catherine's. CATHARINE'S, CATHERINE'S 참조.

ceiling, floor 천장, 바닥. 비유적으로 상한선을 뜻하는 ceiling은 유용한 단어지만 다른 많은 유용한 단어가 그렇듯 남용되기 쉽다. 꼭 비유적으로 써야 할 때는, 길이 기억에 남을 데일리 걸프 타임스의 다음 헤드라인처럼 문자 그대로의 뜻이 배경에 숨어서 언제라도 튀어나와 당신의 비유를 우스꽝스럽게 만들 수 있다는 점을 결코 잊어서는 안 된다. 'Oil ministers want to stick to ceiling

석유 장관들은 상한선을 고수하고/천장에 달라붙고 싶어한다.'

하한선의 뜻으로 쓰는 floor도 마찬가지로 모순된 결과를 낳을 수 있다. 두 단어는 때때로 하워드와 파울러가 공히 인용했던 다음의 당혹스러운 문장에서처럼 혼재되어 쓰이기도 한다. 'The effect of this announcement is that the total figure of £410 million can be regarded as a floor as well as a ceiling발표 결과, 총액 4억 1천만 파운드는 상한선은 물론 하한선으로도 간주될 수 있게 됐다.' (TARGET도 참조.)

celebrant, celebrator 미사 참석자, 축하하는 사람. 'All this is music to the ears of James Bond fan club members··· and to other celebrants who descend on New Orleans each Nov. 11이 모든 것은 제임스 본드 팬클럽 회원들··· 그리고 매년 11월 11일에 뉴올리언스에 몰려드는 다른 축하객들/미사 참석자들에게는 듣기 좋은 말이다.'(뉴욕 타임스) celebrants는 종교의식에 참여하는 사람들이다. 떠들썩한 파티를 위해 모이는 사람들은 celebrators다.

celebrator. CELEBRANT, CELEBRATOR 참조.

Celeste, Mary. 1872년 대서양을 운항하던 중 승객과 승무원들이 수수께끼처럼 사라져버린 미국의 쌍돛대 범선인 Mary Celeste는 이따금 비유적으로 쓰이는데 다음과 같이 거의 언제나 잘못된 철자로 쓰인다. 'At last, the sound of people in the City's Marie Celeste마침내, 이 도시의 메리/마리 셀레스트 호에서 들려오는 인기척.'(데일리 메일) Mary로 쓰자.

celibacy 독신. 'He claimed he had remained celibate throughout the four-year marriage그는 결혼 생활 4년 내내 성관계 없이/독신으로 지냈다고 주장했다.'(데일리 텔레그래프) celibacy는 일반적인 생각과는 달리 성적인 금욕을 뜻하지 않는다. 단지 종교적인 서약으로 인해 결혼하지 않은 상태를 뜻할 뿐이다. 'A married man cannot be celibate, but he may be chaste결혼한 남자는 독신일 수는 없지만 성관계가 없

을 수는 있다.'

cement, concrete 시멘트, 콘크리트. 두 가지는 서로 바꾸어 쓸 수 없다. 시멘트는 모래, 자갈, 골재 등도 포함하는 콘크리트의 구성 요소 중 하나다.

cemetery 묘지. - ary가 아님.

Centers for Disease Control and Prevention. 공중 보건 문제를 다루는 미국 기관의 정식 명칭이다. 복수형 Centers에 유의하자.

centre round 또는 **around** ~에 중점을 두다. 'Their argument centres around the Foreign Intelligence Surveillance Act그들의 논쟁은 '외국 정보 감시법'에 관한 것이었다.'(더 타임스) centre는 중심점을 가리키며, 점은 어떤 것도 둥글게 둘러쌀 수 없다. 'centre on'이나 'revolve around'로 쓰자.

centrifugal / centripetal force 원심 / 구심 력. centrifugal force는 ~에서 멀어지는 것이고, centripetal force는 ~를 향해 끌려들어가는 것이다.

centripetal force. CENTRIFUGAL / CENTRIPETAL FORCE 참조.

chafe, chaff. 이 둘은 한 가지가 다른 것으로 인도할 수 있지만 뜻은 서로 다르다. 동사 chafe는 문질러서(또는 비유적으로 성가시게 하거나 자극해서) 쓰라리거나 닳게 만든다는 뜻이다. chaff는 친근하게 놀린다는 뜻이다. 'A person who is excessively chaffed is likely to grow chafed과하게 놀림받다보면 짜증이 나기 십상이다.'

chaff. CHAFE, CHAFF 참조.

chamois. 영양류 및 세차용 가죽을 말하며, 둘 다 복수형은 chamois다.

chilblain 동상. chill- 이 아님.

children's. children^{어린이들}의 소유격으로서 가능한 철자는 오직 이것뿐이다. 그러나 다음 예문에서 보듯이 오류가 많다. 'He is also the current presenter of the BBC 1 childrens' programme "Saturday Superstore"^{그는 BBC 1 어린이 프로그램 "토요일 슈퍼스토어"의 현행 진행자이기도 하다}.'(옵서버) 하지만 이 오류는 아포스트로피가 아예 쓰이지 않은 것들에 비하면 훨씬 낫다. 'childrens clothes'라고 쓰는 부츠 앤 테스코의 광고나, 'childrens books'를 판다는 W. H. 스미스나, 연례 'childrens art' 경연 대회를 개최한다는 캐드버리의 경우처럼. 이 오류는 근본적으로 교양 없음의 표시이며 보일 때마다 안타까워해야 할 일이다. (MEN'S, WOMEN'S; POSSESSIVES도 참조.)

choose. OPT, CHOOSE 참조.

chord, cord. chord는 일군의 음표(화음), 또는 기하학에서 일종의 현이다. cord는 일정 길이의 밧줄이나 유사한 재질로 꼰 끈, 또는 땔나무 더미의 단위를 가리킨다. 말할 때 쓰는 것은 성대^{vocal cords}다.

Christ Church, Christchurch. Christ Church는 옥스퍼드대학교 단과대학의 철자이자 정식 명칭이다(Christ Church College가 아님). 뉴질랜드와 잉글랜드에 있는 커뮤니티의 이름은 Christchurch다.

chronic. ACUTE, CHRONIC 참조.

Cincinnati 신시내티. 철자를 흔히 잘못 쓰는 미국 오하이오주의 도시.

CinemaScope. 와이드스크린 영화 시스템의 올바른 철자.

circumstances, in the와 under the. 둘 사이에는 유용한 구별이 있다. in the circumstances는 단순히 어떤 상황이 존재하는 것만을 가리킨다. 'In the circumstances, I began to feel worried그 상황에서 나는 걱정이 되기 시작했다.' under the circumstances는 어떤 조치가 필요하거나 저지되는 상황을 가리켜 써야 한다. 'Under the circumstances, I had no choice but to leave상황이 그런 만큼 나는 떠날 수밖에 다른 도리가 없었다.'

claim. 올바르게 쓰면 claim은 어떤 권리의 인정을 요구한다는 뜻이다. 내 것이라 부르고 싶은 것—유산, 잃어버린 물건, 땅—을 claim하는 것이다. 하지만 이 단어는 다음 예문에서처럼 점점 더 '단언하다' '주장하다'라는 뜻으로 쓰이고 있다. 'They claim that no one will be misled by the advertisement그들은 아무도 그 광고에 현혹되지 않을 거라고 주장한다.' (보스턴 글로브)

권위자들은 이런 구문에서는 claim을 assert, declare, maintain, contend 또는 문제가 덜 되는 다른 동사로 대체해야 한다고 고집하며 오랫동안 이 느슨한 용법을 매도했지만, 또 오랫동안 아무도 이를 거의 지키지 않았다. 싸움은 이제 끝났다고 나는 생각한다. 이 느슨한 용법을 싫어하던 파울러마저도 'claim에는 분명 다른 단어들(assert 등)을 상대적으로 재미없게 만드는 활력—대체로 공격성—이 있다'며 결국은 수긍했다.

그러니 원한다면 이 낱말을 자유로이 사용하되, 하와이의 한 신문에 실린 다음 헤드라인처럼 claim이 전혀 어울리지 않는 경우도 있음을 명심하자(파울러에게서 재인용). 'Oahu barmaid claims rape오아후의 접대부 여성, 강간 주장.' 이 여성이 강간을 저질렀거나 강간을 어떤 권리로서 내세우고 있는 듯 보이는 것이 오점이겠다. 어떤 경우든, 아무리 좋게 말해도 유감스러운 단어 선택이 아닐 수 없다.

clamour 함성. 형용사형은 clamorous.

clichés 상투어. 'A week may be a long time in politics. But it's a light year in the global economy일주일은 정치판에서는 긴 시간일지 모른다. 하지만 세계경제에서는 1광년이다'(옵서버) 'Lawyers were last night considering seeking an injunction for the book, which was selling like hot cakes in London bookshops over the weekend어젯밤 변호사들은 주말 내내 런던 서점에서 불나게 팔리는 그 책에 대한 가처분 신청을 고려중이었다'.(인디펜던트) 상투어는 때로 복잡한 개념을 설명하는 가장 경제적인 방법이기도 하지만(to hang by a thread위기일발이다, the tip of the iceberg빙산의 일각, to point the finger비난하다), 무기력하고 고민 없는 글쓰기와 편집을 드러낼 뿐인 경우가 더 많다. 진지한 신문이라면 어떤 기사도 정치판에서 일주일은 긴 시간이라고 언급하는 것으로 시작하거나 어떤 것도 핫케이크처럼 불티나게 팔린다고 표현해서는 안 될 것이다. 진짜 핫케이크라 하더라도. 위 첫번째 예문의 또다른 문제점에 대해서는 LIGHT YEARS도 참조하라.

climactic, climatic, climacteric. climactic은 '절정climax에 나타나는'이라는 뜻이며('the climactic scene in a movie영화의 절정이 되는 장면'), climatic은 기후climate 및 날씨와 관련되었다는 뜻이며('the climatic conditions produced rain기후 조건이 비를 생성했다'), climacteric은 중요한 변화의 시기를 뜻하는 명사로, 가장 흔하게는 폐경기에 쓰인다.

climb up, climb down. climb down은 순수주의자들이 간혹 지적하듯이 명백한 모순이다. 하지만 현실이 그렇다. 숙어는 명백한 다른 모순을 여럿 끌어안듯이 이 표현을 포용했고, 이제는 반박의 여지가 없다. 반면에 climb up은 climb이 타동사로 쓰였을 때는—대부분의 경우—언제나 동어반복이다. climb이 자동사로 쓰이는 예외적인 경우는 다음과 같다. 'After each descent, we rested for a while before climbing up again우리는 한 번 내려간 뒤에는 다시 올라가기 전에 잠시 쉬었다.' 하지만 'He climbed up the ladder그가 사다리를 올라갔다'와 같은 문장에서는 up이 자리만 차지할 뿐 하는 일이 없다. (PHRASAL VERBS와 UP도 참조.)

close proximity 가까운 인접 거리. 누가 뭐래도 동어반복일 수밖에 없다. 'near'나 'close to'로 대체하자.

coelacanth. 어류의 하나. '실-러-캔스'로 발음한다.

co-equal 동등/대등한. 'In almost every other regard the two are co-equal^{다른 거의 모든 측면에서 두 가지는 대등하다.}'(가디언) 얼빠진 말이다. co-는 equal이 단독으로 이미 갖고 있는 의미에 더해주는 게 아무것도 없다.

cognomen. 사람의 성명 전체나 이름이 아닌, 성姓만을 가리킨다. 장난스럽게 쓰는 경우를 제외하면 대개 피하는 게 좋다.

cognoscenti. 각별히 전문 지식이 많고 취향이 고상한 사람들을 뜻하는 이 단어는 복수형이다. 전문 지식이 뛰어난 사람 한 명을 가리키는 단어는 cognoscente다.

colic 배앓이. 형용사형은 colicky.

coliseum, Colosseum. 전자는 모든 대형 원형극장을 뜻하며, 후자는 로마에 있는 특정 원형극장을 가리킨다.

collapsible 접을 수 있는. -able이 아님.

collectives 집합명사. 다수를 가리키는 명사들—majority^{대다수}, flock^{무리}, army^{군대}, Government^{정부}, group^{단체}, crowd^{군중} 등—의 단수 또는 복수 취급 여부는 전적으로 전달하고자 하는 의미의 문제다. 일부 권위자들이 규칙을 고치려는 시도도 해봤지만 그런 노력은 언제나 소용이 없다. 대체로 미국인은 단수로, 영국인은 복수로 취급하는 경향이 있는데, 서로 이를 우스꽝스럽다고 생각한다(미국식 'The couple was married in 1978그 부부는 1978년에 결혼했다'와 영국식 'England are to play Hungary in their next match영국은 다음 경기에서 헝가리와 경기할 예정이다'를 비교해보라). 흔한 실수는 다음과 같이 단수와 복수 사이에서 왔다갔다하는 것이다. 'The group, which *has* been expanding vigorously abroad, *are* more optimistic about the second half외국에서 맹렬히 확장해온 그 그룹은 하반기 전망에 더욱 낙관적이다.'(더 타임스) 새뮤얼 존슨마저도 'No nation that *has* preserved *their* words and phrases from mutability어떤 국가도 변덕으로부터 자국의 단어와 숙어를 지켜낸 바 없다'고 쓰는 실수를 저질렀다. 두 문장 모두에서, 이탤릭체로 된 단어 쌍들은 둘 다 단수형이거나, 둘 다 복수형이어야 한다.

collide, collision 충돌하다, 충돌. 'The lorry had broken down when another car was in collision with it대형 트럭은 다른 승용차와 충돌했을 때 고장이 난 상태였다.'(스탠더드) 신문에서 흔히 쓰이는 이런 문장들은 두 가지 면에서 잘못되었다. 우선 충돌은 둘 이상의 움직이는 물체가 만날 때만 일어날 수 있다. 자동차가 고장 난 대형 트럭, 벽, 가로등이나 다른 정지된 물체를 들이받았다면 그것은 충돌이 아니다. 두번째 오류는 'in collision with'에 있다. 많은 기자가 사고 기사를 쓰면서 책임 소재를 드러내지 않으려 애쓰는 나머지 이런 어색한 구문을 쓰는데, 대체로 그럴 필요가 없다. 누구의 잘못인지 알려지지 않은 상황에서는 어느 한쪽에 책임을 전가하는 모양새가 되지 않도록 반드시 주의를 해야겠지만, 차 한 대가 다른 한 대와 'in collision with'라고 쓰기보다는 'the two cars collided두 차량이 충돌했다'라고 쓰는 게 오히려 더 안전하고 중립적이다.

collision. COLLIDE, COLLISION 참조.

collusion 공모. 'They have been working in collusion on the experiments for almost four years그들은 거의 4년 동안 공조/공모하여 실험을 해왔다.'(가디언) 가디언지를 위해서 하는 말인데 그날 자 다른 신문 기사를 읽어봤기를 바란다. collusion은 부당·부정한 목적을 위해 함께 일하는 것을 뜻하기 때문이다.

두 과학자의 일을 설명하는 위 예문에서 필요한 단어는 'cooperation^{공조}'이나 'collaboration^{협력}'이다.

Colombia 콜롬비아. 남미에 있는 국가 이름인데 부끄럽게도 철자 오기가 잦다. 'The book has now been turned into a television series in Columbia 이 책은 현재 콜롬비아에서 텔레비전 시리즈로 제작되었다'(선데이 타임스) 'The programme looks at coffee in Columbia and the problems of land ownership그 프로그램은 콜롬비아 커피와 토지소유권 문제를 조망한다'(데일리 메일) 모국 이탈리아에서 '크리스토포로 콜롬보Cristoforo Colombo'로 알려진 남자가 영어로 크리스토퍼 콜럼버스Cristopher Columbus가 되었다는 데서 문제가 발생한다. 그러므로 그의 이름에서 파생된 영어 낱말들—Columbia University컬럼비아대학교, the District of Columbia컬럼비아 특별구, British Columbia브리티시 컬럼비아주—에는 'u'가 들어가지만 로망스어에서 기원한 낱말들은 두번째 음절에 'o'가 들어간 철자를 쓴다.

Colosseum. COLISEUM, COLOSSEUM 참조.

comic, comical. 'There was a comic side to the tragedy그 비극에는 웃음을 자아내는/코미디다운 면이 있다.'(더 타임스) comic하다는 것은 웃기려는 의도가 있다는 뜻이다. comical한 것은 의도와 관계없이 웃기는 것이다. 일부러 웃기려는 비극은 없으므로 여기서 필요한 단어는 comical이다.

comical. COMIC, COMICAL 참조.

commence 개시하다. 'Work on the project is scheduled to commence in June프로젝트 작업은 6월 개시 예정이다.'(파이낸셜 타임스) 쓸데없는 격식주의다. 'begin'이면 될 것을.

common. MUTUAL, COMMON 참조.

comparatively 비교적. 'Comparatively little progress was made in the talks yesterday어제 회담에서는 진전이 비교적 거의 없었다.'(가디언) 무엇에 비교해서? comparatively는 비교가 드러나거나 명백히 함축된 의미가 있을 때에만 써야 한다. '상당히fairly'나 '단지only'의 뜻으로 쓸 거라면 다른 낱말을 선택하자. (RELATIVELY도 참조.)

compare to, compare with 비유하다, 비교하다. 이 둘 사이에는 유용한 차이점이 있다. compare to는 두 가지를 비슷하게 여길 때 쓰고, compare with는 유사점이나 차이점을 고려할 때 써야 한다. 'He compared London to New York그는 런던을 뉴욕에 비유했다'은 런던이 뉴욕과 비슷하다고 그가 느꼈다는 뜻이다. 'He compared London with New York그는 런던을 뉴욕과 비교했다'이라면 두 도시의 상대적인 장점을 쟀다는 뜻이다. compare to는 'Shall I compare thee to a summer's day?그대를 여름날에 비유하리요?'에서처럼 대부분 비유적인 의미로 등장한다. 그러므로 시나 연애편지를 쓰는 게 아니라면 대개 필요한 표현은 compare with다.

다른 문제 한 가지는 작가들이 비교 불가능한 것들을 비교하려 할 때 일어난다. 파울러는 다음 문장을 인용했다. 'Dryden's prose···loses nothing of its value by being compared with his contemporaries드라이든의 산문은···현대 작가들과 비교해도 손색이 없다.' 글쓴이는 산문과 산문을 비교하려다가 무심결에 산문을 사람과 비교했다. 'with that of his contemporaries현대 작가들의 그것(산문)'으로 쓰자.

compatriot. 같은 나라 사람을 지칭하는 말로서, 새로운 나라에 영주하게 된 사람을 가리키는 expatriate재외 동포와 의미나 철자를 혼동해서는 안 된다.

compel, impel 강제하다, 압력을 주다. 두 단어는 다 모종의 행위로 이어지는 힘의 사용이라는 뜻을 담고 있으나 동의어는 아니다. 둘 중 compel은 그 사촌격인 compulsion강요처럼 더 강력한 말로서, 강압이나 거부할 수 없는 압력의 결과로 행해지는 행위를 시사한다. 'The man's bullying tactics compelled me to step forward^{그 사내의 막무가내식 전술이 나로 하여금 나서게 만들었다.}' impel은 의미상 'encourage^{격려하다}'에 더 가까우며, 나설 것을 촉구한다는 뜻이다. 'The audience's ovation impelled me to speak at greater length than I had intended^{청중의 갈채가 나로 하여금 당초 의도한 것보다 더 길게 발언하게 만들었다.}' compelled는 다른 방도가 없는 것이며, impelled라면 의지의 요소가 있을 수 있다.

compendium 개요서. 필시 'comprehensive^{종합적인}'와 소리가 비슷해서이겠지만 이 단어는 방대하고 모두를 아우른다는 뜻으로 여겨질 때가 많다. 그러나 compendium이란 도리어 간략한 줄거리나 요약본을 말한다. 크기는 이 단어와 아무 관계가 없다. 『옥스퍼드 영어사전』처럼 방대할 수도, 메모처럼 작은 것이 될 수도 있다. 중요한 점은 간략하게 완전한 요약을 제공해야 한다는 것이다. 복수형은 compendia나 compendiums 둘 다 가능하다. 『옥스퍼드 영어사전』은 전자를 선호하고, 다른 사전은 대부분 후자를 선호한다.

complacent, complaisant 현실에 안주하는, 남의 말을 잘 듣는. 전자는 '우쭐할 정도로 자기만족적인'이란 뜻이다. 후자는 '싹싹하고 기꺼이 남을 돕는'이란 뜻이다. complacent한 사람은 자신에게 만족하는 사람이며, complaisant한 사람은 남을 기쁘게 해주고 싶어하는 사람이다. 둘 다 라틴어 complacere(기쁘게 하다)에서 왔지만, complaisant는 프랑스어를 통해 들어왔으므로 철자가 서로 다르다.

complaisant. COMPLACENT, COMPLAISANT 참조.

complement, compliment 보완하다, 칭찬하다. 두 단어 모두 '가득 채우다'라는 뜻의 라틴어 어근 complere에서 왔지만 오랫동안 별개의 의미를 지녀왔다. compliment는 '칭찬하다'라는 뜻이다. complement는 본래의 뜻에 더 가깝게 남아, '빈 곳을 채우다' '완전하게 하다'란 뜻이 되었다. 그러므로 다음 예문에서는 complement를 써야 한다. 'To compliment the shopping there will also be a large leisure content including a ten-screen cinema, nightclub, disco and entertainments complex쇼핑을 보완하기/칭찬하기 위해 거기에는 상영관 10곳을 갖춘 영화관, 나이트클럽, 디스코클럽, 오락시설 등 방대한 레저시설도 들어설 예정이다.'(파이낸셜 타임스 광고)

complete 완전한. 패트리지는 의사擬似 비교급—즉 ultimate, eternal 등 비교를 불허하는(무엇이 다른 것보다 '더 궁극적more ultimate'이거나 '더 영원more eternal'할 수는 없다) 낱말들—목록에 complete를 포함했다. 엄밀히 말하자면 그의 말이 맞고, complete를 불필요하게 수정하지 않도록 주의해야 한다. 그러나 너무 심하게 제한을 가하는 게 현학적일 때도 있다. 윌리엄 모리스와 (그의 딸) 메리 모리스가 지적하듯이, 'This is the most complete study to date of that period이것이 현재까지는 당대에 대한 가장 완전한 연구다'에는 진정한 반대가 있을 수 없다. 사용은 하되, 신중하게 사용하자.

compliment. COMPLEMENT, COMPLIMENT 참조.

compound 악화시키다. 'News of a crop failure in the northern part of the country will only compound the government's economic and political problems북부 지방의 흉작 소식은 정부의 경제·정치 문제를 가중시킬 뿐이다.'(더 타임스) 일부 권위자들은 위의 예문에서도 그렇고 다른 곳에서도 점점 증가하듯 compound를 '악화되다'라는 뜻으로 쓰는 것을 개탄한 바 있다. 이런 용법이 이 낱말의 본래 뜻이자 더욱 좁은 의미를 잘못 해석한 데서 비롯된다는 이들의 지적은 맞지만 그것만으로는 사용을 줄일 충분한 이유가 되지 못한다. 잘못된 해석으로 현재의 의미에 다다른 다른 단어도 많다. 그 예로 INTERNECINE 참조.

    그보다 더 느슨한 뜻의 compound가 필요한지 고민하는 게 더 적절할 것이다. 그 대답은 단연코 '아니요'여야 한다. 위의 예문에서, 글쓴이는

compound 대신에 multiply^{증대하다}, aggravate^{가중시키다}, heighten^{고조시키다}, worsen^{나빠지다}, exacerbate^{악화시키다}, add to^{추가하다}, intensify^{심화하다}나 다른 단어를 사용할 수도 있었다.

우리는 또한 compound가 그렇지 않아도 바쁜 단어라는 걸 생각해야 한다. 사전을 보면 동사로서만도 뚜렷이 구분되는 의미가 최대 아홉 가지, 명사로 일곱 가지, 형용사로는 아홉 가지나 나열돼 있다. 이중 일부는 단어의 의미가 좁다. 예를 들어, 법률 용어로서 compound는 '금전 또는 다른 고려사항에 대한 대가로 기소를 취하하다'라는 구체적인 뜻을 지니고 있다(가중^{aggravation}과는 전혀 관련이 없는 compound a felony^{중죄를 경감하다}라는 널리 오해되는 구문이 생기게 된 것도 바로 이 때문이다). 이런 맥락에서 '악화시키다'란 뜻으로 compound를 쓰는 것은 의미를 호도하기 십상이다.

하지만 사전은 대부분 이 새로운 뜻을 인정하고 있으므로 이를 틀렸다고 말할 수는 없다. 그렇다 하더라도 보수적인 영어 사용자들이 이에 반대할 수 있으며 이 또한 일리가 있다는 점을 명심하는 게 좋다.

comprise 품다. 'He is the first director with the nerve to capitalize on something very obvious: audiences are comprised of ordinary people^{그는 청중이 평범한 사람들로 이루어져 있다/사람들을 담고 있다는 매우 뻔한 사실을 활용할 배짱을 지닌 첫 국장이다.}'(옵서버) 그렇지 않다. 청중은 평범한 사람들로 구성되어^{composed of} 있다. comprised of는 흔하지만 언제나 틀린 표현이다. comprise란 담고 있다는 뜻이다. 전체가 부분을 품지 그 반대가 아니다. 집은 방을 일곱 개 품고 있을지 몰라도 방 일곱 개가 집을 품고 있지는 않으며, 더더구나 집이 방 일곱 개로 품어진다는 건 더욱 말이 안 된다. 오류는 다음 예문에서 다시 나타난다. 'Beneath Sequoia is the Bechtel Group, a holding company comprised of three main operating arms^{세쿼이아사 아래층에는 주요 운영 부서 세 개로 구성된 지주 회사인 벡텔 그룹이 있다.}'(뉴욕 타임스) 'a holding company comprising three main operating arms'나 'composed of three main operating arms'가 돼야 한다.

conceived 잉태하다. 'Last week, 25 years after it was first conceived···처음 잉태된 이래 25년이 지난 지난주.'(『타임』) first를 지우자. 잉태는 한 번에 끝나는 일이다. initially conceived애초에 잉태된와 originally conceived본래 잉태된도 마찬가지다.

concrete. CEMENT, CONCRETE 참조.

condone 용납하다. 이 단어는 흔히 이에 수반되는 의미인 승인이나 지지 등을 뜻하지 않는다. '사면하다' '용서하다' '눈감아주다'라는 뜻이다. 어떤 행동을 지지하지 않아도 condone할 수는 있다.

confectionery 과자류. -ary가 아님.

confidant(남성형) / **confidante**(여성형). 은밀한 정보를 믿고 털어놓을 수 있는 사람.

confidante. CONFIDANT / CONFIDANTE 참조.

Congo 콩고. 콩고는 혼란스럽게도 이제 아프리카의 두 이웃 국가에 쓰인다. 둘 중 더 큰 나라는 1977년까지 자이르라고 불린 곳으로 이제는 국명을 콩고민주공화국 Democratic Republic of Congo으로 쓴다. 그 서쪽 접경국이 훨씬 더 작은 콩고인 콩고공화국Republic of Congo이다.

consensus 합의. 'The general consensus in Washington··· 워싱턴 정가의 일반적 합의는.'(시카고 트리뷴) 유의어 반복이다. 모든 합의는 일반적이다. 마찬가지로 피해야 할 표현이 'consensus of opinion의견의 합의'이다. 마지막으로 consensus는 consent동의하다처럼 가운데가 s인 점에 유의하자. census센서스(인구조사)와는 아무 관련이 없다.

consummate 완벽한. 칭송에 쓰이는 이 표현은 너무 자유롭게 사용된다. a consummate actor란 단지 훌륭한 배우가 아니라 경쟁자가 없거나 거의 그 정도로 뛰어난 배우다. 최고를 설명하는 데 한정되어야 하는 말이다.

contagious, infectious 전염성의. 접촉으로 확산되는 질병에는 contagious 를 쓴다. 공기나 물로 확산되는 질병에는 infectious를 쓴다. 비유적으로 쓸 때 는('contagious laughter전염성 있는 웃음' 'infectious enthusiasm전염성 있는 열정') 둘 다 괜찮다.

contemptible, contemptuous. contemptible은 contempt경멸 받아 마땅 하다는 뜻이다. contemptuous는 경멸을 담고 있다는 뜻이다. contemptible 한 제안은 contemptuous한 반응을 얻을 수 있다.

contemptuous. CONTEMPTIBLE, CONTEMPTUOUS 참조.

conterminous, coterminous 국경·경계를 접한. 두 단어는 같은 의미를 지니고 있으나 전자가 후자보다 더 보편적으로 쓰인다. 둘 다 경계선을 공유한 다는 뜻이다.

continual, continuous 거듭 반복되는, 지속적인. 둘에 대한 구분은 널리 지켜지지 않고 있으며, 실제로 항상 꼭 구분해야 하는 것도 아니다. 하지만 두 단어 사이에는 유용한 차이가 있다. continual은 반복해서 일어나지만 늘 일 어나지는 않는 것을 가리킨다. continuous는 중단되지 않는 연속성을 내포한 다. 그러나 이 차이를 알고 있는 독자는 거의 없을 테고, 절대적인 명확성이 필 요하다면 continuous 대신에 'incessant끊임없는'나 'uninterrupted연속된'를, continual 대신에 'intermittent간헐적인'를 쓸 것을 권장한다.

continuous. CONTINUAL, CONTINUOUS 참조.

contractions. ABBREVIATIONS, CONTRACTIONS, ACRONYMS 참조.

contrary, converse, opposite, reverse ~에 반하는, 상반, 정반대, 반대. 네 가지 모두 종종 다양하게 혼동되는데, 이들의 경계가 흐린 경향이 있다보니 이는 이해할 만한 일이다. 간략히 말하면 contrary는 어떤 명제에 반하는 것이다. converse는 명제의 요소들이 전도되었을 때 쓰인다. opposite은 한 명제와 180도 다른 것이다. reverse로는 이중 무엇이든 설명할 수 있다.

 'I love you'라는 진술을 보자. 이것의 opposite은 'I hate you'다. converse는 'You love me'다. contrary는 원래 진술에 반하는 것이면 무엇이든 가능하다. '나는 너를 사랑하지 않아' '너에게 전혀 감정을 느끼지 않아' '나는 너를 조금 좋아하는 정도야' 등. reverse는 이 모든 의미에 쓰일 수 있다.

conurbation 광역도시권. 이 단어는 어떤 도시 지역도 가리키지 않는다. 상당히 규모가 큰 커뮤니티가 두 개 이상 합쳐져 확장된 곳을 가리키며, 캘리포니아의 패서디나-로스앤젤레스-롱비치, 또는 영국의 리즈-브래드퍼드를 그 예로 들 수 있다.

converse. CONTRARY, CONVERSE, OPPOSITE, REVERSE 참조.

convince, persuade 납득시키다, 설득하다. 이 두 단어는 서로 대체 가능하게 사용되곤 하지만 그다지 똑같지 않다. 간략히 말하면 convince는 무엇을 믿도록 하는 것이고, persuade는 행동하도록 하는 것이다. 누구에게 무엇을 하도록 persuade하면서도 그 일을 하는 것이 옳다거나 필요하다고 convince하지는 못할 수 있다. 또다른 차이점은 persuade 뒤에는 부정사가 올 수 있지만, convince 뒤에는 그럴 수 없다는 점이다. 다음 예문은 잘못되었다. 'The Soviet Union evidently is not able to convince Cairo to accept a rapid cease-fire 소련은 신속한 휴전을 받아들이도록 이집트 정부를 설득할/확신시킬 수 없다.'(뉴욕 타임스) 'persuade Cairo to accept'나 'convince Cairo that it should accept'로 바꾸자.

cord. CHORD, CORD 참조.

country, nation 나라, 국가. 이 둘을 구별해야 한다고 맹렬하게 고집하는 것
은 너무 까탈스럽게 보이겠지만 엄격히 말하면 country는 어느 곳의 지리적 특
징을, nation은 정치·사회적 특징을 가리키는 말이다. 그러므로 미국은 가장 부
유한 국가^{nations}, 가장 큰 나라^{countries} 중 하나다.

Court of St James's 성 제임스 궁정. 각국 대사들이 영국에 부임할 때 임지
의 정식 명칭이다. 다음과 같이 아포스트로피와 두번째 's'를 생략하는 일이 흔
한 오류다. 'He was ambassador to the Court of St James in 1939, when
Britain offered him its sword to defend Poland^{영국이 폴란드를 방어하도록 칼을 쥐}
^{여주었을 때 그는 1939년 주영 대사였다.}'(옵서버) 런던 성 제임스 공원과 광장의 철자도 St
James's라고 쓴다.

crass. 단순히 몰상식하고 교양 없는 정도가 아니라, 멍청하고 지독하게 무식
한 나머지 다른 사람을 불쾌하게 할 정도로 무신경함을 뜻한다. crass하다고 하
면 상태가 상당히 안 좋은 것이다.

creole, pidgin 크리올어, 피진어. pidgin이라는 단어는—영어 단어
'business'의 중국어 발음에서 왔다고 사료된다—둘 이상의 문화가 접촉할 때
생겨나는 단순화한 초보적 언어다. 이런 접촉이 지속되고 피진어를 모국어로
사용하는 세대들이 태어나면 이 언어는 대개 더욱 정형화된 크리올어('토착의'
를 뜻하는 프랑스어에서 파생)로 진화한다. 보통 피진어라 일컫는 언어는 실제
로 대부분 크리올어다.

crescendo 점증. 'David English, whose career seemed to be reaching a crescendo this month when he took over editorship of the stumbling Mail on Sunday··· 부진을 면치 못하고 있는 메일 온 선데이의 편집권을 넘겨받으면서 이번 달 경력상 최고조에 도달하는 듯이 보이는 데이비드 잉글리시는.'(선데이 타임스) crescendo는 이 인용문에서 명백히 의도된 것처럼 절정에 도달함을 뜻하지도, 더 자주 오용되는 것처럼 요란하고 폭발적인 결론을 의미하지도 않는다. 올바르게 쓰려면 이 단어는 양이나 강도의 점진적 증가를 설명할 때만 쓰는 게 좋다.

criteria, criterion 기준. 'The sole criteria now is personal merit, an immigration official said 현재 유일한 기준은 개인의 능력이라고 한 이민국 관리가 말했다.'(인디펜던트) criterion이라고 썼어야 한다. 기억하자. one criterion, two criteria 단일 기준. 두 가지 기준.

criterion. CRITERIA, CRITERION 참조.

Crome Yellow 크롬 옐로. 올더스 헉슬리의 1921년작 소설. Chrome이 아님.

cross-Channel ferry 해협 횡단 페리호. 대부분의 문맥에서 유의어 반복이다. Channel ferry로만 써도 충분하다.

culminate. 'The company's financial troubles culminated in the resignation of the chairman last June 회사의 재정 문제는 지난 6월 회장의 사임으로 결말이 났다/절정에 다다랐다.'(더 타임스) culminate는 아무 결과나 소산을 뜻하는 것이 아니라 최고점을 찍는 결말을 가리킨다. 일련의 전투가 최종 승리로 끝날 culminate 수는 있지만, 재정 문제가 사임으로 절정을 이루지는 않는다.

current, currently 현재의, 현재. 현재와 과거를 대비할 필요가 있을 때는 current가 쓰일 만하지만 대개는 『타임』 기사에 나온 다음 두 예문에서처럼 쓸

데없이 공간만 차지할 때가 너무 많다. 'The Government currently owns 740 million acres, or 32.7% of the land in the U.S.정부는 현재 7억 4천만 에이커, 미국 토지의 32.7%를 소유하고 있다' 'Property in the area is currently fetching $125 to $225 per acre이 지역의 부동산은 현재 에이커당 125~225달러의 소득을 가져오고 있다'. 현재성currency은 이미 두 문장에 내포되어 있으며, current와 currently가 쓰이는 다른 문장에서도 대부분 마찬가지다. 두 예문 모두에서 currently를 지우는 게 좋다. (두번째 문장은 'is fetching'을 'fetches'로 바꾸면 더 개선될 수 있다.)

currently. CURRENT, CURRENTLY 참조.

curricula vitae. curriculum vitae경력기술서·상세이력서의 복수형이다.

curtsy 무릎을 굽히고 하는 인사. -ey가 아님.

curvaceous 곡선미가 있는. -ious가 아님.

cut back 삭감하다. 'Losses in the metal stamping division have forced the group to cut back production금속 스탬핑 부서의 손실 탓에 그룹은 생산을 줄여야만 했다.'(데일리 텔레그래프) 'have forced the group to cut production'이라고 쓰면 더 간결하다. 명사형 cutback도 마찬가지로 불필요한 중복이다. 'spending cutbacks지출 절감'는 거의 언제나 'spending cuts'로 줄일 수 있다. (PHRASAL VERBS 참조.)

dais. LECTERN, PODIUM, DAIS, ROSTRUM 참조.

dangling modifiers 현수懸垂 수식어. 영어 어법에서 비교적 복잡하고 의견이 분분한 면면 중 하나지만 이런 수식어들은 적어도 종종 우리를 재밌게 해 준다는 장점이 있다. 권위자들마다 이런 오류 사례를 엄청나게 확보하고 있다. 예를 들어, 파울러는 'Handing me my whisky, his face broke into an awkward smile내게 위스키를 건네는 얼굴이 어색한 미소로 일그러졌다'(위스키를 건네 주는 얼굴이라니 보기 드문 일이로다)라는 예를 선사하는 한편, 번스타인은 'Although sixty-one years old when he wore the original suit, his waist was only thirty-five허리는 애초의 정장을 입었을 때 예순한 살이었는데도 35밖에 안 되었다'와 'When dipped in melted butter or Hollandaise sauce, one truly deserves the food of the gods녹인 버터나 홀랜데이즈 소스에 찍어 먹을 때 사람은 신의 음식을 먹을 가치가 있다'라는 예를 선보인다.

　현수 수식어는 현재분사가 붙어 있지 않아 생기는 경우가 가장 많다. 하지만 여기에는 과거 및 완료 분사, 후치 수식어구, 절, 부정사 및 단순 형용사가 포함되기도 한다.* 가끔은 피수식어가 아예 없기도 하다. 'As reconstructed by the police, Pfeffer at first denied any knowledge of the Byrd murder경찰에 의해 재구성된 페퍼는 처음에는 버드의 살인에 대해 전혀 모른다고 잡아뗐다.'(번스타인에게서 재인용) 경찰이 재구성한 것은 당연히 페퍼가 아니라 사실관계, 사건 경위, 또는 의미가 함

---

* (원주) 엄밀히 말하자면 부사만이 수식한다modify. 명사와 형용사는 한정한다qualify. 그러나 어법 문제는 모든 품사에서 근본적으로 동일하므로 아주 정확하진 않지만 이 모두가 보편적으로 수식어로 알려진 만큼 이들을 수식어라는 제목으로 한데 묶었다.

축되어 있을 뿐인 다른 어떤 명사다.

문제의 품사가 무엇이든, 현수 수식어에는 저마다 단순히 단어 배치가 잘 못돼 글쓴이가 의도한 바를 명시하지 못하는 오류가 있다. 이 예문을 보자. 'Slim, of medium height and with sharp features, Mr Smith's technical skills are combined with strong leadership qualities날씬하고 중키에 이목구비가 뚜렷한 스미스 씨의 기량은 강력한 지도력이라는 장점과 결합해 있다.'(뉴욕 타임스) 적힌 대로라면 문장은 우리에게 스미스 씨의 기량이 날씬하고 중키라고 말하고 있는 셈이다. 문장은 'Slim, of medium height and with sharp features, he combines technical skills with strong leadership qualities날씬하고 중키에 이목구비가 뚜렷한 그는 기량과 강력한 지도력이라는 장점을 결합했다'나 그와 비슷한 단어로 재구성해야 한다. (한편 NON SEQUITUR 참조.)

아니면 『타임』의 이 문장을 보자. 'In addition to being cheap and easily obtainable, Crotti claims that the bags have several advantages over other methods싸고 구하기 쉽다는 점 외에도, 크로티는 봉투가 다른 방법에 대해 갖는 몇 가지 장점을 주장했다.' 우리는 싸고 구하기 쉬운 것이 크로티가 아니라 봉투라는 걸 무리 없이 추정할 수 있다. 문장을 재구성할 필요가 있다. 'In addition to being cheap and easily obtainable, the bags have several advantages over other methods, Crotti claims.' (한편 CLAIM 참조.)

윌리엄과 메리 모리스는 현수 수식어의 문제에 대한 간단한 처방을 제시한다. 수식하는 구나 절을 쓴 다음에는 다음 단어가 수식어를 받는 단어인지 확인해야 한다는 것이다. 이는 꽤 타당한 조언이지만 영어 어법의 상당 부분이 그렇듯 여기에는 한계가 있다.

우선 전치사나 접속사의 효과를 갖는 분사구가 많이 있어 아무런 규칙을 어기지 않고도 그런 분사구들이 붕 뜰 수 있다. 여기에는 generally speaking일반적으로 말해서, concerning~와 관련하여, regarding~에 관해, judging판단하건대, owing to~으로 인해, failing~가 안 되면, speaking of~에 관해 말한다면 등이 있다. 또한 'putting two and two together종합해보건대'나 'getting down to brass tacks요점을 말하자면' 등 규칙을 어기면서도 허용되는 관용구와 숙어 구문도 있다.

이 주제가 어려워지는 것은 이런 다수의 예외 때문이다. 만일 내가 "As the author of this book, let me say this이 책의 저자로서 내게 이 말을 하게 해달라/이 책의 저자로서 이 말을 하겠다"라고 쓴다면 나는 현수 수식어의 오류를 범하는 것인가, 아니면 단순히 관용 용법을 활용할 뿐인가? 권위자마다 이에 대한 의견이 다르다.

또한 현수 수식어에 대한 비난이 꼭 보편적인 것도 아님을 기억할 필요가 있다. 적어도 초서 이래 훌륭한 작가들은 이 문제를 흔히 범했다고 확언하면서, 에번스 남매는 이것의 사용을 금지하는 규칙을 '유해하다'고 부르고는 '이를 위반 불가한 것으로 보는 사람 누구도 제대로 된 영어를 쓸 수 없다'고 했다. 이들은 'Handing me my whisky, his face broke into an broad grin' 같은 문장은 분사와 호응하는 문장성분이 없는 게 문제가 아니라, 오히려 있는 게 문제라고 주장한다. 'his face'는 분사구와 너무 단단히 붙어 있어서 모순되게 들릴 뿐이다. 하지만 모순되게 들리지 않는 경우라면 문장은 그냥 허용되어야 한다고 그들은 말한다.

현수 수식어에 집착하지 않도록 주의해야 한다는 이들의 말은 분명 맞지만, 내 생각에는 그들이 별로 신경 쓰지 않더라도 현수 수식어를 쓸 때 더 주의할 필요는 있는 듯하다. 조금이라도 부적합한 문장을 쓰고 있다는 생각이 들면 문장을 재구성해야 한다.

danke schön. 독일어로 '대단히 감사합니다'의 올바른 철자다.

danse macabre. 프랑스어로 '죽음의 춤'을 뜻하는 말로, dance가 아니다. 복수형은 danses macabres다.

data 데이터. 영어 어법이 얼마나 유행을 타는지 이보다 더 잘 보여주는 단어도 없을 것이다. 라틴어에서 data는 물론 복수형이며, 상당히 최근까지 거의 모든 권위자가 종종 꽤 완강하게 이 단어가 영어에서도 복수 취급되어야 한다고 고집했다. 그러므로 'The data was fed into a computer program known as SLOSH데이터는 SLOSH로 알려진 컴퓨터 프로그램에 입력되었다'(『뉴요커』)는 'The data were fed⋯'가 되어야 한다는 것이다.

　문제는 영어에서 어원이 늘 아주 중요하지는 않다는 점이다. 그랬다면 우리는 'My stamina aren't what they used to be내 스태미나들이 전 같지 않다'나 'I've just paid two insurance premia나는 방금 두 가지 보험료들을 냈다'라고 써야 할 것이다. 수백 년 동안 우리는 영어의 필요와 패턴에 맞게 라틴어 단어를 개작해왔다. museums박물관, agendas의제, stadiums스타디움, premiums프리미엄 등 많은 단어가 자유롭게, 예외 없이, 라틴어가 아닌 영어 모델에 따라 어형을 변화해왔다.

　특히 criteria기준, media미디어, phenomena현상, strata층, data데이터 등 전통적으로 복수로 취급되던 모든 라틴어 복수형을 많은 영어 사용자가 단수로 취급하는 경향이 점차 증가하고 있다. 이중 첫 네 단어의 경우, 단수 취급하고 싶은 충동은 자제하는 게 좋다. 부분적으로는 관습에 양보하는 의미에서, 다른 한편으로는 단·복수 형태가 명료하고 유용하게 구별되기 때문이기도 하다. 'In stratified rock, each stratum is clearly delineated성층암은 각 층이 선명히 구별된다' 'In any list of criteria, each criterion is distinguishable from every other 모든 기준 목록에서는 각 기준이 서로 구별된다' 'Media suggests —or ought to suggest— one medium and another medium and another media란 medium과 또하나의 medium과 또다른 medium이 있음을 시사한다—또는 그런 뜻이어야 마땅하다'. 위의 모든 경우에 전체를 구성하는 요소들은 예외 없이 차별성이 있고 분리 가능하다.

　하지만 data의 경우에는 그런 차별성이 훨씬 불분명하다. 이 점은 쿼크가 시사했듯이, 우리는 data를 집합체로 간주하는—즉 부분보다 전체를 더 즉각적으로 인지하는—자연스러운 성향이 있기 때문이다. 마치 한 통의 설탕을 알갱이들의 집합이 아닌 하나의 구별된 개체로 인식하는 것과 마찬가지로(우리가 'Sugar are sweet'이라고 말하지 않는 것도 같은 이치다), 우리는 data를 datum'데이터'의 단수형과 다른 datum에 또하나가 더해진 것이 아닌, 온전한 전체로 보는 경향이 있다. 이런 점에서 data는 news뉴스나 information정보과 비슷하다(19세기 사용자들은 news를 실제로 복수 취급했다).

　『뉴요커』와 다른 몇몇 간행물에서 결정한 바와 같이, 추세는 분명 data를 단수 취급하는 방향으로 가고 있다. 개인적으로, 분명 삐딱한 것이겠지만 나는 시간이 흐를수록 복수로서의 data에 점점 더 애착을 갖게 되었다. 'The data by itself is vacuous그 데이터만으로는 부족하다'(뉴욕 타임스)보다는 'More data are needed to provide a fuller picture of the DNA markers유전적 표지인자에 대한 더욱 온전한 그림을 제공하려면 더 많은 데이터들이 필요하다'(『네이처』)가 더 품위 있고 적확하다고 나는 생각한다. 하지만 이것은 물론 내 의견에 불과하다.

　독자가 어느 쪽으로 기울더라도, 데이터의 의미는 컴퓨터가 쏟아낸 종류의, 가공·분석되지 않은 정보라는 개념에 한정되고, 다음 뉴욕 타임스 헤드라인에서처럼 사실관계, 보도, 정보의 단순한 동의어로는 쓰지 않는 게 최선이라는 점은 준수할 만하다. 'Austria Magazine Reports New Data on Waldheim and Nazis오스트리아 잡지, 발트하임과 나치 관련 새 데이터 보도.' 살펴보니 '데이터'는 증거물과 혐의였는데, 헤드라인은 물론 문맥에도 이 두 단어를 썼다면 더 자연스럽게 어울렸을 터다.

dates 날짜. 많은 글쓴이가 날짜를 적으면서 의미상이나 관례상 불필요한 곳에 쉼표를 쓰는 경향이 있다. 다음 예문들을 살펴보자. 'The storm was the worst since January, 1947폭풍은 1947년 1월 이래 최악이었다'(옵서버) 'He was arrested on 12 November, 1985그는 1985년 11월 12일에 체포되었다'(인디펜던트) 'Cribbins was born on December 8, 1952, in Sarasota, Florida크리빈스는 1952년 12월 8일 플로리다주 새러소타에서 태어났다'.(뉴욕 타임스) 마지막 예문에만 구두점이 올바르게 표기되어 있다. 날짜와 연도 사이에 쉼표를 넣는 이유는 혼란 가능성을 피하고자 그저 두 숫자를 분리하는 데 있다. 그러나 두 날짜 사이에 달을 넣는 것이 특정 간행물의 표기법이라면 (가령 '12 November 1985'처럼) 달의 이름이 이미 숫자를 분리하고 있으니 쉼표를 추가할 이유가 없다. 비슷한 경우로 첫번째 예문에서처럼 분리해야 할 숫자가 두 개 있는 게 아니라면 분리를 위한 쉼표는 군더더기다. 한편 뉴욕 타임스 예문에서 1952 다음의 쉼표에 주의하자. 논리적으로 이 쉼표는 불필요하지만 쉼표를 넣는 게 관례다. 또 문장이 더 길었다면 Florida 다음에도 쉼표를 넣는 것이 관례다.

날짜와 관련해 흔히 나타나는 별개의 오류가 다음에서 보인다. 'The by-election date will be announced on March 10th^{보궐선거 일자는 3월 10일에 발표될 예정이다.}'^(가디언) 'th'는 불필요하므로 삭제한다. (YEAR도 참조.)

dB. 데시벨^{decibel}의 축약어다.

decimate. 이 단어는 문자 그대로는 '10분의 1을 줄이다(열번째 사람을 죽임으로써 반란자들이나 비겁자들을 처벌하던 고대 관행에서 유래)'는 뜻이다. 더 나아가 심각한 손실을 입었음을 설명하는 데 쓰일 수 있지만 파울러가 인용한, 길이 기억에 남을 만큼 지독한 다음 문장에서처럼 결코 섬멸의 뜻으로 쓰여서는 안 된다. 'Dick, hotly pursued by the scalp-hunter, turned in his saddle, fired and literally decimated his opponent^{머리 가죽 사냥꾼에게 맹렬히 쫓기던 딕은 안장에서 몸을 돌려 발포하여 그야말로 적을 섬멸했다/적을 1할이나 줄였다.}' 마찬가지로 다음 예문에서처럼 단어를 썼을 때 문자 그대로의 의미와 명백히 충돌하는 문맥도 피해야 한다. 'Frost decimated an estimated 80 per cent of the crops^{서리가 내려 농작물의 약 80퍼센트가 훼손되었다/80퍼센트를 1할이나 줄였다.}'

defective, deficient. 무언가가 제대로 작동하지 않으면 그것은 불량이다^{defective}. 필요한 부품이 빠져 있다면 결핍된 것이다^{deficient}.

deficient. DEFECTIVE, DEFICIENT 참조.

definite, definitive 확고한, 최종적인. definite은 정확하고 오해의 여지가 없는 것이다. definitive는 최종적이고 결정적임을 뜻한다. definite offer란 명백한 제안이며 definitive offer란 흥정을 불허하는 제안이다.

definitive. DEFINITE, DEFINITIVE 참조.

defuse, diffuse 완화하다, 확산시키다. 다음과 같이 간혹 혼동된다. 'In an attempt to diffuse panic over the disease, he spelled out the ways in which it was spread질병으로 인한 공포감을 완화하기/유포하기 위해 그는 질병이 어떻게 확산됐는지를 자세히 설명했다.'(인디펜던트) 여기서 '그'는 캔터베리 대주교로, 그가 어떤 공포감이라도 퍼뜨리고자 할 가능성은 매우 낮다. '확산하다' 또는 '전파하다' '주어진 양을 더 폭넓게 유포하다'가 diffuse의 의미다. 물론 글쓴이가 의도한 의미는 덜 해롭게 한다는 개념이 담긴 defuse다.

delectable. -ible이 아님.

demean 처신하다/품격을 떨어뜨리다. 파울러를 비롯한 일부 권위자들은 이 단어의 더 중립적인 본래 의미가 행위나 행동만을 가리켰다는(연관어인 demeanour태도·처신에는 아직 이런 중립성이 남아 있다) 점을 지적하면서 '품위를 떨어뜨리다' '비하하다'의 뜻으로 이 단어를 쓰는 데 반대한다. 하지만 번스타인이 지적하듯 이 느슨한 용법은 1601년 이래로 쓰여왔으니 그런 주장을 고수하기에 좀 늦은 감이 있기도 하다.

demise 종말. 'But fears about the demise of the US economy look exaggerated그러나 미국 경제의 추락/사망에 대한 공포는 과장된 것으로 보인다.'(옵서버) 그럴 수밖에 없다. demise는 사람들이 흔히 생각하듯 하락을 뜻하지 않는다. 죽음을 뜻한다. 더이상 아예 존재하지 않는 것에 쓰인다.

deplete, reduce 격감시키다, 줄이다. 둘의 의미가 대략 비슷하기는 하지만 deplete는 해로운 감소를 뜻한다. 에번스 남매가 지적하듯이, 수비대는 행정명령으로 축소reduced될 수 있는 한편 질병으로 격감depleted될 수 있다.

deplore 개탄하다. 엄밀히 말하면 어떤 것을 개탄할 수 있지만 사람을 개탄할 수는 없다. 당신의 행동을 개탄할deplore 수 있지만 당신을 개탄할 수는 없다.

deprecate 강력히 비난하다. 'but he deprecated the significance of his achievement 하지만 그는 자기 업적의 의미를 낮추어 말했다/강력 비난했다.' (로스앤젤레스 타임스) deprecate는 종종 의도되듯이 경시한다거나 겸손을 보인다는 뜻을 담고 있지 않다. 강력히 비판하거나 항의한다는 뜻이다. 지금은 이런 구별이 항상 사전에서 뒷받침되지는 않는다. 하지만 이는 여전히 널리 지켜지고 있고 전문 영어 사용자라면 적어도 이를 잘 알고 있어야 한다.

de rigueur (사회 관습상) 필요한. 다음과 같이 철자 오기가 종종 발생한다. 'A few decades ago, when dinner jackets were de rigeur··· 야회복 상의를 꼭 입어야 하던 몇 십 년 전에는.' (데일리 텔레그래프) 'u'가 둘인 데 유의하자.

derisive, derisory 조소하는, 하찮은. 무언가가 derisive하다면 조롱이나 경멸을 담고 있는 것이다. derisory는 derisive를 유발한다. 하찮은 제안 derisory offer은 조소하는 반응 derisive response을 일으키기 쉽다.

derisory. DERISIVE, DERISORY 참조.

despite, in spite of ~에도 불구하고. 두 가지 사이에는 차이점이 없다. 다음 예문에서 흔한 구문을 찾아볼 수 있다. 'But despite the fall in sterling, Downing Street officials were at pains to play down any suggestion of crisis 하지만 파운드화 하락세에도 불구하고 영국 정부의 관리들은 위기 징후를 경시하려 애쓰고 있었다.' (데일리 텔레그래프) despite와 in spite of가 강조점의 변화를 가리키기에 but은 둘 중 어느 것과 함께 써도 군더더기다. 'Despite the fall in sterling, Downing Street officials···'라고 써도 충분하다.

destroy 파괴하다. destroy는 비교가 불가능하다. 거의 그렇다. 집이 화재로 전소되었다면 it was destroyed만으로 충분하며 'completely destroyed'나 'totally destroyed'가 아니다. 하지만 비논리적으로 보일지 몰라도, 부분적으로 파괴된partly destroyed 집이라고 말할 수는 있다. 더 간접적인 묘사에 의지하지 않고 표현할 수 있는 다른 방법이 없을 뿐이다. 어쩌면 부조리하고 일관성이 없지만 영어는 늘 그랬다.

diagnosis, prognosis 진단, 예후. diagnosis를 내린다는 것은 문제, 대개 질병을 파악하고 정의한다는 것이다. prognosis란 향후 추이와 예상되는 결과에 대한 예측이다. diagnosis는 사람이 아닌 상태에만 쓰인다. 그러므로 'Asbestos victims were not diagnosed in large numbers until the 1960s석면 피해자들은 1960년대까지는 대개 진단되지 않았다'(『타임』)는 옳지 않다. 진단되지 않은 것은 피해자들의 상태이지 피해자들이 아니다.

dialect, patois 사투리, 방언. 두 가지는 모두 특정 지역에서 널리 쓰이는 유형의 언어를 말하며 서로 바꾸어 쓸 수 있다. 하지만 patois는 대체로 프랑스어나 그 이형異形을 포함하는 맥락에 한정해 쓰는 것이 낫다. 'He spoke in the patois of Yorkshire그는 요크셔 방언으로 말했다'는 좋게 말해 실소를 자아낸다고 밖에 할 수 없다. 한편 patois의 복수형 역시 patois다.

differ, diverge 다르다, 갈라지다. 'There now seems some hope that these divergent views can be reconciled이 갈리는 견해들이 중재될 수 있다는 희망이 이제 좀 보이는 듯하다.'(데일리 텔레그래프) 엄밀히 말하면 그럴 가능성은 적다. 두 가지가 diverge하면 서로 점점 더 멀리 이동한다(converge하면 서로 모여들듯이). 아무 의견 차이에나 막 써도 되는 낱말이 아니라 균열이 점점 벌어지는 의견들에만 써야 한다.

different 다른. 종종 불필요하게 사용된다. 'He plays milkmaid to more than 50 different species of poisonous snake그는 50종이 넘는 독사에게 착유자 같은 역할을 한다'(옵서버) 'The phenomenally successful Rubik Cube, which has 43,252,002,274,489,856,000 different permutations but only one solution

큰 성공을 거둔 바 있는, 43,252,002,274,489,856,000가지 다른 조합이 가능하지만 모든 색깔을 맞출 수 있는 해결법은 단 하나뿐인 루빅큐브.'(선데이 타임스) '[He] published at least five different books on grammar〔그는〕 적어도 다섯 종의 문법책을 출간했다'.(사이먼,『패러다임의 실종』) 예문에서 보듯이, 이 단어는 아무 손실 없이 삭제할 수 있다.

different from, to, than. different 다음에는 반드시 from만 나와야 한다는 것은 일부 작가와 편집자의 완강한 믿음 중 하나다. 파울러 형제가『왕의 영어』에서 이 문제를 제기한 1906년 이래 권위자들은 이런 믿음은 실질적 근거가 없지만 아직도 건재하다고 지적했다.

　　대부분의 문장에서는 different from이 흔히 쓰이는 형태이며, 명사나 대명사 앞에 오는 경우 일부 문장에서는 이것이 유일하게 허용 가능한 형태임에 틀림없다('My car is different from his내 차는 그의 차와 다르다' 'Men are different from women남자들은 여자들과 다르다'). 하지만 존 메이너드 케인스의 다음 문장에서처럼 different 다음에 절이 나오면, to나 than의 사용을 반대할 타당한 이유가 없다(물론 주로 영국에서 쓰는 용법이긴 하다). 'How different things appear in Washington than in London워싱턴에서는 모든 것이 런던과 얼마나 달라 보이는지.' 고집을 피운다면 'How different things appear in Washington from how they appear in London'으로 바꾸라 할 수도 있겠지만 그래 봐야 단어 수만 많아지고 문법적으로 더 나아지는 것도 아니다.

diffuse. DEFUSE, DIFFUSE 참조.

dilemma 딜레마. 'The chief dilemma facing Mr Greenspan is whether or not to raise interest rates그린스펀 의장이 직면한 주요한 딜레마는 금리인상 여부다.'(선데이 타임스) 딜레마는 아무 곤경이나 뜻하지 않는다. 엄밀히 말하면 딜레마는 누군가 두 가지 향방의 행동에 직면했을 때, 그러나 둘 다 만족스럽지 않을 때만 적용된다. 파울러는 대안을 두 가지 이상 포함하는 맥락에서 딜레마 범위를 확대하는 것을 받아들였으나, 그렇다 해도 그 대안들은 수가 한정되어야 하고 각기 선택했을 때 결과가 바람직하지 않아야 한다.

DiMaggio, Joe 조 디마지오. 마릴린 먼로의 남편이던 미국 야구선구 이름.

diphtheria 디프테리아. 첫 음절 철자가 dipth - 가 아니라 diph - 이며, 발음
도 그에 맞게 해야 한다는 점에 유의하자.

disassemble, dissemble 분해하다, 숨기다. 'It would almost have been
cheaper to dissemble the factory and move it to Wales^{공장을 해체해서/숨겨서}
^{웨일스로 옮기는 게 거의 더 싸게 먹힐 뻔했다.}'(선데이 타임스) 실은 그렇지가 않다. 뜻이 같은
'dissociate'나 'disassociate'와 달리, dissemble과 disassemble은 뜻이 상당
히 다르다. dissemble은 숨긴다는 뜻이다. 가까운 사람이 죽으면 당신은 미소
로 슬픔을 감추려^{dissemble} 할 수 있다. 예문에서 필요한 단어는 분해한다는 뜻의
disassemble이다.

disassociate, dissociate 관계를 끊다. 전자도 틀리지 않으나 후자에 간결성
의 미덕이 있다.

discernible 판별 가능한. -able이 아님.

discomfit, discomfort 당황하게 만들다. 'In this she is greatly assisted
by her husband⋯ who enjoys spreading discomfiture in a good cause
as much as she does^{이 점에서 그녀는 ⋯ 훌륭한 대의를 위해서라면 그녀만큼이나 불편/당혹스러움}
^{을 퍼뜨리는 걸 즐기는 남편에게 큰 도움을 받고 있다.}'(옵서버) 글쓴이는 이전에 다른 많은 글쓴
이들이 그랬듯이 분명 discomfort를 쓰려는 의도였고, 이 단어는 discomfiture
와 표면적으로 닮았다는 점을 빼면 공통점이 전혀 없다. discomfit은 '당황하게
만들다' '압도되게 만들다' 또는 '완전히 불안하게 만들다'라는 뜻이다. 일부 사
전, 특히 미국 사전들이 이제는 '어리둥절하게 만들다' 또는 '불안감을 유도하

다'라는 discomfit의 비교적 새로운 뜻을 받아들이고 있지만, 나는 두 단어의 차이점을 유지할 만한 가치가 있다고 본다. 의도하는 바가 discomfort라면 그냥 discomfort를 쓰고 discomfiture는 안목이 낮은 사용자들 몫으로 남겨두는 게 어떨까?

discomfort. DISCOMFIT, DISCOMFORT 참조.

discreet, discrete. 전자는 '신중한' '주의깊은' '판단력이 있는'을 뜻한다('He promised to be discreet in his inquiries^{그는 주의깊게 알아보겠다고 약속했다}'). 후자는 '붙어 있지 않은' '관계없는'이란 뜻이다('The compound was composed of discrete particles^{화합물은 분리된 입자들로 이루어져 있었다}').

discrete. DISCREET, DISCRETE 참조.

disinterested, uninterested 이해관계 없는, 무관심한. 'Gerulaitis, after appearing almost disinterested in the first set, took a 5-1 lead in the second^{첫 세트에서 거의 무관심해 보이던/이해관계가 없던 제럴라이티스는 2세트에서 5대 1로 앞서나갔다}.'(뉴욕 타임스) 테니스 경기 참가자가 무관심해^{uninterested} 보일 수는 있지만, 중립적이고 공정하다는 뜻인 disinterested하게 보였을 가능성은 적다. disinterested한 사람은 어떤 일의 결과에 아무 이해관계가 없는 사람이고, uninterested한 사람은 관심이 없는 사람이다. discomfit과 discomfort의 경우와 같이 두 단어의 차이점을 알아두는 게 좋고, 그 차이를 반드시 지키는 게 좋다.

disorientated 방향감각을 잃은. 원한다면 써도 되지만 disoriented가 더 짧다.

dispensable 없어도 되는. -ible이 아님.

disposal, disposition. 제거를 뜻할 때는 disposal을 쓰자('the disposal of nuclear weapons^{핵무기 폐기}'). 배치를 말할 때는 disposition을 쓴다('the disposition of troops on the battlefield^{전장에서 부대의 배치}').

disposition. DISPOSAL, DISPOSITION 참조.

dissemble. DISASSEMBLE, DISSEMBLE 참조.

dissociate. DISASSOCIATE, DISSOCIATE 참조.

distrait, distraught. 전자는 '딴 데 정신이 팔린', 즉 absent-minded란 뜻이다. 후자는 '심하게 동요하는'라는 뜻이다.

distraught. DISTRAIT, DISTRAUGHT 참조.

disturb, perturb 동요하게 하다. 둘은 서로 바꿔 쓸 수 있지만 대체로 전자는 물리적 동요에, 후자는 정신적 동요에 쓴다.

diverge. DIFFER, DIVERGE 참조.

Dobermann pinscher 도베르만핀셔. 견종 이름. 미국식 철자는 Doberman pinscher다.

Dormobile 도모빌. 차량의 일종. 도모빌은 상표명이므로 이 상표의 차량에만 써야지 캠핑 트레일러를 총칭할 때 쓰면 안 된다.

dormouse 겨울잠쥐. 작은 설치류의 일종으로, 쥐^{mouse}와는 무관하다. 이 이름은 '졸린'이라는 뜻의 중세 노르만족 프랑스어 dormeus의 변형으로 생각된다. 복수형은 dormice다.

dos and don'ts. do's가 아님.

double meanings 중의법. 'oil slick talks^{기름띠 관련 회담/기름띠가 말을 한다}.'(더 타임스 헤드라인) 이런 건 이제 뉴스거리도 못 된다. 직업상 헤드라인을 작성해본 사람이라면 무심코 두 얼굴의 헤드라인을 써서 많은 사람에게 큰 웃음을 선사하게 되는 일이 얼마나 창피한지 알 것이다. 토론토의 글로브 앤드 메일 지에서는 'Upturns May Indicate Some Bottoms Touched^{경기 호전, 일부 바닥 쳤다는 신호일 수도/경기 호전, 엉덩이를 만졌다는 신호일 수도}'(『펀치』에서 재인용)를 떠올리면 아직도 얼굴을 찌푸릴 것이며, 그보다 앞서 'McArthur flies back to front^{맥아더, 다시 전선으로 날아가/맥아더, 파리들이 다시 이마에}'라고 써서 아직도 여러 가지로 자주 인용되고 있는 이 문장을 쓴 사람도 마찬가지일 터다. 많은 단어가 여러 뜻을 지니고 있으며 명사와 동사로 기능하므로, 예상치 못한 짓궂은 장난의 기회를 제공할 수 있다는 점을 기억하는 게 좋다. 'talks'는 첫 인용문에서 보듯이, 특히 두 가지로 해석되기 쉽다. 그 결과가 꼭 우스운 건 아니지만, 총 6주에 걸쳐 더 타임스 요약 기사 코너에서 발췌한 다음 예시처럼 좀 우스꽝스러운 경우가 많다. 'China talks^{중국 논의·회담/중국이 말한다}' 'Rubber talks^{고무 회담/고무가 말한다}' 'Tin talks^{주석 회담/주석이 말한다}' 'Job talks^{일자리 회담/일자리가 말한다}' 'School talks^{교육 회담/학교가 말한다}'.

double negatives 이중부정. 사람들은 대부분 'I haven't had no dinner'라고 해서는 안 된다는 걸 알지만 일부 글쓴이들은 (물론 몰라서라기보다는 급하게 쓰느라 그렇겠지만) 때때로 다음과 같이 거슬리지 않는다고 하기 힘든 문장을 쓰고 만다. 'Stranded and uncertain of their location, the survivors endured for six days without hardly a trace of food^{길을 잃고 자기 위치마저 확실히 모르던 생존자들은 먹을 것이라곤 자취조차 거의 없는 채로/없지 않은 채로 엿새를 견뎠다}.'(시카고 트리뷴) hardly나 scarcely는 문법적으로 부정어의 효과를 발휘하므로 부정어가 추가로 필요하지 않다. 'with hardly'로 쓰자.

일부 어법 지침서에서는 이중부정을 싸잡아 비난하지만, 관용을 더 가지고 봐줄 만한 이중 부정어가 한 종류 있다. 주절의 부정어가 종속절에서 같은 형태로 쓰인 경우다. 에번스 남매는 제인 오스틴의 이 문장을 인용하고 있다. 'There was none too poor or remote not to feel an interest흥미를 느끼지 않을 만큼 너무 가난하거나 거리가 먼 사람은 한 명도 없었다.' 셰익스피어는 또 이렇게 썼다. 'Nor what he said, though it lacked form a little, was not like madness그가 말한 바 역시 형식은 결여되었지만 광기 같지는 않았다.' 하지만 이런 구문들은 예외라고 봐야 한다. 두번째 부정어의 침입은 그저 산만한 글쓰기의 신호일 뿐인 경우가 더 많다. 그것은 다음과 같이, 기껏해야 읽는 이로 하여금 잠시 멈추고 부정어에 부정어를 더해보는 언어적 연산을 하게 한다. 'The plan is now thought unlikely not to go ahead현재 그 계획은 진행하지 않을 가능성이 적은 것으로 사료된다.'(더 타임스) 최악의 경우라고 해봐야, 그것은 선도적인 권위자에게서 나온 기억에 남을 정도로 난해한 문장처럼 독자를 몹시 당혹스럽게 할 뿐이다. 'Moreover… our sense of linguistic tact will not urge us not to use words that may offend or irritate게다가… 우리의 언어적 감각은 남의 기분을 상하게 하거나 자극할 만한 단어들을 쓰지 말라고 우리에게 강권하지 않을 것이다.'(쿼크, 『영어의 어법』)

doubt if, that, whether 분명히, 결단코, 의심의 여지없이. doubt와 doubtful 뒤에 나오는 절을 이끌 접속사를 선택할 때는 숙어를 고려해서 가려 써야 한다. 규칙은 단순하다. doubt that은 부정의 문맥('There is no doubt that……에는 의심의 여지가 없다' 'It was never doubtful that……에는 의문이 전혀 없었다')과 의문형 문맥('Do you have any doubt that…?…에 대해 혹시 의심 가는 것이라도 있나?' 'Was it ever doubtful that…?…라는 데 의문이 든 적 있는가?')에 한정해 써야 한다. 다른 모든 경우에는 whether나 if를 사용해야 한다('I doubt if he will come나는 그가 오지 않을 것 같다' 'It is doubtful whether the rain will stop비가 그치지 않을 것 같다').

doubtless, undoubtedly, indubitably 분명히, 결단코, 의심의 여지없이.

'Tonight he faces what is doubtlessly the toughest and loneliest choice of his 13-year stewardship of the Palestine Liberation Organization팔레스타인 해방기구를 이끈 13년 이래 오늘밤 그는 의심의 여지없이 가장 어렵고 외로운 선택에 직면해 있다.'(워싱턴 포스트) doubtless는 형용사는 물론 부사도 될 수 있으므로 -ly를 덧붙일 필요가 없다. 하지만 에번스 남매가 지적하듯이 undoubtedly에는 양보의 뉘앙스가 덜하기에, undoubtedly가 더 나은 선택이었을 것이다. doubtless는 대체로 주저하거나 체념한 듯한 어조를 띤다. 'You are doubtless right분명 당신이 옳겠지요.' undoubtedly에는 더욱 확신이 담겨 있다. 'You are undoubtedly right당신이 무조건 옳아요.' indubitably는 다소 유머를 띤 낱말로, 둘 다의 동의어다.

douse, dowse. 전자는 '흠뻑 적시다', 후자는 '물(수맥)을 찾다'라는 뜻이다.

dowse. DOUSE, DOWSE 참조.

drunken driving 음주운전. drunk driving이 아님.

drunkenness 취한 상태. 다음 예문에서와 같이 철자 오기가 너무 잦다. 'Drunkeness, particularly behind the wheel of a car, has not been a serious problem in Italy이탈리아에서 음주, 특히 음주운전은 지금껏 심각한 문제가 아니었다.'(인디펜던트) -nn-에 유의.

due to 권위자들은 대부분 due가 형용사일 뿐이므로 항상 명사를 수식해야 한다는 걸 계속 받아들이고 있다. 그러므로 'He was absent due to illness그는 병으로 결석했다'는 잘못되었다. 'He was absent because of [또는 owing to] illness'라고 쓰거나 due가 수식할 명사를 더하는 것으로 문장을 재구성할 수 있다. 'His absence was due to illness.'
　규칙은 어리둥절하리만치 일관성이 없지만—왜 'owing to'가 전치사로 사용되는 건 허용되고 due to가 전치사로 사용되는 건 안 되는지 아무도 설명해준 적이 없다—적어도 공식적인 글쓰기에서는 무지하다는 비난을 피하기 위해서라도 규칙을 지키는 게 좋다.

each 각각. 권위자들에게도 늘 쉬운 단어는 아니다. 윌리엄과 메리 모리스는 『하퍼 현대 어법 사전』에 이렇게 썼다. 'Each of the variants indicated in boldface type count as an entry굵은 글자체로 표시된 이형(異形)들은 각기 한 항목으로 친다.' 'counts'로 쓰자. 모리스 부녀는 물론 알았겠지만 each가 문장의 주어일때 동사는 단수로 받아야 한다는 점을 놓쳤다.

하지만 문장에 다른 주어가 있고 each가 단순히 부가적으로 쓰였다면 복수형 동사가 맞다. 또다시 권위자의 오류를 인용할 수 있는데 이번에는 『언어의 상태』에서 필립 하워드의 경우다. 'The separate genres of journalism each creates its own jargon, as any specialized subject or activity always does 저널리즘의 각 장르는 전문적인 주제와 활동이 다 그렇듯이 각기 은어를 형성한다.' 'each create their own jargon'이 되어야 한다. 'genres'가 문장의 주어이므로 동사도 이에 호응해야 한다.

동사의 단·복수형을 결정하는 일은 보기보다 그리 어렵지 않다. 아니, 그 규칙은 더이상 간단할 수 없다. each가 그것이 가리키는 명사나 대명사 앞에 오면 동사는 단수형이어야 한다. 'Each of us was…우리는 각각.' each가 명사나 대명사 다음에 오면 동사는 복수형이어야 한다. 'We each were…우리 각자는.'

each는 동사의 수에 영향을 줄 뿐 아니라 뒤에 나오는 명사와 대명사의 수에도 영향을 준다. 더 간단히 말해, each가 동사 앞에 오면 뒤에 나오는 명사와 대명사는 복수형이어야 하지만(가령, 'They each are subject to sentences of five years그들은 각각 5년을 선고받았다'), each가 동사 뒤에 나오면 뒤에 나오는 명사와 대명사는 단수형이어야 한다('They are each subject to a sentence of five years').

each and every 모든. 좋게 말하면 진부한 강조 방식이며, 나쁘게 말하면 중언부언이고, 일반적으로 말하면 다음처럼 둘 다에 해당한다. 'Each and every one of the 12 songs on Marshall Crenshaw's debut album is breezy and refreshing^{마셜 크렌쇼의 데뷔 앨범에 실린 열두 곡은 하나하나가 산뜻하고 청량하다}.'(워싱턴 포스트) 똑같이 피해야 할 표현이 다음 예문에 나오는 each individual이다. 'Players do not have to face the perils of qualifying for each individual tournament ^{선수들은 토너먼트마다 예선을 통과해야 하는 위험을 감수할 필요가 없다}.'(뉴욕 타임스) 두 경우 모두 each만으로도 충분하다.

each other, one another 서로. 몇몇 권위자는 아직도 두 가지 사이에서는 each other를, 둘 이상인 경우에는 one another를 쓰라고 고집한다. 이런 구분을 따라서 나쁠 건 없지만 얻을 것도 별로 없다. 파울러가 오래전에 주목했듯 이런 관행에는 어법상 역사적인 근거가 없다.

Earhart, Amelia 아멜리아 에어하트. 1937년에 지구를 일주하려다 사라진 것으로 유명한 미국 비행사.

Earth, earth 지구, 세상. 행성으로 쓰였을 때, 특히 다른 우주적 특징과 동격으로 쓰였을 때는 첫 글자를 대문자로 써야 한다. 다른 의미로 쓰일 때는 소문자로 쓴다.

economic, economical 경제성이 있는, 저렴한. '싸고 검소한'의 뜻일 때는 economical이다. 그 외 다른 의미는 모두 economic이다. economic rent란 집주인의 입장에서 그리 낮지 않은 월세다. economical rent란 세입자의 입장에서 너무 비싸지 않은 월세다.

economical. ECONOMIC, ECONOMICAL 참조.

Ecuadorean. 에콰도르 출신 사람이나 생산품에 선호되는 철자다.

effect. AFFECT, EFFECT 참조.

effete. 'Nor is it a concern only to the highly educated, or the effete Northeast, or to city folk그것은 교육을 많이 받은 사람들만의 고민도 아니고 교양인인 척하는/욕구가 소진된 북동부인들, 또는 도시인들의 고민도 아니다.'(뉴먼, 『교양어』) effete는 문맥상 쓰인 것처럼 '지식인이나 교양인인 척하는'이란 뜻이 아니며, 또 이보다 더 흔히 쓰이는 것처럼 '여성적이고 나약한'이란 뜻도 아니다. '녹초가 된' '불모의'를 뜻한다. effete poet이란 반드시 지식인 또는 멋부리는 시인이 아니라 창작 욕구가 소진된 사람을 말한다.

e.g., i.e. 전자는 exempli gratia의 약어이며, 다음 예문에서와 같이 '예를 들어'라는 뜻이다. 'Some words are homonyms, e.g., blew and blue어떤 단어들은 동음이의어로, 예를 들면 blew와 blue가 있다.' 후자는 id est의 약어로, 다음 예문에서와 같이 '즉' '말하자면'이란 뜻이다. 'He is pusillanimous, i.e., lacking in courage그는 다겁(多怯)한, 즉 용기가 없는 사람이다.'

egoism, egotism 이기주의, 자기중심주의. 전자는 사람이 자기 마음속에 있는 것만 입증할 수 있다는 철학적 개념과 관계가 있다. 이타주의의 반대말이며 형이상학과 윤리학 관련 문맥에서만 쓰는 게 좋다. 강한 자만심이나 자기만 생각하는 태도를 언급하려면 egotism을 쓰자.

egotism. EGOISM, EGOTISM 참조.

Eiffel Tower. 파리에 있는 에펠탑의 철자. 독일의 아이펠 산맥은 Eifel Mountains.

eisteddfod. 웰시에서 개최되는 웰시 페스티벌 또는 음악·문학 경연대회인 아이스테드바드의 철자. 복수는 eisteddfods, 웨일스어로 복수는 eisteddfodau.

either. 'Decisions on Mansfield's economy are now made in either Detroit, Pittsburgh or New York맨스필드 경제에 관한 결정은 이제 디트로이트나 피츠버그, 뉴욕에서 내려진다.'(뉴욕 타임스) either는 양자성을 내포하고 있으므로 문맥이 두 가지 이상을 가리키는 경우에는 항상 피하는 것이 좋다. 인용된 예문에서 either는 어색하게 낀 불청객이다. 삭제해도 문장은 조금도 달라지지 않는다. 다음 예문에서 either와 관련된 또다른 문제를 확인할 수 있다. 'But in every case the facts either proved too elusive or the explanations too arcane to be satisfactory그러나 모든 사건이 사실관계가 너무 애매하거나 아니면 해명이 만족스럽지 못할 만큼 너무 불가사의했다.' either는 'the facts' 앞에 오거나 삭제되어야 한다. 이에 관한 논의는 BOTH… AND 참조. either 관련 수 일치의 오류에 관한 논의는 NEITHER 참조.

eke. 'After a series of fits and starts yesterday the stock market eked out a gain증시는 어제 간헐적 등락을 거듭하다가 간신히 상승했다.'(번스타인에게서 재인용) eke는 무엇을 조금씩 추가하거나 보충한다는 뜻이다. 위 예문에서 의도한 바처럼 짜낸다는 뜻이 아니다. 원래 있는 것을 보충하거나 검소하게 소비함으로써 eke out하는 것이지 어떤 결과를 eke out하는 건 아니다.

elegy, eulogy 비가, 추도사. 전자는 애도하는 시이며, 후자는 고인에 대한 찬사다.

elemental, elementary. elemental은 기초적이거나 일차적인 것을 가리킨다. 'Physiology is an elemental part of a medical student's studies생리학은 의과대학 공부의 기초다.' elementary는 '간단한' '입문의'라는 뜻이다. 'This phrase book provides an elementary guide to Spanish이 회화책은 스페인어 입문서다.'

elementary. ELEMENTAL, ELEMENTARY 참조.

elicit, extract, extort 끌어내다, 추출하다, 갈취하다. 이 세 가지는 넓은 의미에서 동의어지만 함축하는 강도에 따라 구별된다. 셋 중에서 가장 온건한 elicit는 '이끌어내다' '구슬러 무엇을 하도록 하다'라는 뜻이며 부가적으로 어느 정도 간교함을 시사할 수도 있다. 'You can elicit information without the informant being aware that he has divulged it정보원이 비밀을 누설했다는 걸 알지 못하게 하면서도 정보를 끌어낼 수 있다.' extract는 협박이나 성가신 요청 등 더 강하고 더 집요한 노력을 시사한다. extort는 그보다 더 강하며, 폭력이나 해를 입히겠다는 분명한 협박을 시사한다.

embalmment (시신의) 방부 처리. -mm- 에 유의.

embarrass, embarrassment 창피를 주다, 난처하게 하는 것. 둘 다 철자 오기가 잦다. 한편 프랑스어 단어의 경우에는 embarras de richesses부자들의 애로와 embarras de choix선택의 애로에서 보듯이 철자가 embarras임에 유의하자.

embarrassment. EMBARRASS, EMBARRASSMENT 참조.

Emmental 에멘탈치즈. 치즈명.

empathy, sympathy 공감, 동정. empathy는 다른 이의 감정이나 문제에 대한 긴밀한 정서적 이해를 나타낸다. 그러므로 의미상 '연민compassion'과 가깝다. sympathy는 더 일반적인데, 면밀한 이해를 나타낼 수 있지만 다른 이의 불행에 대한 추상적이거나 지성적인 인식만을 시사할 수도 있다. empathy는 대개 심각한 불행에만 적용되고, sympathy는 어떤 작은 어려움이나 차질에도 쓰일 수 있다.

empower 힘을 실어주다. en- 이 아님.

encumbrance 지장이 됨. -erance가 아님.

endemic. EPIDEMIC 참조.

enormity. 'Some people··· lamented that the men whom America sent into space were not articulate or impassioned enough to register the enormity of their undertaking일각에서는··· 미국이 우주로 보낸 사람들이 그 과업의 중대성을/극악무도함을 표명할 만큼의 표현력도 열정도 없음을 안타까워했다.'(『뉴요커』) enormity는 흔히들 생각하듯이 규모를 가리키는 게 아니라 사악하고 가공할 만하며, 너무나 충격적인 것을 말한다('The enormity of Hitler's crimes will never be forgotten히틀러가 저지른 범죄의 극악무도함은 결코 잊히지 않을 것이다'). 위 예문에서 글쓴이는 'enormousness중대성'라고 써야 했으며, immensity방대함나 vastness광대함 같은 덜 어색한 동의어를 찾았다면 더 나았을 터다.

enquiry. QUERY, INQUIRY, ENQUIRY 참조.

envisage, envision 예상하다, 상상하다. 두 단어 모두 머릿속으로 이미지를 떠올리는 걸 시사한다. 둘 중 envision이 좀더 거창하다. 자신을 위해 더 나은 삶을 envision할 수 있지만, 다이닝룸 벽에 페인트칠을 새로 하면 어떨까를 생각하는 게 전부라면 envisage가 더 나은 선택일 것이다. 이미지를 떠올리는 것이 아니라면 두 단어 다 적절하지 않다. 다음 예문에서와 같이 두 단어 모두 뒤에 that 절을 붙이면 오용이라는 게 간단한 규칙이다. 'He envisaged that there would be no access to the school from the main road그는 대로에서 학교로 들어가는 길이 없을 거라고 속으로 그려보았다.'(가워스에서 재인용)

envision. ENVISAGE, ENVISION 참조.

epidemic 유행병. 엄밀히 말해서 epidemic은 사람에게만 쓸 수 있다(이 낱말은 '사람에게' 또는 '사람들 사이에'라는 뜻이다). 동물 사이에 발발한 유행성 질병에는 epizootic^{동물의 유행병}을 쓴다. 또한 epidemic은 갑작스러운 발생에만 쓴다. 질병이나 다른 문제가 오래 지속되는 경우에는 endemic^{풍토병}을 쓴다.

epigram, epigraph. 전자는 짧고 재치 있는 말이나 시다. 후자는 기념비나 조각상에 새기는 비문, 또는 책이나 상당 분량의 텍스트 서두에 넣는 도입부의 인용구다.

epigraph. EPIGRAM, EPIGRAPH 참조.

equable, equitable. 사전에서는 대부분 equable을 그저 한결같이 변화가 없다는 뜻으로 풀이하지만 이 낱말은 극단과 거리가 멀다는 뜻도 담고 있어야 한다. 일관되게 뜨거운 기후는 기온이 아무리 일정하더라도 equable이라 할 수 없다. 이와 유사하게, 변함없이 명랑한 인생관을 지닌 사람은 기질이 equable 하다고 설명할 수 없다.

간혹 equable과 혼동되기도 하는 equitable은 공평하고 공명정대하다는 뜻이다. equitable settlement는 공정한 합의를 의미한다.

equally as. 무지의 소치다. 'This is equally as good'은 'This is equally good^{이것도 똑같이 좋다}' 또는 'This is as good^{이것도 그만큼 좋다}'으로 써야 한다.

Equatorial Guinea. GUINEA, GUINEA-BISSAU, EQUATORIAL GUINEA 참조.

equitable. EQUABLE, EQUITABLE 참조.

equivocal. AMBIGUOUS, EQUIVOCAL 참조.

especial. SPECIAL, ESPECIAL 참조.

especially, specially 특히, 특별하게. 'It is designed to compete with coal, specially in the south where delivery costs tend to make coal more expensive^{그것은 특히 배송비용 때문에 석탄이 더욱 비싼 남부에서 석탄과 경쟁하도록 고안되었다}.' ^(인디펜던트) especially로 쓰자. specially는 'a specially designed wedding dress^{특별히 디자인된 웨딩드레스}'처럼 '특정한 목적이나 경우를 위해서'라는 뜻이다. especially는 'an especially talented singer^{특히 재능 있는 가수}'처럼 '특정하게' '유별나게' '예외적으로'의 뜻이다. 간단한 지침은 'particularly'로 바꿔 쓸 수 있는지 살펴보는 것이다. 바꿀 수 있다면 especially가 맞다.

estimated at about 약 ~으로 추산되다. 'The crowd was estimated at about 50,000^{군중은 약 5만 명으로 추산되었다}.' ^(로스앤젤레스 타임스) estimated에 '대략'의 개념이 포함되어 있으니 about은 군더더기다. 삭제하자.

et cetera (etc.) ~등. 'Thousands competed, thousands watched and thousands also observed—volunteers all of them—who only pinned numbers, massaged muscles, supplied water, charted positions, screamed encouragement, etc.^{수천 명이 경기를 하고, 수천 명이 관전했으며, 수천 명은 자원봉사자들이 번호를 달아주고 근육 마사지를 해주고 물을 공급하고 순위를 기록하고 응원하는 등등의 모습을 지켜봤다}.' ^(로스앤젤레스 타임스) 사전학 및 여타 기술 문서 작성^{technical writing}에서는 etc.를 쓸 만하다. 그러나 신문과 잡지에서 etc.를 쓰면 글쓴이가 그 외에 무슨 말을 하고 싶은지 모르거나 위 예문에서처럼 말하는 걸 너무 귀찮아한다는 인상을 주게 된다. etc.는 대체로 피하는 게 좋다.

eulogy. ELEGY, EULOGY 참조.

evangelical, evangelistic 복음주의의, 열렬한. 대체로 evangelical은 기

독교 복음과 관계된 맥락에만 한정하는 게 좋다. 공격적인 열성 등을 표현하고 싶다면 evangelistic이 거의 언제나 더 낫다('the evangelistic fervour of the Socialist Alliance^{사회주의 동맹의 맹렬한 열의}').

evangelistic. EVANGELICAL, EVANGELISTIC 참조.

eventuate 귀결되다. 'Competition for economic interest, power and social esteem can eventuate in community formation only if···^{경제적 이해,} ^{권력과 사회적 존경에 대한 경쟁은 ···인 경우에만 커뮤니티 형성을 가져올 수 있다.}'(『브리티시 사회학 저널』, ^{허드슨에게서 재인용}) 'result^{결과를 낳다}'의 현학적인 동의어.

ever. 'On Wall Street, a late rally provided shares with their largest ever one-day rise^{월스트리트에서는 뒤늦은 반등으로 주가가 사상 최대치 일일 상승을 기록했다.}'(더 타임스) 더 타임스 편집 지침을 비롯해 많은 권위자들이, ever를 과거는 물론 미래까지 포괄해 예문 속 의미로 쓰는 것에 반대하는데, 이는 월스트리트 주가나 다른 무엇도 내일 어떻게 될지 우리가 알 수 없음을 근거로 한다.

이 주장의 논리는 나무랄 데 없지만 여기에는 두 가지 결함이 있다. 우선, 이 어법이 반세기가 훌쩍 넘도록 이미 자리잡았으므로 마치 숙어처럼 받아들여질 수 있다는 점을 인정하지 않고 있다. 더 중요한 고려사항은 쉽게 일반성을 부여해주는 'ever'의 유용성이다. 'Have you ever been to Paris?^{파리에 가본 적} ^{있나요?}'라고 내가 물으면 '살면서 한 번이라도' 가봤냐는 뜻이다. 하지만 'Have you been to Paris?^{파리에 갔었어요?}'라고 묻는다면 어떤 시기를 가리키는 건지 다소 모호해지는 면이 있다.

짧게 말해, ever를 조심스럽게 인색하다시피 한 태도로 사용하는 게 맞을 때가 있다. 하지만 아예 다른 사용을 금지하는 것은 너무 야단스럽고 관용어법에도 어긋나며 불필요한 혼란을 주기 쉽다.

everybody. NUMBER (4) 참조.

everyone. NUMBER (4) 참조.

exception proves the rule, the 예외는 규칙이 있다는 증거다. 널리 오해받는 표현이다. 잠시만 생각해보면 확인할 수 있듯이 예외가 규칙을 확정해주는 건 가능하지 않다. 여기 쓰인 prove는 '화석'이다. 즉 일부 표현의 범위를 벗어나 이제는 의미가 없어진 단어나 어구에 해당한다('hem and haw 즉답을 피하다' 'rank and file 일반 구성원' 'to and fro 앞뒤로'가 또다른 화석 표현들이다). 본래 prove는 'test'라는 뜻이었으므로('나는 시험한다'는 뜻의 라틴어 probo에서 왔다), 'exception proves the rule'은 예외가 규칙을 검증해준다는 뜻이었으며 지금도 그런 뜻이어야 한다. prove의 원래 의미는 proving ground 실험장와 the proof of the pudding is in the eating 길고 짧은 건 대봐야 아는 일이라는 다른 두 가지 표현에 더욱 선명하게 남아 있다.

exigent, exiguous. 전자는 '다급하고 무시할 수 없는' '힘들고 어려운'이란 뜻이고, 후자는 '빈약하고 날씬한'이란 뜻이다. 그러나 둘 다, 읽는 이가 굳이 사전을 찾아보지 않아도 될 동의어를 많이 가지고 있다.

exiguous. EXIGENT, EXIGUOUS 참조.

exorbitant 과도한. 난처하게도 영국과 미국의 많은 작가가 다음 예문에서와 같이 이 단어에 'h'를 붙이고 싶어하는 경향을 보인다. 'This is on the argument that they are troubled by exhorbitant interest charges 이는 그들이 지나친 이자로 어려움을 겪고 있다는 주장에 대한 것이다.'(더 타임스) 변명의 여지가 없다.

expatriate 국외 거주자. 다음 예문에서와 같이 철자 오기가 너무 잦은 단어다. 'Kirov and other Russian expatriots··· 키로프 및 다른 러시아계 해외 교민들은'(데일리 메일) compatriot 동포과 혼동하지 말 것.

expectorate, spit 가래를 뱉다, 침을 뱉다. 이 두 단어를 구별하는 게 썩 중대한 주제가 아니라는 점은 인정해야겠지만 차이점이 있다는 데 유의하는 게 좋다. 동사로 spit이란 타액을 내보내는 것이며, expectorate란 폐에서 담을 끌어올려 내보내는 것이다. 그러므로 expectorate는 그저 spit을 가리키는 불필요한 완곡어법이 아니라 대체로 틀린 용법이다.

expressible 표현할 수 있는. -able이 아님.

extempore, impromptu. 두 낱말 모두 예행연습을 하지 않은 발언이나 공연 등을 가리킨다. 하지만 impromptu는 무대 위에서 즉흥으로 하는 행위에만 적용될 수 있는 반면에 extempore는 미리 적은 메모나 기타 공식적인 준비 없이 행동이 수행되었다는 점만 시사한다는 데서 의미가 약간 다르다. 달리 말하면 화자나 공연자에 대한 더 큰 즉흥성을 포함하는 낱말은 impromptu다.

extort. ELICIT, EXTRACT, EXTORT 참조.

extract. ELICIT, EXTRACT, EXTORT 참조.

extraneous (특정 주제와) 관련 없는. exter- 가 아님.

extrovert 외향적인. extra- 가 아님.

eyeing. 무언가를 살펴본다는 뜻의 올바른 철자.

fable, parable, allegory, myth 우화, 비유담, 알레고리(풍자), 신화. fable 과 parable은 둘 다 교훈적인 가치를 전달하고자 하는 이야기들이다. parable 은 종교나 윤리의 주제를 다루는 한편, fable은 더욱 실용적인 내용(그리고 동물이 많이 나온다)을 담고 있다는 점에서 다르다. allegory는 확장된 비유다. 즉 주요 등장인물이 분명하게 언급되지 않은 것을 대변하는 서사다. 조지 오웰의 『동물농장』이 알레고리다. myth는 원래는 주로 초인적 존재를 통해 어떤 믿음이나 현상을 설명하려고 만들어진 이야기다. 오늘날에는 흔한 오해나 허구의 이야기 모두를 가리킬 수 있다.

façade 건물 정면. 'Above the pilasters, on the front facade, is a five-story-high keystone 벽기둥 위. 앞 정면에는 5층 높이의 쐐기돌이 있다.'(『타임』) 대부분의 사전은 건물의 아무 벽면에나 facade를 쓸 수 있다고 허용하지만 이 낱말은 보통 정면(또는 전면)을 가리키므로, 'front facade'는 동어반복의 느낌을 준다.

facile. 대개 '쉽고 순조롭고 원활한'으로 정의된다. 그러나 이 낱말에는 적어도 조롱의 투가 담겨 있어야 한다. facile writing이라 하면 그냥 잘 읽히거나 쉽게 쓰이기만 한 글이 아니라 내용이나 의미도 결여된 글을 말한다. 경멸의 의미를 의도하지 않은, 이상 파울러에게서 인용하건대, facile을 사용하는 것은 '무분별한' 처사다.

factious, factitious 당파적인, 인위적인. factious는 faction분파에 적용된다. 내분과 불화를 조장하는 어떤 것이다. factitious는 인위적이거나 가짜인 것에 쓰인다. 'Applause for a despotic ruler may be factitious폭군에 대한 박수는 인위적일 수 있다.' 두 낱말 모두, a fractious crowd무질서한 군중에서처럼 '다루기 힘든' '무질서한'을 뜻하는 fractious와 헷갈려서는 안 된다.

factitious. FACTIOUS, FACTITIOUS 참조.

fact that ~라는 사실. 스트렁크는 이 구문 때문에 '바르르 떨릴 만큼 역겹다'며 fact that은 나올 때마다 수정해야 한다고 주장했다. 그렇게까지 말하는 건 좀 심할 수도 있다. 이 구문을 쓰는 게 불가피하거나 적어도 튀지 않을 때도 있을 수 있다. 하지만 일반적으로 fact that이 나타나면 그 문장을 다시 쓰는 게 좋다는 신호인 건 맞다. 'The court was told that he returned the following night despite the fact that he knew she would not be there법정은 그녀가 거기 없으리라는 걸 그가 알았다는 사실에도 불구하고 그가 다음날 밤 그리로 돌아갔다는 진술을 들었다.'(인디펜던트) 'despite the fact that'을 although나 even though로 대체해보자. 'Our arrival was delayed for four hours due to the fact that the ferry failed to arrive페리가 도착하지 않았다는 사실로 인해 우리는 네 시간 늦게 도착했다.'(선데이 텔레그래프) because로 바꾸자.

fait accompli. '기정사실'을 뜻하는 프랑스어. 복수형은 faits accomplis.

Falange, Phalange. 전자는 스페인 정당, 후자는 레바논 정당의 이름.

Farrar, Straus & Giroux. '파라, 슈트라우스 앤드 지루' 출판사의 철자.

farther, further 더 먼, 더 이상. 두 가지를 구별해보라면 farther는 대개 물리적 거리와 관련된 맥락에서 쓰이고('New York is farther from Sydney than from London뉴욕은 런던에서보다 시드니에서 더 멀다'), further는 비유적 거리와 관련된 맥락에서 쓰인다('I can take this plan no further나는 이 계획을 더 이상 진행할 수 없다').

104

하지만『옥스퍼드 영어사전』에서 언급했듯이, 두 가지 중 택일이 자의적일 수밖에 없는 중간 지점쯤 위치한 경우가 상당히 많다.

faux pas. 오류나 실책을 가리키는 프랑스어. 복수형도 faux pas다.

faze. '방해하다' 또는 '걱정시키다'를 뜻하는 이 단어는 다음 예문에서처럼 때로 'phase'와 혼동된다. 'Christmas doesn't phase me^{저는 크리스마스가 걱정되지/단}계적으로 진행되지 않아요.'(『뉴욕 리뷰 오브 북스』 헤드라인)

feasible. -able이 아님. 이 단어는 간혹 생각하듯 '개연성 있는' '타당해 보이는'이 아니라 단순히 '실행 가능한'이란 뜻이다. 어떤 행동은 바람직하지 않거나 실현 가능성이 적으면서도 feasible할 수 있다.

feet, foot 피트. 'First, take a 75-feet hole···^{우선 75피트 홀을 택한 다음}'(데일리 메일) 'Twelve Paraguayan Anaconda snakes, each two foot long···^{각기 2피트 길이}의 파라과이 아나콘다 뱀 열두 마리가'.(더 타임스). 이 문장 둘 다 무지의 소치임은 굳이 지적하지 않아도 되겠다.

칫솔과 경마를 'teethbrushes'나 'horses races'라고 복수로 쓰지 않듯이 '77-feet holes'란 없다. 영어에서는 한 명사가 다른 명사를 수식하게 되면 앞에 오는 명사는 거의 언제나 단수다. systems analyst ^{시스템 분석가}나 singles bar ^{미혼자 술집} 같은 예외도 있지만 대개 이런 예외들은 통상의 형태로 쓰면 의미가 모호해질 때만 나타난다. (위의 더 타임스 예문에서처럼) 명사가 형용사 기능을 하지 않은 경우에는 복수형이 일반적인 형태다. 그러므로 높이가 6피트인 벽은 (명사를 수식하는 형용사로 쓰인 경우) 'six-foot-high wall'이다. 문장부호의 차이에 관한 논의는 부록의 HYPHEN 참조.

fever, temperature 열, 체온. 'John had a temperature yesterday^{존은 어제}열/체온이 있었다' 같은 문장을 자주 듣지만, 사실 temperature는 존에게 매일 있는

것이고 어제 있었던 건 fever가 맞다. 의료계 권위자들마저도 이 둘의 차이를 크게 구별해 쓰지 않는다. 번스타인은 'Everett has no temperature에버렛 열/체온 없음'라고 쓴 매사추세츠 병원의 게시문을 인용한다. 파울러는 '전혀 변명의 여지가 없다'는 말로 마무리했는데, 세심한 글쓰기에서는, 특히 대안이 되는 단어가 더 짧은 미덕까지 갖췄다면, 피하는 게 좋다.

fewer, less 더 적은. 'In the first four months of the year Rome's tourists were 700,000 less than in the corresponding period last year올해 첫 4개월 동안 로마 관광객은 작년 동기보다 70만 명이 줄어들었다.'(가디언) less와 fewer처럼 별다른 명분도 없이 많은 문제를 야기하는 단어쌍은 없을 것이다. 일반적으로 인용되는 규칙은 less는 양에, fewer는 수에 적용된다는 것이다. 간단하면서 더 도움이 되는 지침은 단수형 명사에는 less를(가령 less money, less sugar), 복수형 명사에는 fewer를 쓰라는 것이다(fewer houses, fewer doctors). 그러므로 위 예문은 'Rome's tourists〔복수형 명사〕were 700,000 fewer'나 'the number〔단수형 명사〕of tourists was 700,000 less' 둘 중 하나로 고쳐야 한다.

특히 흔한 오류는 다음과 같은 'no less than' 구문이다. 'There are no less than six bidders for the group그 그룹에는 입찰자가 자그마치 여섯 명이나 있다.'(더 타임스) 사실 이 구문은 너무 흔해서 숙어와 비슷한 영향력을 지닌다고 간주할 수 있다. 우선 필립 하워드는 『교묘한 말』에 다음과 같이 쓰면서 이를 허용했다. 'The watch with hands is an analogue device in no less than three different ways침이 달린 손목시계는 자그마치 세 가지 다른 면에서 아날로그 기기다.'

다음 문장에는 유의해야 할 또다른 문제가 드러난다. 'Representatives have offered to produce the supplements on one fewer press than at present대표자들은 현재보다 한 대 적은 프레스 기계로 추가분을 생산하겠다고 제안했다.'(더 타임스) 번스타인에 따르면 관용어법은 'one fewer press'를 허용하지 않는다. 문법적으로 더 옳은 'one press fewer'나 관용적으로 더 자연스러운 'one less press'로 써야만 한다.

마지막으로 자주 나타나는 문제가 다음 문장에 보인다. 'but some people

earn fewer than $750 a year그러나 어떤 사람들은 일 년에 750달러 미만을 번다.'(더 타임스)
$750는 반론의 여지없이 복수형 금액이지만 단수로 취급된다. 우리는 이 금액
을 개별 달러들의 집합으로 보지 않고 전체로 본다. 그러므로 문장은 'less than
$750'가 되어야 한다. 같은 방식으로 'He lives fewer than fifty miles from
London그는 런던에서 50마일이 안 되는 곳에 산다'라고 쓰는 것은 틀렸다. fifty miles는 50
개의 개별 마일들이 아니라 전체 거리로 생각되기 때문이다.

filet mignon (프랑스 요리의 일종인) 필레미뇽. 다른 요리와 맥락에서는 모
두 fillet으로 쓴다.

filigree (금은) 줄 세공. 복잡하거나 정밀한 장식의 일종.

finalize 마무리짓다. 어색하고 불필요한 낱말로, 아직 상당수의 반대를 받고
있다. finish마치다, complete완료하다, conclude결말짓다 등 별문제를 일으키지 않
고도 이를 대체해줄 다른 동사들이 있다는 데 이론의 여지가 없다.

Finnegans Wake 피네간의 경야. (아포스트로피 없음) 제임스 조이스의
1939년작 소설.

first and foremost 우선. 둘 중 하나를 선택하자.

first, firstly 첫째, 첫째로. 어떤 목록을 작성하기 시작할 때 firstly라고 쓸 수
있는지의 문제는 영어 어법 역사에서 가장 무의미하면서도 열띤 논쟁을 촉발하
는 주제다. 드퀸시는 firstly를 '터무니없고 대단히 현학적인 신조어'라 불렀고
그 이후로 이런 견해가 널리 반복돼왔다. 하지만 secondly둘째, thirdly셋째에 반
대하는 사람은 거의 없기에 firstly에 그토록 반대하는 근거는 분명히 제시된 적
이 없다. 이 문제에 관해서는 언제나 냉정한 두뇌의 소유자인 파울러의 다음 견
해에 최종 결정권을 주어도 좋을 것 같다. '공식적인 열거에서 firstly보다 first

F

를 선호하는 것은, 그런 선호를 공유하지 않는 이들에 대한 비난만 삼간다면 특이해서 특이한 것을 좋아하는 사람들이 자유롭게 탐닉해도 무방한, 해로울 것 없는 현학이다.'

　first와 관련된 별개의 문제가 다음 예문에 드러난다. 'The Bangladesh government reacted angrily when plans for blood test were first announced… last year방글라데시 정부는 작년에 혈액 검사 계획이 처음 발표되었을 때 … 분노의 반응을 보였다.'(인디펜던트) 발표하다, 보고하다, 폭로하다 및 (특히) 창설하다 같은 낱말들과 쓰였을 때 first는 거의 언제나 군더더기이며 때로는 심한 군더더기이므로 빼는 게 좋다.

firstly. FIRST, FIRSTLY 참조.

fission. FUSION, FISSION 참조.

flagrant. BLATANT, FLAGRANT 참조.

flak 대공포, 비난. 다음 예문에서와 같이 철자 오기가 잦다. 'Japanese women take a lot of flack from foreigners for their alleged docility일본 여성들은 외국인들에게서 순종적이라는 근거 없는 비난을 상당히 받곤 한다.'(옵서버) 도움이 될지 모르겠으나, 이 단어는 독일어 Fliegerabwehrkanone고사포의 축약어인데 열아홉 글자로 된 철자 중에 c는 없다.

flammable, inflammable 인화성의, 불타기 쉬운. incombustible불연성의은 불에 타지 않는 물건을 설명하는데 inflammable은 불에 타는 물건을 설명한다는 것이 영어의 묘한 모순이다. inflammable의 의미는 오해를 사기 쉬우므로 모호성이 적은 flammable을 사용하는 경향이 늘고 있다. 다른 경우라면 무지에 대한 안타까운 양보가 되겠지만, 인간의 안전을 담보로 언어의 순수성을 고집한다면 더 안타까운 일이겠다.

flank 측면. 'A Special Report on Finland tomorrow looks at the only Western nation that has to live with the Soviet Union as its neighbour on two flanks내일 있을 핀란드 관련 특별 보고는 국경의 두 측면에 소련을 이웃으로 두고 살아야 하는 유일한 서방국가를 조망한다.'(더 타임스) 여기서 주목할 점이 두 가지 있다. 첫째, 측면은 언제나 둘일 수밖에 없으니 위 어법은 틀린 게 아니면 동어반복이다. 둘째, flank란 둘 다 몸 옆쪽에 온다. flanked by people이라고 하면 사람들이 왼쪽과 오른쪽에 있다는 뜻이다. 핀란드 옆에는 소련(이 문장이 발표된 시기에는 적어도 그렇게 불렸다)과 스웨덴이 있지 소련만 있는 게 아니며, 소련은 핀란드 동쪽·남쪽과 접경하고 있다.

유사한 오용이 다음 예문에 드러난다. 'The park extends northwards until it is lost to sight, a sea of treetops flanked on each side by enormous, impenetrable cliffs of stone and cement공원은 시야에서 사라질 때까지 북쪽으로 뻗다가, 각 면에 거대하고 빽빽한 돌과 시멘트 절벽으로 측면이 둘러싸인 나무 꼭대기들이 바다처럼 펼쳐진다.'(인디펜던트) 'on each side'를 삭제하자. 그리고 이 문장에서 cement도 틀렸다. CEMENT, CONCRETE 참조. flank 관련 유사 오류는 SURROUNDED 참조.

flaunt, flout. 이 두 가지를 혼동하는 일이 너무 흔해서, 많은 북미 사전이 이 두 단어에 동의어로서의 정통성을 부여했다. flaunt는 '드러내놓고 과시하다' '자랑하다'는 뜻이다. flout는 '경멸조로 대하다' '우쭐한 태도로 무시하다'라는 뜻이다. 이 의미들은 구별해 써야 할 이유가 많다.

floor. CEILING, FLOOR 참조.

florescent, fluorescent 꽃이 한창인, 형광등. 전자는 꽃flower에 쓰이고, 후자는 불빛을 말한다.

flotsam and jetsam 표류물. 이 둘을 구별해 쓸 필요는 점점 줄어들고 있지만 그래야 할 경우가 생긴다면, jetsam은 난파선에서 배 밖으로 날아간 부분 (jettison[선박에서] 버리다을 생각하면 된다)이며, flotsam은 저절로 떠오르는 표류물이다. (바다 밑바닥의 잔해는 lagan이라 한다.) 이들을 구별해 쓰는 것이 중요하던 시대도 있었다. 당시에 flotsam은 국왕에게, jetsam은 떠다니다 당도한 곳의 영주에게 보내졌다.

flounder, founder. founder는 문자 그대로(가령 배가), 또는 비유적으로(가령 프로젝트가) 가라앉는다는 뜻이다. flounder는 '팔다리를 마구 허우적거리다'의 뜻이다. 이 낱말 역시 문자 그대로(가령 물에 빠져 허우적거리는 경우), 또는 비유적으로(가령 소심한 사람이 즉흥 연설을 하는 경우) 쓰일 수 있다.

flout. FLAUNT, FLOUT 참조.

fluorescent. FLORESCENT, FLUORESCENT 참조.

Fogg, Phileas. 쥘 베른의 1873년작 소설 『80일간의 세계 일주』에 나오는 등장인물 포그는 Phogg도, Phineas도 아니다.

foot. FEET, FOOT 참조.

forbear, forebear. 전자는 '회피하다' '삼가다'를 뜻하는 동사다. 후자는 '선조'를 뜻하는 명사다.

forbid, prohibit 금지하다. 두 단어는 같은 뜻을 지니지만, 종종 문장구조에 따라 어떤 것을 써야 할지가 결정된다. forbid는 to 부정사로만 받아야 할 수도 있다('I forbid you to go나는 네가 가는 걸 금지한다'). prohibit은 to+동사원형 형태인 to 부정사를 목적어로 취하는 게 아니라 전치사 from이나('He was prohibited from going그가 가는 것은 금지되었다') 명사인 목적어로만 받아야 할 수도 있다('The law prohibits the construction of houses without planning consent^{허가 없이 주택을 건설하는 것은 법적으로 금지되어 있다}'). 그러므로 다음 예문은 잘못됐다. 'They are forbidden from uttering any public comments^{그들은 공개적으로 논평하는 것이 금지되어 있다}.' 'They are prohibited from uttering…'이나 'They are forbidden to utter…'로 쓰자.

forced. FORCEFUL, FORCIBLE, FORCED 참조.

forceful, forcible, forced 강제적인. forcible은 무력 사용을 가리킨다 ('forcible entry^{무단침입}'). forceful은 무력 사용의 잠재성을 시사한다('forceful argument^{강압적인 주장}' 'forceful personality^{고압적인 성격}'). forced는 forcible 대신 쓸 수 있지만('forced entry^{무단침입}') 대개 비자발적인 행동('forced march^{강행군}')이나 압력에 의해 발생하는 일에 국한되는 경우('forced laughter^{억지웃음}' 'forced landing^{강제착륙}')가 더 많다.

forcible. FORCEFUL, FORCIBLE, FORCED 참조.

forebear. FORBEAR, FOREBEAR 참조.

forego, forgo. 흔히 다음과 같이 혼동된다. 'Germans are unwilling to forego what many regard as their right to two or three foreign holidays a year^{독일인들은 자신들의 권리로 여기는 연 2~3회 해외 휴가를 포기할/선행할 의향이 없다}.'(파이낸셜 타임스) forego는 '앞서가다' '선행하다'를 뜻한다. '~없이 지내다'는 forgo다.

forever, for ever. 미국 어법에서 forever는 언제나 한 단어다. 영국에서는 전통적으로 두 단어였지만(파울러는 이를 고집했다) 점점 더 많은 사전이 forever를 대안으로 제시하거나 심지어 우선순위로 제시하고 있다. 『옥스퍼드 영어사전』은 for ever('언제나'의 의미)와 forever('지속적으로'의 의미)를 유용하게 구별하고 있다.

for ever. FOREVER, FOR EVER 참조.

forgather 모이다. 'Wherever people foregather, one hears two kinds of talk사람들이 어디서 모이든 두 가지 이야기를 듣게 된다.'(사이먼, 『패러다임의 실종』) foregather가 틀린 건 아니지만 좀더 보편적인 철자는 forgather다. 별개 문제로, forgather는 오래되어 삐걱거리는 소리를 낸다는 걸 제외하면 gather가 단독으로 전하는 의미 외에 아무것도 더해주는 것이 없다.

forgo. FOREGO, FORGO 참조.

former, latter 전자, 후자. 올바로 쓰면 former는 두 가지 중 첫번째, latter는 두 가지 중 두번째만을 가리켜야 한다. 그러므로 다음 발췌문은 틀렸다. 'There will be delegates from each of the EEC countries, plus Japan, Singapore, South Korea and Taiwan. Representatives from the latter···유럽경제공동체 각 회원국과 일본, 싱가포르, 한국, 대만 대표단이 참석할 예정이다. 후자의 대표자들은'(더 타임스) 두 단어 모두, 읽는 이로 하여금 앞서 가리킨 것을 다시 들먹이게 하므로 되도록 적게, 가리키는 것이 명확한 경우에만 써야 한다. 독자로 하여금 지나간 이야기를 되돌아보게 하는 것보다 더 성가시고 용납하기 어려운 일도 없다.

fortissimo, fortississimo. 전자(ff.로 축약)는 '아주 세게', 후자(fff.로 축약)는 '최대한 세게'라는 뜻이다.

fortississimo. FORTISSIMO, FORTISSISSIMO 참조.

fortuitous. 다음 예문에서와 같이 'fortunate'과 혼동하지 말 것. 'If Mr Perella's merger assignment was mostly chance, it nevertheless was fortuitous페렐라 씨의 합병 임무는 주로 우연이었을지 몰라도 행운은 아니었다/우연이었다.'(뉴욕 타임스) fortuitous는 '우연한' 또는 '뜻밖에'라는 뜻이므로, 위의 예문은 페렐라 씨의 임무는 주로 우연이었을 뿐 아니라 전적으로도 우연이었다고 말하고 있다. fortuitous한 일이란 행운일 수도, 아닐 수도 있다.

founder. FLOUNDER, FOUNDER 참조.

fraction 일부. 'The gold recovered so far may represent only a fraction of the total hoard지금까지 되찾은 금은 숨겨둔 전체의 일부에 불과할 수도 있다.'(선데이 타임스) 몇몇 세심한 이들은 작은 일부분이라는 뜻의 fraction은 모호하다는 입장을 아직도 견지하고 있다. 99퍼센트도 일부인 건 맞지만 무시할 만한 부분이라 하기는 어렵다. 하지만 이 느슨한 용법은 적어도 300년 동안 쓰여왔고(셰익스피어도 『트로일로스와 크레시다』에 이렇게 썼다) 대부분 맥락에서 오해될 가능성이 적다. 그렇긴 해도 'a small part'나 'a tiny part'로 쓰는 게 더 정확할 것이다.

Frankfurt am Main. 독일의 금융 중심 도시 프랑크푸르트암마인의 정식 명칭이다. 독일에 또다른 프랑크푸르트인 프랑크푸르트안데어오데르Frankfurt an der Oder가 있으며, 때로는 그 둘을 구별해야 한다는 점을 기억해야 한다(특히 하나는 am, 다른 하나는 an을 쓰는 데 유의하자). 또한 켄터키주의 주도를 비롯해 미국 커뮤니티 대부분은 철자를 Frankfort로 쓴다는 점도 주의하자.

Frazer-Nash. 영국 스포츠카 프레이저-내시의 철자. Fraser-가 아님.

fresh 신선한. 이 단어는 대개 'new'의 나무랄 데 없는 동의어 역할을 하지만, 다음 예문에 생생히 드러나듯 어떤 맥락에서는 부적절해지는 추가적 함의가 있다. 'Three weeks after the earthquake, fresh bodies have been found in the wreckage지진 발생 3주 뒤 잔해 속에서 새로운/신선한 시체들이 발견됐다.'(슈피글, 『말의 기쁨』에서 재인용)

Friesian, Frisian. Friesian은 소의 종류다. Frisian은 독일 북부의 언어(프리지아어)이자 네덜란드, 덴마크와 독일 사이에 위치해 있으며 이들을 분리하는 군도 이름이기도 하다. Friesian은 미국에서 보통 홀스타인 종으로 불린다. 때때로 Frisian은 프리지아제도를 부분적으로 포괄하는 네덜란드의 지방인 프리슬란트^{Friesland} 사람들을 가리키기도 한다.

Frisian. FRIESIAN, FRISIAN 참조.

frisson 전율. 'A slight frisson went through the nation yesterday^{어제 경미한 가벼운 전율이 전국을 관통했다.}'(더 타임스) frisson은 경미한 종류밖에 없다. 이 단어는 떨림, 후들거림을 뜻한다.

frontbench. FRONT BENCH, FRONTBENCH 참조.

front bench(명사), **frontbench**(형용사). 정계에서 당 간부 의원은 front bench^{정면석}에 앉지만 형용사로 쓸 때는 frontbench로 붙여 쓴다(가령 frontbench spokesman^{정면석 대변인}). 물론 back bench^{평의원}도 같은 방식이 유효하다.

frowsty, frowzy. 전자는 '퀴퀴하고 오래된', 후자는 '너저분한' 또는 '곰팡내 나는'이란 뜻이다.

frowzy. FROWSTY, FROWZY 참조.

Fujiyama. '후지산'을 뜻하므로 Mount Fujiyama는 중복이다. 그러므로 Fujiyama나 Mount Fuji 둘 중 하나를 쓰자. 일본인들은 이를 Fujisan이나 Fuki-no-Yama라고도 부른다.

fulsome. 영어에서 가장 자주 잘못 쓰이는 단어로 손꼽힌다. 보통 이 단어에 부여하는 뜻—풍성한, 아낌없는—은 낱말의 사전적 의미와 거의 정반대다. fulsome은 foul더러운과 관련이 있으며 '혐오스러운' '너무 많은' '불쾌할 만큼 가식적인'이란 뜻이다. fulsome praise는 올바로 쓰면 후한 찬사가 아니라 말만 번지르르하고 가식적인 알랑거림이다.

further. FARTHER, FURTHER 참조.

fusion, fission 융합, 분열. 둘 다 원자력 에너지를 생산하는 방식이다. fusion은 가벼운 원자핵 둘을 더 무거운 원자핵 하나로 융합하는 것이고, fission은 원자핵을 쪼개는 것이다.

future 장래의, 향후의. 형용사로 쓸 때 future는 불필요하게 사용되는 경우가 많다. 'He refused to say what his future plans were그는 장래 계획에 대해 말하기를 거부했다.'(데일리 텔레그래프) 'The parties are prepared to say little about how they see their future prospects정당들은 향후 전망을 어떻게 보고 있는지 말을 아낄 준비가 되어 있다.'(더 타임스) 두 문장 모두에서, 그리고 이와 비슷한 거의 모든 문장에서 future는 군더더기일 뿐이므로 삭제하는 게 좋다.

F

gabardine, gaberdine. 전자는 옷감의 일종(개버딘)이고, 후자는 긴 망토다.

gaberdine. GABARDINE, GABERDINE 참조.

gambit. 둘 중 하나로 오용되곤 한다. 우선 opening gambit으로 쓰이곤 하는데 이는 어의 중복이다. 둘째로 책략이나 작전에 불과한 의미로 종종 쓰인다. gambit은 전략적 희생이나 양보를 포괄하는 초기 행동이다. 모든 gambit은 초기 행동opening move이지만, 모든 초기 행동이 gambit은 아니다.

gamy 사냥감 같은. -ey가 아님.

Gasthaus, Gasthof. 전자는 여관이나 게스트하우스를 뜻하는 독일어이며, 후자는 호텔을 가리키는 독일어다. 복수형은 Gasthäuser와 Gasthöfe다.

Gasthof. GASTHAUS, GASTHOF 참조.

gateau 케이크. (또는 gâteau). 복수형은 gateaus (또는 gâteaux).

geezer, geyser. 전자는 나이든 남자를 가리키는 영국 속어다. 후자는 온천, 또는 영국의 경우 가정용 보일러 등 뜨거운 물의 원천을 가리킨다. geyser는 영국에서 sneezer재채기하는 사람와 각운이 같고('기저'로 발음), 미국에서는 miser수전노와 각운이 같다('가이저'로 발음).

gendarmes. 잘 알려진 사전 중 gendarmes를 프랑스 경찰관으로 정의한 사전이 있다. 사실 gendarmes는 주로 시골 지역 경찰 업무를 위해 고용된 군인(헌병)이다. 프랑스 도시와 소도시의 경찰은 그냥 있는 그대로 경찰관이다.

gender 성별. 'A university grievance committee decided that she had been denied tenure because of her gender 대학 고충처리위원회에서는 그녀가 성별 때문에 종신직을 거부당한 것으로 판정했다.'(뉴욕 타임스) 본디 순전히 문법 용어였던 gender는 19세기에 sex섹스라는 말을 입 밖에 내는 것을 몹시 불편하게 여긴 이들의 편의를 위한 완곡한 표현이 되었다. 오늘날 대부분의 권위자는 gender를 이런 의미로 사용하는 것을 구식으로 여기며 지나치게 예민한 것으로 보아 여기에 경멸감을 표한다.

genus, species 속屬, 종種. 후자는 전자의 하위집단이다. Homo sapiens처럼 속은 대문자로 쓰지만 종은 소문자로 쓰는 것이 관례다. 복수형은 genera와 species다.

Georgetown. GEORGE TOWN, GEORGETOWN 참조.

George Town, Georgetown 조지타운. 전자는 케이맨제도의 수도이자 말레이시아의 페낭주와 섬의 주요 도시 이름이다. 후자는 가이아나의 수도이자 워싱턴 디시의 구역이며 대학교 이름이다.

germane, relevant, material 밀접한, 관계된, 중요한. germane과 relevant는 동의어다. 둘 다 논의 중인 문제와의 연관성을 가리킨다. material은 '필요한'이라는 함의를 가진다. material point라고 하면 어떤 주장에서 그것이 빠지면 불완전해지는 요점을 가리킨다. germane point 또는 relevant point는 유의할 만한 가치가 있지만 주장에 필수적이지는 않다.

gerrymander. 자신에게 유리하도록 특히 선거구를 왜곡하거나 고치는 것을 말한다. jerry‐built날림으로 지은와 혼동하지 말 것.

gerund 동명사. 'I don't like *dancing* 춤추기'과 '*Cooking* 요리하기 is an art'에서 이탤릭체로 표기된 부분처럼, 낱말과 같이 명사 역할을 하도록 만들어진 동사다. 동명사에서는 두 가지 문제가 흔히 일어난다.

1. 때로 동명사에는 다음과 같이 관사와 전치사가 불필요하게 덧붙는다. 'They said that *the* valuing of the paintings could take several weeks그들은 그림의 가치 산정에 수 주가 소요될 수 있다고 밝혔다.'(데일리 텔레그래프) 이탤릭체로 표시된 단어를 삭제하면 문장이 더 간결해지고 확실해진다.

2. 소유격 명사나 대명사('속격'이라 부름)가 동명사를 수식할 때도 문제가 발생한다. 흔한 유형이 다음 예문에 나타나 있다. 'They objected to him coming그들은 그가 오는 것을 반대했다.' 올바로 쓰면 이 문장은 'They objected to his coming'이 되어야 한다. 이와 유사하게 'There is little hope of Smith gaining admittance to the club스미스가 그 클럽 입회 자격을 얻을 가능성은 적다'은 'There is little hope of Smith's gaining admittance⋯'가 되어야겠다.

요컨대, 소유격이 선호되며 특히 고유명사와 인칭대명사의 경우에는 더욱 그러하다. (이 문제를 '융합 분사'라는 제목으로 다룬) 파울러는 사실상 소유격만을 유일하게 받아들일 수 있는 형태로 봤다. 예를 들어 그는 문장이 다음과 같이 되어야 한다고 고집했다. 'We cannot deny the possibility of anything's happening우리는 어떤 일이 일어날 가능성을 부인할 수 없다' 'This will result in many's having to go into lodgings이로써 많은 이들이 임시 숙소로 가야만 할 것이다'. 다른 많은 권위자는 이 점을 파울러의 독특한 표현법으로 간주했고 이런 입장은 조용히, 그러나 합당하게 제3판(최신판)에서 포기되었다.

geyser. GEEZER, GEYSER 참조.

Ghanaian. 가나 사람.

ghettos 게토. -oes가 아님.

gild the lily 백합에 금을 입히다. 셰익스피어의 「존 왕」에 나오는 구절이다. 'To gild refined gold, to paint the lily…순금에 금을 입히고 백합에 칠을 하는 것은 / Is wasteful and ridiculous excess낭비이며 어처구니없는 과용이다.' 그러므로 무언가를 과용한다는 뜻으로 'gild the lily백합에 금을 입히다'라고 말하는 건 틀린 것이기도 하고 한심한 상투어에 의존하는 것이기도 하다.

goodbye 작별인사. 한 단어다.

goodwill. GOOD WILL, GOODWILL 참조.

good will, goodwill 선의, 고객 호감도. 두 형태 모두 일반적인 의미에서 허용되지만 사업체의 평판과 교환가치에 관해 말할 때는 언제나 한 단어로 쓰인다.

gourmand 대식가. 조심해서 써야 할 단어다. 일부 사전에서 지금은 이 낱말을 미식가로 정의하고 있지만 다른 사전에서는 식탐과 동일시한다. 경멸적인 의미를 전달하려는 게 아닌 한 gourmet, gastronome, epicure나 다른 듣기 좋은 단어를 쓰는 게 낫다.

graffiti 그래피티. 'There was graffiti in glorious abundance그래피티가 엄청나게 많았다.'(데일리 메일) 헛된 노력일 것 같긴 하지만 graffiti는 복수형이고, 그러므로 'There were graffiti…'로 쓰는 게 낫다는 점을 지적할 가치가 여전히 있다고 생각한다. 단 하나의 그래피티를 가리킨다면 graffito가 맞다.

grammatical error 문법적 오류. 한 낱말이나 구가 문법적이면서 동시에 오류가 있을 수 없고, 문법적으로 맞든지 오류가 있든지 둘 중 하나라는 이유에서

이 용어는 때로 반대를 받는다. 사실 grammatical의 주요 의미는 '문법의' 또는 '문법과 관계하는'이므로 여기에는 문법 오류가 포함되는데, 어떤 경우든 이는 확고히 자리잡은 표현이다.

grandiloquence. 과장된 담화를 뜻한다. -eloquence가 아님.

greater 더 넓은. 때로 다음 예문에서와 같이 군더더기의 신호가 된다. 'The cost for a 17-year-old living in the greater London area···17세짜리가 광역 런던 지역에 사는 비용.'(더 타임스) 'in greater London'이나 'the London area'는 'in the greater London area'와 같은 내용을 담고 있지만 더 간단한 표현이다.

grief, grieve 비탄, (죽음으로 인해) 슬퍼하다. 'As U.S. Travel Abroad Drops, Europe Grieves'(뉴욕 타임스 헤드라인) 과연 그랬을까? 유럽이 미국 관광객 수입의 급감으로 불안해하거나 고통받거나 초조해하거나 걱정했을 수는 있지만, grief비탄를 수반했다고 하는 게 합리적일까? 강렬한, 감정을 자극하는 유사한 단어들―mourn애도하다, ravage피폐하게 만들다, anguish번민하다 등― 은 강렬한, 감정을 자극하는 맥락에만 한정하여 쓰는 게 낫다. (PLEA, PLEAD도 참조.)

grieve. GRIEF, GRIEVE 참조.

grievous 극심한. 올바른 철자는 grievious가 아니나 종종 다음과 같이 철자 오류가 발생한다. 'He admitted robbery and causing grievious bodily harm and was jailed for seven years그는 강도 및 중상해 혐의를 자백하고 7년 동안 수감됐다.'(인디펜던트) mischievous짓궂은의 경우에도 유사한 오류가 발생한다. 간혹 mischievious로 철자가 표기되며 심지어 잘못 발음되기도 한다.

grisly, gristly, grizzly. 이따금 다양하게 혼동된다. 첫번째는 '무시무시한' 또는 '섬뜩한'이란 뜻이다. 두번째는 연골gristle이 잔뜩 박힌 고기를 가리킬 때 쓰인다. 세번째는 '회색의', 특히 '회색 털의'란 뜻이며 나이든 남자를 가리킬 때는 상투어로 쓰인다.

gristly. GRISLY, GRISTLY, GRIZZLY 참조.

grizzly. GRISLY, GRISTLY, GRIZZLY 참조.

gross domestic product, gross national product 국내총생산, 국민총생산. gross domestic product는 해외로부터의 소득을 제외하고 일국에서 일정 기간에 생산된 모든 것이다. gross national product는 해외로부터의 소득을 포함, 한 나라 국민이 일정 기간에 생산한 모든 것이다.

gross national product. GROSS DOMESTIC PRODUCT, GROSS NATIONAL PRODUCT 참조.

growth 성장. 경제학자들과 이들에 대해 글 쓰는 사람들이 종종 반대 뜻으로 사용한다. 'It now looks as if growth will remain stagnant until spring성장은 봄까지 계속 침체될 전망이다'(옵서버) '···with the economy moving into a negative growth phase경제가 마이너스 성장 단계로 접어들면서'.(더 타임스) growth는 종종 확장을 가리킨다. 무언가가 수축하거나 그대로라면 growth는 알맞은 단어가 아니다.

Guadalupe, Guadeloupe 과달루페, 과들루프. 카리브해 지역에 위치하여 함께 프랑스령을 형성하는 군도가 Guadeloupe다. 미국 남서부의 강과 산맥 및 스페인, 페루, 아조레스제도와 캘리포니아의 소도시나 도시 등 이름이 과달루페인 다른 지세地勢의 명칭은 대부분 철자를 Guadalupe로 쓴다.

Guadeloupe. GUADALUPE, GUADELOUPE 참조.

Guangdong, Guangzhou 광둥, 광저우. Guangdong은 예전에 Kwantung 으로 알려졌던 중국의 주다. 광둥의 성도省都가 예전에는 Canton으로 알려졌던 Guangzhou다.

Guangzhou. GUANGDONG, GUANGZHOU 참조.

Guiana, Guyana 기이나, 가이아나. 오래된 자료를 참고할 경우 특히 혼란의 여지가 있다. Guiana라는 이름은 여러 시기에 걸쳐 남미 북부 대서양 연안에 인접해 있는 세 영토에 쓰였다. 제일 서쪽에 있는 영국령 기아나British Guiana는 이제 가이아나로 불린다. 가운데 있는 영토인 네덜란드령 기아나Dutch Guiana는 현재 수리남이다. 제일 동쪽에 있는 프랑스령은 여전히 프랑스령 기아나French Guiana로 남아 있다.

Guinea, Guinea-Bissau, Equatorial Guinea 기니, 기니비사우, 적도기 니. 이들은 모두 서아프리카에 있는 개별 국가다. 기니는 옛 프랑스령 기니다. 기니비사우는 옛 포르투갈령 기니다. 적도기니는 옛 스페인령 기니다.

Guinea-Bissau. GUINEA, GUINEA-BISSAU, EQUATORIAL GUINEA 참조.

guttural 후두음의. -er가 아님.

Guyana. GUIANA, GUYANA 참조.

H

Häagen-Dazs. 하겐다즈 아이스크림의 철자.

Haarlem 하를렘. 네덜란드의 지명. 뉴욕의 할렘은 Harlem으로 쓴다.

habits 습관. 'As was his usual habit···그의 평소 습관대로'(선데이 익스프레스) 'The customary habits of the people of the South Pacific···남태평양 사람들의 관습적 습관은'. habit이란 언제나 관습적customary이며 언제나 평상시의usual 일이다. 당연하게도, 그렇기 때문에 습관이 되는 것이다.

had better ~해야 한다. 'When the London summit meets, foreign ministers better stiffen their sinews런던 정상회담이 열리면 외무 장관들은 힘을 강화하는 게 좋을 것이다.'(가디언) 이런 조건문에서 필요한 표현은 had better다. 영국보다 미국에서 더 흔한 오류가 다음의 뉴욕 타임스 광고에 나타난다. 'It will go 799 miles between gas stations. It better be the world's most comfortable car이 차는 한번 주유하면 799마일을 간다. 세계에서 가장 편안한 차가 되어야 할 것이다.' 'it had better be' 나 최소한 'it'd better be'로 고치자.

haemorrhage 출혈. -rr-에 유의. 미국식 철자는 hemorrhage다.

haemorrhoids 치질. -rr-에 유의. 미국식 철자는 hemorrhoids다.

hail, hale. hale은 원기 왕성하고 팔팔한, 또는 haul끌다과 비슷한 의미로 끌

거나 강제로 당기는 것을(가령 'haled into court법정에 끌려나오다') 뜻한다. hail
은 인사나 경례, 빗발치듯 쏟아지는 것을 의미한다. 관련 숙어는 각각 hale and
hearty정정한와 hail-fellow-well-met붙임성 있는이다.

haka. 마오리족의 전쟁 춤으로 뉴질랜드의 스포츠 경기에 널리 도입되었다.

hale. HAIL, HALE 참조.

hamlet 작은 마을. 'Police searched his house in the tiny hamlet of
Oechtringen경찰은 외히트링겐이라는 조그만 작은 마을에 있는 집을 수색했다.'(옵서버) hamlet에
본래 작다는 뜻이 담겨 있다.

handiwork 작품. handy-가 아님.

hangar 격납고. 비행기를 보관하는 곳을 뜻하는 경우 -er가 아님.

hanged hang(목을 매다)의 활용형. 'It was disclosed that a young white
official had been found hanged to death in his cell…젊은 백인 관리가 제 감방에
서 목을 매 숨진 것으로 밝혀졌다.'(뉴욕 타임스) 'hanged to death'는 군더더기다. 이 점에
대해서는 'starved to death굶어죽은' 'strangled to death목 졸려 죽은'도 마찬가지
다. 그러나 글쓴이가 hunghang(걸다)의 활용형이 아니라 hanged라고 쓴 것은 맞다.
사람에 쓸 때는 hanged이고, 그림 등은 hung으로 쓴다.

Hansard 영국 국회 의사록. 공식 명칭은 The Official Report of
Parliamentary Debates다.

hara-kiri. 할복자살을 가리키는 올바른 철자다. 일본에서는 보통 '셋푸쿠切腹'
로 알려져 있다.

harangue, tirade 열변, 장광설. 이 두 낱말은 의미상 서로 뒤바뀌어 쓰이곤 한다. tirade는 모욕적이며 한 사람 또는 여러 사람을 겨냥해 쓰일 수 있다. 그러나 harangue은 꼭 독설은 아니며 장황하고 지루할 뿐이다. 하지만 대상이 적어도 두 명은 되어야 한다. 정확히 말해 한 사람이 다른 한 사람을 대상으로 할 때는 harangue이라고 할 수 없다.

harass 희롱하다. 'r'가 하나이고 -ss임에 유의하자.

harebrained, harelipped 경솔한, 언청이의. hair-가 아님.

harelipped. HAREBRAINED, HARELIPPED 참조.

hark, hearken (옛글 투) 귀 기울이다. 뜻은 비슷하지만 철자 차이에 유의.

hartebeest 큰 영양. 아프리카 영양 종류의 철자. -beast가 아님.

Harz Mountains 하르츠 산맥. 독일 지명. Hartz가 아님.

Hasselblad 핫셀블라드. 스웨덴 카메라 제조업체 이름의 철자.

Hawker Siddeley 호커 시들리. (붙임표 없음) 영국 항공업체 이름.

head over heels 사랑에 빠져 정신을 못 차리는. 단순히 상투어가 아니다. 생각해보면 좀 말이 안 되기도 한다. 머리는 대개 발뒤꿈치 위에 있으니까.

healthful. HEALTHY, HEALTHFUL, SALUTARY 참조.

healthy, healthful, salutary 건강한. 일부 권위자들은 healthy는 health를

가지고 있는 것에, healthful은 건강을 촉진하는 것에 국한하여 써야 한다고 주장한다. 그러므로 healthy children^{건강한 아이들}으로 쓰는 한편 healthful food^{몸에 좋은 식품}, healthful exercise^{몸에 좋은 운동}로 써야 한다는 것이다. 이 차이를 지켜 쓰는 게 나쁠 건 없으나 고집해서 얻을 것도 별로 없다. 입장을 단호히 하려면, 정확성 없이 너무 많이 쓰이는 healthy에 집중하는 게 좋다. 'a healthy wage increase^{건실적인 임금 인상}'에서와 같이 '큰' '활력 있는'의 의미로 쓸 때가 그런 경우다.

salutary는 다른 두 단어보다 더 넓은 의미를 갖는다. 이 역시 '건강에 도움이 되는'이란 뜻이나, 명백히 이로운 모든 것에 쓸 수 있다('a salutary lesson in etiquette^{예절에 유익한 교훈}'). 하지만 salutary는 개선 효과를 지닌 행동이나 성질을 설명하는 데 더 많이 쓴다. 'The new drug has a salutary effect on arthritis^{신약은 관절염 개선 효과가 있다.}'

hear, hear! 국회의원들이 제청하는 소리로, 'here, here!'가 아님.

Hebrew, Yiddish 히브리어, 이디시어. 이 두 언어는 유대인이 주로 사용한다는 점을 제외하면 공통점이 거의 없다. 이디시어('유대인의^{Jewish}'를 뜻하는 독일어 jüdisch에서 옴)는 독일어 방언이 변한 것으로 인도·유럽어족의 일부다. 히브리어는 셈어^{Semitic tongue}로 아랍어에 더 가깝다. 이디시어 작가들은 때로 히브리어 알파벳을 사용하기도 하지만, 두 언어는 예를 들어 영어와 스와힐리어만큼이나 연관성이 적다.

Heidsieck 하이직. 샴페인 이름의 철자.

heir apparent, heir presumptive 법정 상속인, 추정 상속인. 전자는 어떤 경우에도 상속을 받는 사람이며, 후자는 선순위 상속인이 먼저 태어나지 않는 경우에만 상속을 받는다.

heir presumptive. HEIR APPARENT, HEIR PRESUMPTIVE 참조.

Helens, St 세인트헬렌스. 영국 머지사이드주의 St Helens도, 미국 워싱턴주의 화산 Mount St Helens도 아포스트로피가 없다.

hiccough. HICCUP, HICCOUGH 참조.

hiccup, hiccough 딸꾹질. 전자가 이제 일반적으로 선호되는 철자다.

highfalutin 허세를 부리는. (아포스트로피 없음) 이것이 올바른―적어도 표준적인―철자이지만 많은 사전이 highfaluting, highfaluten, hifalutin도 받아들이고 있다. 이 단어는 역사가 130년쯤 됐지만 대부분의 출처에서 비격식체로 간주된다. 어원은 불확실하다.

high jinks 마구 신이 나서 하는 행동. 두 단어로 쓰는 것이 보통의 철자지만 일부 사전은 hijinks도 받아들이고 있다. 어원은 알려져 있지 않으나 불운을 뜻하는 징크스jinx와는 관련이 없다(또는 이와 혼동하지 말아야 할 것이다). 단·복수 동형이다.

high street 중심가. 특정 중심가를 가리키는 게 아니라면 첫 글자를 대문자로 쓸 이유가 없다.

Hindi, Hindu, Hinduism, Hindustani 힌디어, 힌두교 신자, 힌두교, 힌두스타니어. Hindi는 인도의 주요 언어이며, Hindustani는 인도의 주요 방언이다. Hinduism은 인도의 주요 종교·사회체제다. Hindu는 힌두교 신자를 말한다.

hindrance 방해 (요인). -erance가 아님.

Hindu. HINDI, HINDU, HINDUISM, HINDUSTANI 참조.

Hinduism. HINDI, HINDU, HINDUISM, HINDUSTANI 참조.

Hindustani. HINDI, HINDU, HINDUISM, HINDUSTANI 참조.

hippie 히피. -ppy가 아님.

hippopotamuses 하마. hippopotamus의 복수형.

Hirshhorn Museum 허시혼 미술관. 워싱턴에 있는 미술관 이름. -hh-에 유의.

historic, historical 역사적인, 과거사와 관련된. 'The Landmarks Preservation Commission voted yesterday to create a historical district on a gilded stretch of Manhattan's East Side유적 보존 위원회는 어제 맨해튼 이스트사이드의 금싸라기 구역에 역사 지구를 만드는 데 투표했다.'(뉴욕 타임스) 위 예문에서처럼 역사에 남는 일이나 역사의 일부인 것은 historic이다. 역사를 기초로 했거나 역사를 설명하는 것은 historical이다('a historical novel역사소설'). historic judicial ruling은 역사에 남을 만한 판결인 반면, historical ruling은 과거의 판례를 토대로 한 판결이다. 그러나 이 규칙에는 적어도 두 가지 예외가 있다. 회계('historic costs취득원가')와 흥미롭게도 문법('historic tenses역사적 시제')에서의 예외가 그것이다. (A, AN도 참조.)

historical. HISTORIC, HISTORICAL 참조.

hitchhike, hitchhiker 히치하이크, 히치하이커. -hh-에 유의.

hitchhiker. HITCHHIKE, HITCHHIKER 참조.

hitherto 지금까지. 'In 1962, the regime took the hitherto unthinkable step of appropriating land1962년. 정권은 지금까지 토지 유용 방법으로 상상도 할 수 없었던 조치를 취했다.'(데일리 텔레그래프) 글쓴이는 'thitherto그때까지'를 쓰고자 했으나, theretofore그 이전에는가 낫겠고 previously전에는로 쓴다면 더욱 낫겠다.

hoard, horde 비축물, 무리. 두 가지는 다음과 같이 종종 혼동된다. 'Chrysler Corp. has a cash horde of $1.5 billion크라이슬러사는 15억 달러의 축장 현금을/현금 무리를 보유하고 있다.'(『타임』) 귀중품을 남모르게 모아두는 것은 hoard다. horde는 본래 유목민을 가리켰으나 현재는 모든 무리에, 특히 무질서하게 떼를 이룬 경우에 쓰인다('hordes of Christmas shoppers크리스마스 쇼핑객 무리').

hoary. 백발이거나 나이든 것을 뜻하는 경우, -ey가 아님.

Hobson's choice 홉슨의 선택. 때로 딜레마나 어려운 결정을 가리키는 말로 쓰이지만 실은 전혀 '선택'이라고 할 수 없다. 16세기 케임브리지의 토머스 홉슨이라는 마구간지기에게서 나온 말로, 그는 엄격한 윤번제로 말을 대여해주었다. 고객은 마구간 문에서 가장 가까운 말을 데려가는 것이 아니면 말을 빌릴 수 없었다.

Hoffmann, The Tales of. TALES OF HOFFMANN, THE 참조.

hoi polloi 일반 대중. 여기에는 두 가지 문제가 있다. 첫번째는 hoi polloi가 흔히 생각하듯 엘리트를 뜻하는 게 아니라 평범한 서민, 대중masses을 뜻한다는 점이다. 두번째 문제는 그리스어에서 hoi는 'the'를 뜻하니, 'the hoi polloi'라 하면 'the the masses'가 되어 정관사를 반복하는 것이나 마찬가지란 것이다. 이 두 가지 문제에 대한 해답은, 덜 골치 아픈 다른 단어로 대체하는 것이다.

H

holocaust. 그리스어로 이 단어는 '불타버린 전체'를 뜻하며, 일반적으로 불로 인한 파괴가 있는 재해에만 쓰는 게 좋다. 예를 들어 태풍이나 산사태로 초래된 손상을 설명하는 데는 쓰지 않는 게 좋다. 하지만 제2차세계대전 중 독일의 유대인 학살과 관련된 몰살 과정 전반을 쓸 때는 명백한 예외다. 이런 맥락으로 쓸 때는 첫 글자를 대문자로 쓴다.

homely. 영국인과 미국인 사이에서 혼란의 근원이 되곤 한다. 영국에서 이 낱말은 '편안하고 흥미를 끄는'이란 뜻이지만 미국에서는 '매력 없고 끌리지 않는'을 뜻하므로 어떤 의미인지 주의해야 한다.

homogeneous, homogenous 동질의, 역사적 상동相同의. 'It is··· the only practical wind instrument, giving 5½ octaves of homogenous sound 그것은··· 5옥타브 반에 걸쳐 동질한/역사적 상동의 소리를 내는 유일하게 실용적인 관악기다.'(가디언) homogenous는 공통의 조상을 갖는 유기체를 설명하는 생물학적 맥락에 한정해서 써야 한다. homogeneous는 예문에서 명백히 의도되어 있는 의미와 같이 일관되고 단일한 것들을 설명한다.

homogenous. HOMOGENEOUS, HOMOGENOUS 참조.

homonym, homophone 동음(동철同綴)이의어, 동음이철어. 둘 다 소리나 철자는 매우 유사하지만 의미는 다른 단어들을 설명한다. homophone은 다른 단어와 소리는 같지만 의미나 철자가 다르거나 의미와 철자가 둘 다 다른 낱말이다. homonym은 뜻은 다르지만 철자나 소리가 같은 낱말이다. 그러므로 'blue'와 'blew'는 동음이의어homonym이자 동음이철어homophone다. 그러나 선박에서 bow뱃머리와 나비매듭을 가리키는 bow는 (철자가 같으므로) 동철이의어이지만 (발음이 다르므로) 동음이철어는 아니다. 짧게 말하면, 발음의 동일성을 강조하려는 의도가 아닌 한 일반적으로 homonym이 더 나은 단어다.

homophone. HOMONYM, HOMOPHONE 참조.

honorariums 사례비. honorarium의 복수형으로, 일반적으로 honoraria보다 선호되는 철자다.

hopefully 바라건대. 'To travel hopefully is a better thing than to arrive^희
망을 품고 여행하는 것이 도착하는 것보다 더 나은 일이다.' 50년 전에 로버트 루이스 스티븐슨
의 이 문장은 한 가지로만, 즉 희망에 차서 여행을 하는 것이 실제로 목적지에
도달하는 것보다 낫다는 뜻으로 해석됐을 테다. 하지만 오늘날에는 '여행하는
것이 도착하는 것보다 낫기를 바란다'는 뜻으로도 읽힐 수 있다.

hopefully의 이 확장된 의미는 많은 권위자에게 맹렬히 비난받았는데, 필
립 하워드는 이를 '모호하고 이해하기 힘들며, 무식하고 볼썽사납다'고 하기도
했다. 다른 많은 권위자들, 특히 번스타인과 가워스는 이 의미를 받아들이긴 했
지만 대체로 마지못해, 종종 여러 가지 제한을 두면서 허용할 뿐이다.

hopefully를 느슨한 의미로 쓰는 데 반대하는 이들은 대부분 이것이 양태
보조사 오용이라는 논거를 든다. 즉 이 낱말이 수식해야 할 요소들을 수식하지
못하고 있다는 것이다. 'Hopefully the sun will come out soon^{바라건대 해가 곧 나}
^{겠지}'이라는 문장을 보자. 구문대로라면 (적어도 고지식한 사람에게) 이 문장은
hopeful한 것은 나나 독자가 아니라 해인 것으로 읽힌다. 다른 것은 차치하고
서라도 해가 날 거라고 '믿는다^{believe}'고 해서 'Believably the sun will come
out soon'이라고 한다거나, 해가 나리라 '생각한다^{think}'고 해서 'Thinkingly
the sun will come out soon'이라고 하지는 않을 것이며, 해가 나지 않기를 바
란다고 해서 'Hopelessly'라고는 쓰지 않을 것이다.

이 논거의 결함은 hopefully를 세심하게 피하는 글쓴이들이 다른 여남
은 표현들—apparently^{보아하니}, presumably^{짐작컨대}, happily^{행복하게}, sadly^{슬프}
^게, mercifully^{자비롭게}, thankfully^{고맙게} 등등—은 정확히 똑같은 방식으로 주저
없이 쓴다는 것이다. 『패러다임의 실종』에서 미국인 비평가 존 사이먼은 느슨
한 hopefully에 경멸을 드러내면서도 다른 곳에서는 이렇게 썼다. 'Marshall

Sahlins, who professes anthropology at the University of Chicago, errs some 15 times in an admittedly long piece시카고대학교에서 인류학을 가르치는 마셜 살린스는 인정하건대 긴 글에서 약 열다섯 번 실수를 했다.' 이 admittedly는 hopefully가 언제나 그랬듯 그만큼이나 연결되는 말이 없다.

어떤 것은 묵인하고 다른 것은 수용하는 태도는 아주 희한하고도 비논리적인 태도로 보이며, 이는 마치 'laughable웃기는'은 'laugh-at-able'이 돼야 하며 'reliable신뢰할 수 있는'을 'relionable'로 쓰면 문법의 미덕을 살릴 수 있다고 주장하던 빅토리아시대의 순수주의자들을 연상시킨다.

하지만 hopefully에 대한 의구심에는 두 가지 다른 근거가 있다. 첫번째는 이 표제 서두에 인용한 스티븐슨의 문장처럼, hopefully가 모호하게 해석될 여지를 남긴다는 점이다. 'Our team will start their innings hopefully immediately after tea우리 팀은 바라건대 티타임 후 곧바로 이닝을 시작할 것이다.' hopefully가 팀의 바람을 가리키는 것인지 타격을 시작하는 시점에 대한 것인지 알 수가 없다.

두번째 반대 이유는 이 낱말이 구차하기 때문이다. 신문기사에 'Hopefully the dockers' strike will end today바라건대 부두 노동자들의 파업은 오늘 끝날 것이다'라고 나와 있으면 그걸 바라는 주체는 대체 누구인가? 글쓴이인가? 부두 노동자들인가? 아니면 정신이 제대로 박힌 모든 이들인가? 이 낱말은 어떤 감정에 대해 책임질 필요가 없게 하는 쉬운 탈출구로만 쓰이는 경우가 너무 많다. 그러므로 이는 개탄할 일이다.

하지만 hopefully의 진짜 문제는 언어학적 순수성보다 시류와 관련이 있다. 『아메리칸 헤리티지 사전』은 hopefully의 확장된 의미에 반대할 진정한 근거가 없다는 점을 언급하면서 대단히 안타까운 어조로 이렇게 덧붙이고 있다. '그러나 이런 용법은 이제 전통주의자들에게 엄청난 골칫거리가 된 나머지, 논리적이지는 않지만 예의상 피하는 게 최선이다.'

horde. HOARD, HORDE 참조.

hors-d'oeuvre 오르되브르. 전채(요리). 복수형은 hors-d'oeuvres.

hovercraft 호버크라프트*. (대문자 아님) 이 이름은 더이상 상표명이 아니다.

Howards End. (아포스트로피 없음) E. M. 포스터의 1910년작 소설.

Hudson Bay, Hudson River, Hudson Strait 허드슨만, 허드슨강, 허드슨해협. 한편 회사명의 철자는 Hudson's Bay Company다.

Hudson River. HUDSON BAY, HUDSON RIVER, HUDSON STRAIT 참조.

Hudson Strait. HUDSON BAY, HUDSON RIVER, HUDSON STRAIT 참조.

humerus 상완골. 팔꿈치와 어깨 사이의 뼈를 가리키는 낱말의 철자. 복수형은 humeri.

H

---

* 압력을 이용한 수륙양용선.

I

I, me. 'It was a bizarre little scenario —the photographer and me ranged on one side, the petulant actor and his agent on the other 그것은 사진사와 내가 한쪽에 자리잡고 심통 난 배우와 그의 에이전트가 다른 쪽에 선 묘한 시나리오였다.' (선데이 타임스) 최소한 그다음 문장은 (주어가 없으니) 시작하지 않은 거나 마찬가지다. 'Me turned to the actor and asked him··· 나 배우에게로 몸을 돌리고 물었다.' 첫번째 문장은 당연히 'the photographer and I'로 써야 한다.

I와 me에서 아마 가장 흔히 그리고 분명 가장 널리 논쟁이 되는 문제는 'It was I'로 쓸지 아니면 'It was me'라고 쓸지 결정하는 것이다. 진보적인 권위자들은 더 구어적이고 덜 가식적이라는 근거로 'It was me'를 받아들이는 경향이 있는 반면, 규범 문법학자들은 더 문법에 맞는다는 반박 불가능한 근거를 들어 'It was I' 쪽으로 기운다. 대체로 양쪽 모두가 간과하는 점은 'It is I'와 같은 구문이 종종 품위가 없기도 하고 장황하다는 사실이다. 'It was he who was nominated 지명된 것은 그였다'나 'It is she whom I love 내가 사랑하는 건 그녀다' 대신에 간단히 'He was nominated 그가 지명되었다'나 'I love her 나는 그녀를 사랑한다'라고 쓰지 않을 이유가 뭐란 말인가?

다음과 같이 종속절이 인칭대명사와 관계대명사로 모순되게 영향을 받으면 일은 더 골치 아파진다. 'It is not you who is [are?] angry 화가 난 사람은 네가 아니야.' 'is'는 문법적으로 정확하지만, 'You are not the one who is angry 화가 난 사람은 네가 아니야'나 'You aren't angry 네가 화가 난 게 아니야'로 재구성하면 문장의 부자연스러움이 적어진다. (IT도 참조.)

idée fixe. 집착이나 강박관념을 뜻하는 프랑스어. 복수형은 idées fixes.

idiosyncrasy 고유한 특성. 철자 오기가 가장 흔한 단어 중 하나로, 특히 복수형에서 잦으며 항상 같은 형태로 오기가 발생한다. 'Most of statistics about Texas reflect the idiosyncracies of the Lone Star state, not George W. Bush's achievements or failures^{텍사스에 관한 대부분의 통계는 조지 W 부시의 성취나 실패가 아니라 외로운 별의 주라는 별칭의 텍사스 주의 본질을 반영한다}'(이코노미스트) 'At the same time, the international fashion world··· has accepted the idiosyncracies of the British^{동시에 국제 패션계는··· 영국 고유의 특성을 받아들였다}'(뉴욕 타임스) 끝에서 두번째 자음이 'c'가 아니라 's'임에 유의하자.

i.e. E.G., I.E. 참조.

if ~면. if가 접속법 절('If I were···')을 이끄는지 직설법 절('If I was···')을 이끄는지 결정할 때 문제가 종종 발생한다. 구별법은 간단하다. 다음과 같이 if가 가정적인, 또는 개연성이 적거나 분명 사실이 아닌 개념을 이끌 때 동사는 접속법으로 쓰여야 한다. 'If I were king···^{내가 왕이라면}' 'If he were in your shoes···^{그가 네 입장이라면}'. 하지만 if가 사실이거나 사실일 가능성이 높은 생각을 이끈다면 태^{mood}는 직설법이어야 한다. 'If I was happy then, I certainly am not now^{그때 내가 행복했다면, 지금 나는 분명 그렇지 못하다}.' 한 가지 작은 요령은 이러하다. 다음과 같이 문장에 would나 wouldn't가 들어 있다면 태는 접속법이다. 'If I were you, I wouldn't take the job^{내가 너라면 그 일은 안 맡겠어}.' (SUBJUNCTIVES도 참조.)

if and when 혹시라도 ~면. 거의 언제나 불필요하다. 둘 중 하나를 선택한다.

ileum, ilium 회장, 장골^{腸骨}. 전자는 소장의 일부이며, 후자는 골반의 일부다. 첫 글자를 대문자로 쓰는 Ilium은 트로이^{Troy}를 가리키는 라틴어이기도 하다.

ilium. ILEUM, ILIUM 참조.

immoral. AMORAL, IMMORAL 참조.

impel. COMPEL, IMPEL 참조.

imply, infer 암시하다, 추론하다. 'Speaking on ABC-TV's Good Morning America, Mrs Bush inferred that Clinton had brought disrespect to the presidency부시 여사는 에이비시 티브이의 굿모닝 아메리카에 출연해 클린턴이 대통령직에 대한 무례를 범했다고 암시했다/추론했다.' (로스앤젤레스 타임스) 대서양 양안의 거의 모든 권위자에 따르면 여기에 써야 할 단어는 inferred가 아니라 implied다. imply는 '넌지시 말하다'라는 뜻이다. 'He implied that I was a fool그는 내가 바보라고 암시했다.' infer는 추론한다는 뜻이다. 'After three hours of waiting, we inferred that they weren't coming세 시간 동안 기다린 끝에 우리는 그들이 오지 않을 거라고 추론했다.' 화자가 하는 것이 imply이고, 청자가 하는 것이 infer다. 두 가지를 구별하는 것은 유용할뿐더러, 오늘날 면밀한 글쓰기에서 기대되는 일이기도 하다. 하지만 이 구별에 역사적 근거는 별로 없다는 점을 지적해야겠다. 밀턴, 토머스 모어 경, 제인 오스틴과 셰익스피어를 비롯한 위대한 여러 작가가 오늘날 우리가 imply를 써야 한다고 고집하는 곳에 infer를 자유롭게 썼다. 사실, 1976년까지만 해도 『컨사이스 옥스퍼드 사전』은 이 두 단어를 서로 바꿔 쓸 수 있는 것으로 다루었다. 그렇긴 해도 교육받은 이들 대부분이 현재 imply를 기대하는 곳에 infer를 쓰는 것은 조롱을 유발할 뿐이다.

important, importantly 중요한, 중요하게는. 'But more importantly, his work was instrumental in eradicating cholera하지만 더 중요하게는 그의 작업은 콜레라 근절에 크게 공헌했다.' (선데이 텔레그래프) 일부 권위자들은 위와 같은 문장이 사고의 생략을 포함한다는—사실상 문장이 'But [what is] more important···하지만 더 중요한 점은'라고 말하고 있다는—점에서 importantly를 비난한다. 다른 이들은 importantly가 문장부사 기능을 하므로, 'Happily, it didn't rain기쁘게도 비가 오지 않았다'에서 happily와 마찬가지로 표현 전체를 수식한다고 주장한다. 두 가지 모두 문법적으로 맞는 말이므로 어느 것을 쓸지는 전적으로 선호의 문제다.

importantly. IMPORTANT, IMPORTANTLY 참조.

imports, exports 수입, 수출. 예기치 않은 곳에서 발견되는 흔한 실수가 있다. 'America's booming economy has sucked in imports from abroad미국 호경기가 외국에서 수입을 끌어들였다.'(이코노미스트) imports에는 그 기원이 외국이라는 것이 내포돼 있다. 'from abroad'를 삭제하자. 'British exports to overseas countries해외 국가에 대한 영국의 수출'와 같이 exports가 들어가는 유사한 구문 역시 다듬어야 한다.

impracticable. IMPRACTICAL, IMPRACTICABLE, UNPRACTICAL 참조.

impractical, impracticable, unpractical. 할 만한 가치가 없는 일이 이루어지고 있다면 그것은 impractical 또는 unpractical비실용적(두 단어는 같은 뜻이다)이다. 전혀 이루어질 수 없는 일이라면 그것은 impracticable이다(이 단어는 '실행practice에 옮겨질 수 없는'이란 뜻이다).

impromptu. EXTEMPORE, IMPROMPTU 참조.

in, into, in to. 일반적으로, in은 고정된 위치를 가리키는 반면('he was in the house그는 집에 있었다'), into는 고정된 위치로의 이동을 가리킨다('He went into the house 그는 집으로 들어갔다'). 그러나 많은 예외가 있다(가령 'he put it in his pocket그는 그것을 주머니에 넣었다'). 숙어가 흔히 그렇듯 이런 예외에는 설명 가능한 규칙이 없다. 그냥 그런 것이다.

into를 한 단어로 써야 할지 아니면 두 단어로 써야 할지도 때때로 문제가 된다. in이 부사일 때는 두 단어인 in to가 옳다는 것이 간단한 규칙이지만 두 예문을 모두 보는 게 최선이다. 'He turned himself into[한 단어] an accomplished artist^{그는 성공한 예술가가 되었다}로 쓰지만, 'The criminal turned himself in to〔두 단어〕 the police^{범죄자는 경찰에 자수했다}'는 두 단어로 쓴다.

inadmissible 인정할 수 없는. -able이 아님.

inasmuch ~이므로. 붙여 쓰지만 in so far(영국식)는 띄어 쓴다. 미국식 철자로 insofar는 한 단어다[*].

inchoate. chaotic^{혼돈의}과 철자가 유사하고 incoherent^{일관되지 않은}와 발음이 유사해서인지 사람들은 이 낱말을 '무질서한' '어수선한'의 뜻으로 간주하곤 한다. 사실 이 단어는 '초기의' '미개척된' '갓 시작한'이란 뜻이다. inchoate enterprise^{갓 창업한 회사}는 어수선하기 쉽지만 무질서하다고 해서 inchoate한 것은 아니다.

incline 마음이 기울다. 동사로서 incline은 'They were inclined to go to Greece for the summer^{그들은 여름휴가를 그리스로 가는 쪽으로 마음이 기울었다}'에서와 같이 의도적인 결정을 가리킨다. 다음 예문에서처럼 선택의 여지가 없을 때 incline 은 옳지 않다. 'Roads are inclined to deteriorate during bad weather^{도로는 악천후에 악화되는 경향이 있다}.'(데일리 텔레그래프)

include 포함하다. 뒤에 나올 것이 전체의 일부에 지나지 않음을 가리킨다. 전체를 다 가리킬 때 이 단어를 쓰는 것은 조잡하다. 'The company's three main operating divisions, which include hotels, catering and package holidays···^{호텔, 출장 연회 및 패키지 여행을 포함하는 회사의 3대 주요 운영 부서는}'(가디언) 'The 630 job losses include 300 in Redcar and 330 in Port Talbot^{630개 일자리 감소에는 레드카의 300개와 포트 탤벗의 330개가 포함된다}'(더 타임스)

---

* 모두 '~인 한'의 뜻이다.

incomprehensible 이해할 수 없는. -able이 아님.

inculcate 주입하다. 다른 사람에게 어떤 습관이나 믿음을 끊임없이 심는다는 뜻이다. 어떤 생각을 inculcate하는 것이므로 사람을 목적어로 받지 않는다. 'My father inculcated me with a belief in democracy'는 'My father inculcated in me a belief in democracy^{우리 아버지는 민주주의에 대한 신념을 내게 주입했}다'로 써야 한다.

indefinitely. 'The new structures should, by contrast, last almost indefinitely^{반면에 새 구조물들은 거의 무한히 지속돼야 할 것이다.}'(『뉴스위크』) '아주 오랫동안'이라는 뜻으로 indefinitely를 쓰는 것은 피하는 편이 낫다. 이 단어는 '미리 정해진 한계 없이'만을 의미한다. 그러므로 엄밀히 말하면 위 문장은 구조물들이 100만 년 동안 지속될 수도 있고 다음주에 무너져버릴 수도 있음을 뜻하는 것이다. 한편, '거의 무한히^{almost indefinitely}'란 불가능하기도 하다.

indexes, indices 인덱스. 두 가지 다 허용 가능하지만 일부 사전들은 기술적인 용도에는 indices를 선호한다.

indices. INDEXES, INDICES 참조.

indict, indite. 아주 가끔씩 다음 예문에서와 같이 혼동된다. 'The American Family Association persuaded the city council to indite the museum director and his board for obscenity^{⋯미국 가정 연합회에서는 박물관장과 이사회를 음란죄}로 기소하도록/글을 쓰도록 시의회를 설득했다.'(인디펜던트) 여기서 의도된 뜻인 '정식으로 고소하다'는 indict다. indite는 거의 구식에 가까운 잘 안 쓰는 말로, 글을 쓴다는 뜻이다.

indispensable 필수적인. -ible이 아님.

indite. INDICT, INDITE 참조.

individual 개인. 한 사람을 한 기관이나 일군의 사람들과 대조할 때 이 단어는 나무랄 데 없다('How can one individual hope to rectify the evils of society?일개인이 어떻게 사회의 폐단들을 시정하기를 희망할 수 있는가?'). 하지만 영국 권위자들에게, '사람'의 동의어로서는('Do you see that individual standing over there저기 서 있는 사람 보여?') 품격 없고 속된 표현으로 여겨져 여전히 환영받지 못하는 편이다.

indubitably. DOUBTLESS, UNDOUBTEDLY, INDUBITABLY 참조.

infectious. CONTAGIOUS, INFECTIOUS 참조.

infer. IMPLY, INFER 참조.

inflammable. FLAMMABLE, INFLAMMABLE 참조.

inflation. 기분 좋게도 최근 몇 년 동안 잠잠해져서 이 낱말과 그 몇 가지 파생어 형태들은 이 책이 처음 등장했을 때보다 훨씬 덜 쓰이고 있다. 하지만 (혹시 모르니까) 몇 가지 정의를 언급하는 게 좋겠다. inflation 그 자체는 돈의 공급이 늘고 물가가 오르는 것을 의미한다. hyper-inflation초인플레이션은 물가가 급속도로 (적어도 연 20퍼센트씩) 오르고 있다는 뜻이다. deflation디플레이션은 물가가 떨어지고 있다는 뜻이며, reflation리플레이션은 잠시 디플레이션 기간 뒤에 물가가 다시 오르고 있다는 뜻이다. stagflation스태그플레이션은 생산output은 정체되어 있는데 물가가 오른다는 뜻이다. 대부분의 독자들에게 의미가 너무 모호한 나머지 거의 예외 없이 피하는 게 나은 disinflation디스인플레이션은 물가는 오르고 있지만 전보다 더 느린 속도로 오른다는 뜻이다. 마지막으로, 지난달에 인플레이션율이 4.5퍼센트였고 이달에는 3.5퍼센트라면 이것은 물가가 떨어진다는 뜻이 아니다. 더 느린 속도로 오르는 것이다.

innocent 무죄의. 'She and four other inmates have pleaded innocent to the tax charges그녀와 다른 수감자 네 명은 탈세 혐의에 대해 무죄를 주장했다.'(보스턴 글로브) 영미 사법제도하에서는 plead innocent라는 말은 없다. plead guilty혐의 인정 혹은 not guilty무죄가 있을 뿐이다.

in order to ~하기 위해. 다음과 같이 권위자가 써도 장황한 어구다. 'Grammar may be defined as the system of principles… according to which words must be patterned in order to be understood문법은 단어들이 이해되기 위해 패턴을 따라야 하는… 원칙들의 체계로 정의될 수 있다.'(시플리,『영어 예찬』) in order를 제거하면 의미 변화 없이도 문장이 짧아진다. (IN, INTO, IN TO도 참조.)

inquiry. QUERY, INQUIRY, ENQUIRY 참조.

insidious, invidious. 전자는 바람직하지 않은 무언가가 은밀히 퍼지는 것을 가리킨다('an insidious leak in the pipe파이프의 은근한 누수'). 후자는 '불쾌하게 하는' 또는 '적대감을 부추기는'의 뜻이다('I was angered by his invidious remarks나는 그의 거슬리는 발언에 화가 났다').

in spite of. DESPITE, IN SPITE OF 참조.

intense, intensive 강렬한, 집중적인. 전자는 과중하거나 과도하거나 높은 정도로 일어나는 것을 설명하는 데 써야 한다(intense sunlight강렬한 햇빛, intense downpour폭우). 후자는 초점의 집중(intensive care중환자 간호, intensive search대대적 수색)을 함축한다. 결국 두 단어의 의미가 중첩되는 경우가 잦지만, 늘 그렇지는 않다. intense bombardment강도 높은 폭격는 파울러가 지적했듯이 맹렬한 폭격이다. intensive bombardment집중 폭격는 좁은 (또는 상대적으로 좁은) 지역을 겨냥한 폭격이다.

intensive. INTENSE, INTENSIVE 참조.

International Atomic Energy Agency 국제원자력기구. Authority가 아님.

international courts 국제재판소. 이 재판소들이 때로 혼동을 야기하는 것은 이해할 만하다. World Court로도 불리는 헤이그 소재 International Court of Justice^{국제사법재판소}는 유엔 산하 기구로 유엔 회원국 간 분쟁을 조정한다. 룩셈부르크에 있는 European Court of Justice^{유럽사법재판소}는 유럽연합 산하 기구로 유럽연합 회원국 간의 분쟁만을 다룬다. 스트라스부르 소재 European Court of Human Rights^{유럽인권재판소}는 유럽인권조약으로 발생하는 시민의 자유 문제를 다룬다. 이 기구는 유엔이나 유럽연합과는 관련이 없다.

International Olympic Committee 국제올림픽위원회. Olympics가 아님.

internecine 내분의. 200년 이상 동안 작가들은 internecine을 큰 대가를 치러야 하는, 또는 자기 파괴적인 분쟁이라는 의미로 써왔지만 어원상 이 낱말은 승리자가 치르는 대가라는 의미가 뚜렷이 담기지 않은 살육이나 대학살을 뜻할 뿐이다. 이 오류는 inter- 라는 접두사에 호도되어 이 단어를 '상호 파괴를 야기하는'으로 정의한 새뮤얼 존슨* 덕이다. 그러나 이 단어는 너무 오랫동안 오용되어왔기에 원래의 의미를 강요하려는 시도는 현학적일 뿐더러 실현 가능성도 없을 것이다. 필립 하워드가 지적했듯이 '고전적인 학자들의 감수성을 해치지 않으려고 영어를 규제할 수는 없다'. 그러나 그는 이 단어를 단순한 다툼이 아

---

* 18세기 영국의 저명한 작가이자 사전 편찬자.

니라 유혈의, 폭력적인 분쟁에만 쓰는 게 좋다고 제안했다.

interval. 'The training period was still three years, an interval widely regarded in the industry as being unrealistically long교육 기간은 아직도 3년이었다. 업계에서 비현실적일 만큼 길다고 간주되는 간격이다.'(가워스에게서 재인용) interval이란 두 사건 '사이의' 기간이다.

into. IN, INTO, IN TO 참조.

in to. IN, INTO, IN TO 참조.

intrigue. 본래 intrigue는 불법 계략만을 뜻했다. 지금은 '자극하는' '매혹적인'을 포괄하는 넓은 의미('We found the lecture intriguing우리는 그 강의를 흥미롭게 들었다')로도 정착되었다. 그러나 이 뜻은 퍽 남용되고 있으니 더 효과적인 단어로 대체하는 편이 더 낫다.

invariably. 다음 예문의 의도처럼 '자주'나 '대체로'를 의미하지 않는다. 'Supersede is yet another word that is invariably misspelledsupersede는 철자 오기가 자주 발생하는/변하지 않는 또다른 단어다.'(시카고 트리뷴) invariable은 '고정된' '항구적인' '변하지 않는', 짧게 말해 '변화가 없는'이란 뜻이다. 'Night invariably follows day, but no word is invariably misspelled낮 뒤에는 반드시 밤이 오지만, 철자 오기가 반드시 발생하는 단어는 없다.'

inveigh, inveigle 맹비난하다, 구슬리다. 간혹 혼동된다. 전자는 무언가에 '강력히 반대하여 말하다'라는 뜻이다('He inveighed against the rise in taxes그는 세금 인상을 맹비난했다'). 후자는 '유인하다' '꼬드기다'를 뜻한다('They inveigled an invitation to the party그들은 파티에 오라고 꼬드겼다').

inveigle. INVEIGH, INVEIGLE 참조.

invidious. INSIDIOUS, INVIDIOUS 참조.

irony, sarcasm 역설, 비아냥거림. 전자는 문자 그대로의 뜻과 의도된 의미 사이의 모순을 전달하는 말을 사용하는 것이다. 후자는 역설과 매우 비슷하나, 더 신랄하다는 점이 다르다. irony의 일차적 의도는 재미인 반면, sarcasm의 의도는 상처를 주거나 누군가를 굴복시키는 것이다.

irregardless. 이런 말은 없다. regardless^{~에} 관계없이로 쓰자.

-ise / -ize. 영국식 영어에서 동사 어미를 -ise로 쓸지 -ize로 쓸지는(가령 recognise / recognize^{인정하다}) 대개 선호도 또는 특정 매체의 표기법에 달려 있다. 이 책도 그렇지만 많은 출판사가 -ize를 쓴다. 하지만 -ize 표기법하에서도 일부 동사들은 언제나 -ise로 끝나는데 그런 주요 동사들은 다음과 같다. advertise^{광고하다}, apprise^{알리다}, chastise^{꾸짖다}, circumcise^{할례하다}, comprise^{구성하다}, compromise^{타협하다}, demise^{종말}, despise^{경멸하다}, devise^{고안하다}, disguise^{가장하다}, excise^{삭제하다}, exercise^{행사하다}, franchise^{프랜차이즈}, improvise^{즉흥으로 하다}, incise^{새기다}, merchandise^{판매하다}, premise^{전제}, reprise^{음악 등에서의 반복 부분}, supervise^{감독하다}, surmise^{추측하다}, surprise^{놀라게 하다}, televise^{방송하다}.
　권위자들은 finalize^{마무리하다}, hospitalize^{입원시키다}, prioritize^{우선시하다}와 같은 단어들에 대해 종종 별도로 이의를 제기한다. 영어에서는 수백 년 동안 이런 낱말들이 형성돼왔지만—가령 bastardize^{조악하게 만들다}는 1500년대까지 거슬러올라간다—새로운 낱말 형성은 늘 지속적인 저항을 받는다. 스트렁크는 1935년에 prioritize와 customize^{맞춤화하다}를 맹비난했다. 가워스는 1965년에 finalize에 대한 반감을 표현했다. 아직도 몇 가지 어법서들은 hospitalize에 대한 경멸을 드러낸다. 이런 조어에 반대하는 논쟁들은 다소 역설적인 느낌을 줄 수 있다. 다른 곳에서는 미덕으로 환영받는 것—간결성—이 별안간 그리 중요하지 않은 것으로 취급되기 때문이다. prioritize가 make a priority of보다 더 짧고 hospitalize가 'admit to a hospital'보다 덜 거추장스럽다는 점은 부인할 수가 없다. 이런 낱말을 반대하는 단 한 가지 솔직한 이유는, 귀에 거슬리고 유행을 타기 때문이란 점뿐일 것이다. 짧은 동사 형태가 이미 존재할 때는 이런 저항에 더욱 설득력이 생긴다. 이미 moisten^{습기를 주다}이 있는 마당에 특별히 moisturize^{촉촉하게 하다}를 변호하기 어렵고 finish^{끝내다}가 있으니 finalize^{마무리하다}도 마찬가지다. 어법 문제 대부분이 그렇듯, 단어는 새로움이나 부자연스러움으로 지나친 이목을 끌어선 안 된다는 게 일반 원칙이다.

it. it으로 시작하는 문장은 늘 다시 한번 살펴보는 게 좋다. 선행의 it이나 '비인칭' it('it seems to me^{내게는 ~으로 보인다}' 'It began to rain^{비가 오기 시작했다}' 'It is widely believed that^{~이라고 널리 믿어진다}')은 받아들일 만한 경우가 많지만, 다음과 같이 부주의하거나 지루한 글쓰기를 나타낼 뿐일 때도 그만큼 많기 때문이다. 'It was Mr Bechtel who was the more peripatetic of the two^{둘 중 자리를 더 많이 옮기는 사람은 벡텔 씨였다}' 'It was under his direction that the annual reports began^{연례 보고서를 시작하게 된 것은 그의 지휘 아래에서였다}'.(뉴욕 타임스) 두 문장 모두 'It was'를 삭제하고 관계대명사(각각 'who'와 'that')를 지워서 'Mr Bechtel was the more peripatetic of the two' 'Under his direction the annual reports began'으로 쓰면 더 간단하면서도 설득력 있게 될 것이다.

its, it's. 열 살짜리도 이 두 가지를 쉽게 구별할 수 있어야 하건만, 특히 공식적인 글이 아닌 경우 오류가 빈번하다. its는 it의 소유격이다. 'Put each book in its place^{각 책을 제자리에 놓아라}.' it's는 it is의 축약형이다. 'The beauty of solar power is that it's environmentally friendly^{태양 에너지의 장점은 환경친화적이라는 점이다}.'

it's. ITS, IT'S 참조.

-ize. -ISE / -IZE 참조.

J

Jame's, St 성 제임스. 런던의 왕궁, 공원, 광장의 이름. James'가 아님.

jargon, argot, lingua franca (특정 분야의) 전문어, 은어, 공통어. 1977년 미국 사회학자들의 회의에서 'love'는 '연정의 대상에 의한 연모 감정의 상호성에 관한 침습적 공상으로 특징지어지는 인지 감정 상태'로 정의됐다. 이런 것이 바로 jargon이다. 삽을 그냥 삽이라고 부르지 않고 '땅을 개간할 때 쓰는 수작업 기구'로 부르는 관행과 같다. 특정 직업군에서만 쓰인다면 jargon은 대체로 반대할 이유가 없고, 특히 모든 전문직종에서 고유의 속기법이 필요한 만큼 유용할 때가 많다. 하지만 이런 jargon은 종종 더 넓은 세상으로 빠져나가, 그냥 태도attitudes라고 부르면 될 것이 '행동의 구성체attitudinal constructs'로, '건전한 교육sound education'이라고 하면 될 것이 '최적으로 일치화한 학습 방식optimally consonant patterns of learning'으로 우리 앞에 등장하곤 한다. 이런 의미에서 jargon은 피하는 게 최선이다.

argot는 본래 도둑들의 언어였지만 jargon처럼 특정 집단의 고유한 소통 방식을 의미하게 되었다. lingua franca(글자 그대로는 '프랑크족 언어Frankish tongue'라는 뜻)는 다양한 당사자 간에 공통적인 의사소통 수단 역할을 하는 언어나 언어들의 조합이다. 가령 영어는 국제 항공 여행의 공통어.

jeep, Jeep. 군軍 차량에는 대개 jeep를 쓰면 되지만, Jeep는 독일계 미국 회사인 다임러크라이슬러가 생산하는 자동차의 브랜드명이다.

jerry-built, jury-rigged 날림으로 만든, 임시변통의. 가끔 혼동된다. 전자는 품질을 상관하지 않고 만든 싸구려 물건에 쓴다. 후자는 일시적으로 또는 응급조치로 손에 닿는 아무것으로나 급히 만든 물건을 가리킨다.

Johns Hopkins 존스 홉킨스. ('s' 두 개에 유의.) 메릴랜드주 볼티모어에 있는 대학교와 의료 센터 이름이다.

join together, link together 결합하다, 연결하다. 성경과 결혼식에서 쓰는 말이긴 하지만 join together는 십중팔구 동어반복이다. C. T. 어니언스 같은 저명한 권위자가 썼다 해도 link together 역시 마찬가지다. 'The first members of a group linked together by one of the above conjunctions···위 접속사 중 하나로 연결된 그룹의 첫 구성원들은 '(『현대 영어 통사론』)

Joneses, keeping up with the '남에게 뒤지지 않기'를 뜻하는 관용구. Jones'도, Jones's도, 간혹 쓰이는 이형도 아님에 유의.

Jonson, Ben. 극작가 겸 시인 벤 존슨의 경우, 철자가 Johnson이 아님.

Juilliard School of Music. 뉴욕시 소재의 줄리어드 음악 학교*. 철자가 Jui-임에 유의.

jury-rigged. JERRY-BUILT, JURY-RIGGED 참조.

just deserts 응분의 대가. desserts가 아님. 이 표현은 저녁식사 후에 먹는 달콤한 코스(디저트)와는 관련이 없다. 이 표현이 'deserve~할 자격이 있다'에 해당하는 프랑스어에서 나왔다는 점을 알면 중간에 's'가 하나만 들어간다는 점을 더 쉽게 기억할 수 있다.

---

* 모든 공연 예술 분야를 포괄하면서 공식 명칭이 Juilliard School로 바뀌었다.

K

Katharine's Docks, St 세인트 캐서린 부두. 런던 소재의 부두 이름. Katharine의 독특한 철자에 유의.

KCB (영국 기사단 훈장인 바스 훈장)의 기사 작위. Knight Commander of the Order of the Bath의 약어. 두번째 the에 유의.

keenness 열망. 'There is a distinct lack of keeness in the Labour camp for the proposal노동당 진영에서는 그 제안에 대한 열망이 뚜렷이 결여되어 있다.'(데일리 텔레그래프) -nn-으로 쓰자. 그릇된 유추일 수도 있지만, keenest매우 열렬한(keen의 최상급) 때문에 철자 오기가 흔한 게 확실한 듯하다. 하지만 'n'으로 끝나고 ness가 붙는 모든 단어에는 '-nn-'의 규칙이 적용된다. openness개방성, suddenness갑작스러움, outspokenness솔직함, meanness심술궂음 등.

Khrushchev, Nikita 니키타 후르시초프. 세계 지도자의 성명 철자 오기만큼 간행물을 부주의해 보이게 만드는 실수도 드물고, 옛 소련의 지도자 니키타 후르시초프만큼 성명의 철자 오기가 잦고 각양각색인 지도자도 없다. 선데이 타임스는 같은 사진을 설명하면서 이 이름을 두 가지로 잘못 표기했다. 'De-Stalinisation and the Khrushev era비(非) 스탈린화와 후르시초프 시대'(캡션 제목) 'Kruschev (right) denounces Stalin at the 20th Party Conference후르시초프(오른쪽), 제20차 당대회에서 스탈린 규탄'. 성姓에 'h'가 세 번 들어간다는 점에 유의.

kibbutz, kibitz 키부츠, 훈수 두다. 전자는 이스라엘의 공동 정착촌(복수형

148

은 kibbutzim)을 가리킨다. 후자는 종종 참견하듯 카드 게임을 지켜보거나 그렇게 하는 다른 활동을 말한다.

kibitz. KIBBUTZ, KIBITZ 참조.

kind 종류. 'Those are the kind of numbers that easily solve the mystery 그런 것들이야말로 수수께끼를 쉽게 해결하는 종류의 숫자들이다.'(뉴욕 데일리 뉴스) kind와 kinds 및 그 선행어들은 언제나 문법학자들이 '일치'라고 부르는 것을 지켜야 한다. 우리가 'this hat이 모자'이나 'those hats저 모자들'로 쓰는 것과 마찬가지로, 위 예문은 'Those are the kinds of numbers'나 'This is the kind of number'로 써야 한다. 한편 도움이 될지는 모르겠지만 셰익스피어도 이 구분을 명확히 지키지 않았다. 『리어 왕』에 그는 이렇게 썼다. 'These kind of knaves이런 유형의 악한들.'

kindergarten 유치원. 하지만 kindergartner유치원생는 -gartener가 아님.

Kingsford-Smith 킹즈퍼드 스미스. 시드니에 있는 공항 이름에는 붙임표(-)가 있으나, 비행사 Charles Kingsford Smith 경의 이름에는 붙임표가 없다. 이 공항은 비행사의 이름을 따서 지었다.

kitemark 영국 산업 규격 합격품 표시증. 상품이 안전한 것으로 검증되었음을 가리키는 영국 표준 협회의 로고다. 한 단어이며 소문자로 쓴다.

kith and kin. kin이란 혈연이다. kith는 친척과 지인이다. 두 단어는 따로 쓰면 구식이며 같이 쓰면 진부하다.

Kitts-Nevis, St 세인트키츠 네비스. 공식적으로 세인트크리스토퍼 네비스 연방으로 알려진 카리브해 연안국을 흔히 부르는 이름이다.

K

Kmart 케이마트. 미국 유통 그룹 이름으로, 그 경쟁사 월마트는 Wal-Mart로 쓴다.

knot 노트. 'The yacht was doing about nine knots an hour, according to Mr Starr스타 씨에 따르면 요트는 시간당 9노트로 항해중이었다.'(뉴욕 타임스) knot는 시간당 이동 해리海里를 뜻하므로 시간의 요소가 이미 들어 있다. 이 문장은 이 요트가 시간당 시속 9해리로 나아가고 있었다고 말하는 것이다. 'an hour'를 지우거나 knots를 'nautical miles'로 바꾸자.

koala bears 잘못된 표현이다. 코알라는 유대목 동물이므로 곰과는 관계가 없다. 그냥 koalas라 부르자.

krona, krone 크로나화貨, 크로네화貨. 스칸디나비아반도 국가들의 통화는 더 타임스의 다음 헤드라인처럼 간혹 혼란을 유발한다. 'Sweden devalues kroner by 10 per cent스웨덴은 크로나화/크로네화를 10퍼센트 평가절하했다.' 스웨덴인은 자국의 통화를 krona(복수형은 kronor)라고 부른다. 덴마크와 노르웨이에서는 krone(복수형은 kroner)로 부른다. 아이슬란드의 통화도 krona지만 복수형은 kronur다.

krone. KRONA, KRONE 참조.

Krugerrand 크루거랜드화貨*. 간혹 다음과 같이 철자 오기가 발생한다. 'The premium on Krugerands was just over 3 per cent크루거랜드화의 할증금은 3퍼센트를 조금 넘었다.'(가디언) -rr-에 유의.

kudos. 'He did not feel he had received the kudos that were his due그는

---

* 남아프리카공화국의 1온스 금화.

자신이 마땅히 받아야 할 칭송을 받았다고 느끼지 않았다.'(워싱턴 포스트) 명성이나 영광을 뜻하는 그리스어 단어 kudos는 단수다. 그러므로 'kudos that was his due'가 되어야 한다. 덧붙이자면 one kudo라는 말은 없다.

K

L

lackadaisical. '열의 없이 하는 일'을 가리키는 단어. lacks-가 아님.

La Guardia Airport. 뉴욕주 라과디아 공항의 철자.

languid, limpid. 혼동해서는 안 된다. limpid는 '맑은' '잔잔한' '어지럽지 않은'('a limpid stream맑은 시냇물')이라는 뜻이다. '축 처진' '힘없는' 등 languid로 설명되는 뜻과는 아무 관계가 없다.

last, latest 마지막의, 최근의. 많은 권위자가 latest를 의미하면서 last를 쓰는 것에 반대해 이를 맹비난해왔다. 분명 last는 'the last episode of the television series TV 시리즈 최근 편/마지막 편'와 같이, 마지막 편이 아니라 최근 편을 말하고자 할 때처럼 오해의 소지가 있을 때 써서는 안 될 것이다. 하지만 latest의 뜻으로 쓴 last는 어느 정도 숙어의 영향력을 가지고 있으며 모호할 가능성이 적은 경우에는(가령 'He spoke about it often during the last presidential campaign지난 대통령 선거운동 당시에 그는 이 점에 대해 종종 말했다') 합리적 수준의 자유가 주어져야 할 것이다.

latest. LAST, LATEST 참조.

latter. FORMER, LATTER 참조.

laudable, laudatory. 간혹 혼동된다. laudable은 '칭찬받을 만한'이란 뜻이

며, laudatory는 '칭찬을 표현하는'이란 뜻이다.

laudatory. LAUDABLE, LAUDATORY 참조.

lawful, legal 적법한, 합법적인. 이 두 단어는 많은 문맥에서 서로 바꾸어 쓸 수 있으나 늘 그렇지는 않다. lawful은 법의 테두리 안에서 허용 가능하다는 뜻이다('lawful behaviour^{적법한 행동}' 'lawful protest^{합법 시위}'). legal은 법체계^{legal system}나 법조계^{legal profession}처럼, 위의 의미에 '법에 관계되는'이라는 뜻이 추가된다.

lay, lie 놓다, 눕다. 'Laying on his back, Dalton used a long exposure of two seconds so as to achieve maximum depth of field^{돌턴은 피사계심도를 최대화하기 위해 누워서/낳으며 2초 동안 장노출을 했다.}'(『포토그래피지』) 돌턴이 달걀을 낳고 있던 게 아닌 이상, 그는 누워^{lying} 있었던 게 맞다. lay와 lie는 어떤 형태로든 끊임없는 오류의 원천이다. 이 두 단어를 대하는 간단한 규칙은 없다. 두 단어의 다양한 활용형을 암기하든지 아예 피하든지 해야 한다. 활용형은 다음과 같다.

	lay	lie
현재	I **lay** the book on the table^{나는 책을 탁자에 놓는다}.	I **lie** down^{나는 눕는다}. I am **lying** down^{나는 눕고 있다}.
과거	Yesterday I **laid** the book on the table^{어제 나는 책을 탁자에 놓았다}.	Last night I **lay** down to sleep^{어젯밤에 나는 자려고 누웠다}.
현재완료	I have already **laid** the book on the table^{나는 이미 책을 탁자에 놓았다}.	I have **lain** in bed all day^{나는 종일 침대에 누워 있었다}.

가장 흔한 오류는 이런 유형이다. 'If you're not feeling well, go upstairs

153

and lay down몸이 안 좋으면 위층에 올라가 누워라/놓아라.' 'lie down'이어야 한다.

lead, led 이끌다/금속의 일종인 납, 동사 lead의 과거형. 두 가지를 혼동하는 일은 다음처럼 믿기 어려울 만큼—또한 정말 용납할 수 없을 만큼—흔하다. 'The programme in Tissue Engineering will be lead by Professor Tim Hardingham, Manchester and Professor David Williams, Liverpool조직공학 프로그램은 맨체스터의 팀 하딩엄 교수와 리버풀의 데이비드 윌리엄스 교수가 지도할 예정이다.'(『뉴 사이언티스트』에 실린 맨체스터대학교와 리버풀대학교의 광고) lead의 과거형 철자는 led다. 또한 인용된 위 예문에서 'Manchester'는 앞에는 물론 뒤에도 쉼표가 있어야 한다는 점역시 간단히 언급할 가치가 있다.

lectern, podium, dais, rostrum. 처음 두 가지는 종종 혼동된다. lectern은 연사가 원고를 놓는 거치대다. podium은 원고대를 놓고 연사가 서는 연단이다. podium에는 한 명만 설 수 있다. 여러 사람이 올라가는 연단은 dais라고 한다. rostrum은 아무 연단이나 가리킬 수 있다. 단일 연사용, 또는 여러 연사용으로 만들 수 있다.

led. LEAD, LED 참조.

legal. LAWFUL, LEGAL 참조.

legend, legendary 전설, 전설적인. 리턴 스트레이치가 플로렌스 나이팅게일을 '그녀 생전에도 살아 있는 전설a living legend in her own lifetime'(그녀 생전의 죽은 전설이 아니라)이었다고 묘사함으로써 없어도 좋았을 상투어를 만들었다. 정확히 따지자면 전설이란 사실에 어느 정도 기초를 두고 있으나 주로 상상의 이야기다. 아서왕과 로빈 후드는 전설적인 인물들이다. 이 용어는 신화에 영감을 줄 정도의 명성을 지닌 사람이나 사물(메릴린 먼로, 돈 브래드먼, 롤스로이스)로도 충분히 확장될 수 있지만, 다음과 같이 너무 느슨하게 쓰인다.

'Doctors call it Munchhausen's syndrome, after the legendary⋯ Baron Hieronymous Karl Friedrich von Munchhausen, who spun fantastic and exaggerated stories about his experiences as a German cavalry officer의 사들은 독일 기병대 장교로서의 경험에 관해 환상적이고 과장된 이야기를 풀어낸 전설적인⋯ 배런 히로뉘모우스 카를 프리드리히 폰 뮌하우젠의 이름을 따서 이를 뮌하우젠 신드롬이라 부른다.'(뉴욕 타임스) 의료계에서만 명성이 국한된 사람에게 legendary를 붙이는 건 이 표현을 너무 가볍게 쓰는 것이다.

legendary. LEGEND, LEGENDARY 참조.

Leiden, Leyden 라이덴, 라이든. 전자는 네덜란드 도시 이름의 철자이며, 후자는 라이든 병Leyden jar*으로 알려진 과학 기구에 쓰는 단어다.

lend, loan 빌려주다, 빌려줌. 동사로서 loan('He loaned me some money 그가 내게 돈을 좀 빌려주었다')은 미국에서 어느 정도 표준이 되었고 다음과 같이 영국에서도 점점 더 많이 보인다. 'They have agreed to loan the fund more than $4,000 million그들은 40억 달러 이상의 자금을 대출해주기로 합의했다.'(더 타임스) 그러나 영국 권위자 대부분과 선도적인 미국 권위자 최소 두 명(번스타인과 『아메리칸 헤리티지 사전』)은 이런 용법은 자제해야 한다고 촉구한다. 한편 에번스 남매는 동사 loan이 800년 동안 쓰여왔다는 점을 지적하며 전혀 문제될 것이 없다는 입장이다. 그들은 이 단어가 간혹 지적되듯 조잡한 미국식 영어가 아니라고 덧붙이기도 했다. 일찍이 1542년에 의회 의사록에도 쓰였다는 것이다.

less. FEWER, LESS 참조.

level, mark 선, 지점. 종종 무의미하게 쓰인다. 'Share prices once again

---

* 일종의 축전기.

fell below the 600 level주가는 다시 한번 600선 밑으로 떨어졌다'(가디언)이란 문장은 'fell below 600'라고 말할 뿐이다. 다음 문장에서 mark도 마찬가지다. 'This year's attendances have been hovering around the 25,000 mark올해 참석률은 약 2만 5000지점을 웃돈다.'(선데이 타임스) 'hovering around the 25,000'로 쓰자.

Leyden. LEIDEN, LEYDEN 참조.

Lhasa. 티베트 수도 라사의 철자. 한편 견종의 하나인 라사 압소는 Lhasa apso 로 쓴다.

liable, likely, apt, prone. 네 단어 모두 확률을 가리키지만, 유의해야 할 차이점이 있다. apt는 일반적 개연성에 국한하는 게 낫고('It is apt to snow in January1월에는 눈이 오기 쉽다'), likely는 구체적 개연성에('It is likely to snow today오늘은 눈이 올 공산이 크다'), liable과 prone은 다음과 같이 유감스러운 결과로 이어지는 개연성을 가리키는 데 쓰는 게 낫다. 'People who drink too much are prone to heart disease술을 너무 많이 마시는 사람들은 심장병이 생길 가능성이 높다' 'If you don't pay your taxes, you are liable to get caught세금을 내지 않으면 걸릴 수 있다'. 오래된 어법 안내서 몇몇에 따르면 prone은 사람에게만 쓰라고 하지만 이것은 구식인 듯하다. 가령 1982년판 『컨사이스 옥스퍼드 사전』은 허용 가능 한 어법으로 'strike-prone industries파업 가능성이 높은 산업들'를 인용하고 있다.

likely에 나타나는, 특히 미국에서 흔한 다른 문제가 다음 문장에 드러 나 있다. 'Cable experts say the agreement will likely strengthen the company's position케이블 전문가들은 이 합의가 회사 입지를 강화할 가능성이 높다고 말한다.'(워싱 턴 포스트) 부사로 쓰인 likely는 very매우, quite꽤, more더나 most가장 네 가지 보 조사 중 하나를 수반해야 한다*. 그러므로 문장은 'will very likely strengthen 회사의 입지를 강화할 가능성이 매우 높다'가 되어야 한다. 문장을 재구성하고 구문을 전체 적으로 조이면 문장은 훨씬 더 나아진다. 'Cable experts say the agreement is likely to strengthen the company's position.' (INCLINE도 참조.)

libel, slander 명예를 훼손하다, 중상하다. 거의 모든 사전이 libel을 한 사람의 평판에 손상을 입히거나 음해하는 발언으로만 정의하고 있으나, 반드시 그 방법이 불공정하거나 사실과 달라야 한다는 점을 기억하는 게 좋다. 명예훼손을 성립하게 하는 것은 주장의 혹독함이 아니라 오류다. 또 엄격히 말하면 망자의 명예를 훼손할 수는 없으므로 다음 예문에서 이 용어는 느슨하게 쓰였다. 'The author's breezy assertion that he [Thomas Jefferson] fathered a child by his slave Sally Hemings is regarded by many in the society as a gross and terrible libel그[토머스 제퍼슨]가 자신의 노예 샐리 헤밍스와의 사이에서 아이를 낳았다는 저자의 쾌활한 단언은 사회의 많은 이들에게 역겹고 끔찍한 명예훼손으로 여겨진다.' (가디언) libel은 대개 글로 쓴 것이나, 그림 및 다른 시각적 묘사를 통해서도 명예훼손이 성립될 수 있다. 모든 경우에 libel은 간행물 형태를 띠어야 한다(이 단어는 '작은 책'을 뜻하는 라틴어 libellus에서 왔다). defamatory remarks중상하는 발언란 그냥 말로 하는 것이지만, 이 행동을 가리키는 용어는 slander다.

licence, license 허가, 허가하다. 영국식 영어에서 전자는 명사이며 후자는 동사다('a licence to sell wines and spirits주류 판매 허가'인 반면 'licensed premises허가받은 업소'). 미국에서 license는 명사와 동사 둘 다에 해당되는 철자다. 영국식 어법에서는 다른 명사와 동사 쌍에도 같은 패턴이 적용된다. 특히 practice연습/practise연습하다, advice조언/advise조언하다, device장치/devise고안하다, prophecy예언/prophesy예언하다.

license. LICENCE, LICENSE 참조.

lie. LAY, LIE 참조.

Liechtenstein 리히텐슈타인. 다음과 같은 철자 오기가 너무 잦다. 'The

---

* 가령 We will most likely see her later우리는 그녀를 나중에 다시 보게 될 가능성이 매우 크다.

inspectors are interested also in the considerable amount of unsolicited purchases of Guinness shares coming from Swiss and Lichtenstein-based institutions조사관들은 또한 스위스와 리히텐슈타인 소재 기관들이 자발적으로 매입하는 상당한 양의 기네스 주식에도 관심이 있다.'(타임스)

lifelong 평생의. 'Jesse Bishop was a lifelong drug addict who had spent 20 of his 46 years in prison제시 비숍은 46년 중 20년을 감옥에서 보낼 정도로 평생 마약중독자였다.'(가디언) lifelong resident of New York평생을 뉴욕에 산 주민이나 lifelong church-goer평생 교회에 다니던 사람 또는 더 나아가 lifelong lover of music필생의 음악 애호가이란 말은 할 수 있다. 하지만 불행한 비숍 씨가 대단히 어린 나이에 마약에 손대지 않은 이상, 그의 중독을 설명하기에는 lifelong이 너무 곧이곧대로 해석되는 말이다.

lighted, lit 불 켜진. 둘 다 옳다. 하지만 lighted는 대개 형용사로 사용될 때('a lighted torch불을 켠 손전등')가 더 흔하다.

light years 광년. 'So protracted have the discussions been that their progress should almost be measured not in years but in light years그 논의는 하도 시간을 끈 나머지 논의의 진척도는 햇수가 아니라 광년으로 측정되어야 할 지경이다.'(가디언) 예문은 익살을 의도한 게 분명하지만, 광년은 시간이 아니라 거리의 단위라는 점을 기억해야 한다. 시간적으로 말하면 지구년과 광년은 동일하다.

like, as ~처럼, 마치 ~인 듯이. like와 as 중에서 선택해야 할 때 흔히 문제가 발생한다. 다음은 뉴욕 타임스에서 발췌한 예문들인데, 둘 다 잘못됐다. 'Advertising agencies may appear as〔like로 쓰자〕homespun enterprises to the American public미국 대중에게 광고 회사라 하면 간단한 사업체처럼 보일 수도 있다.' 'On the surface it looks like〔as if〕all of the parties are preparing for serious bargaining표면적으로는 당사자 모두 진지한 협의를 준비 중인 것처럼 보인다.'

겉보기에 규칙은 간단하다. as와 as if는 뒤에 항상 동사가 따르는 반면, like에는 동사가 따르지 않는다. 그러므로 'He plays tennis like an expert그는 전문가처럼 테니스를 친다'(like 뒤에 동사 없음)라고 말하는 반면에, 'He plays tennis as if his life depended on it그는 생사가 걸린 양 테니스를 친다'(동사 depended가 있음)라고 쓰는 것이다.

그게 규칙이긴 하지만 이를 중단하고 싶은 생각이 들 때가 있다. 아주 공식적인 글이 아니라면 다음 두 문장은 부적당하다고 간주되어서는 안 될 것이다. 'She looks just like her mother used to그녀는 어머니의 옛날 모습과 꼭 같아 보인다' 'He can't dance like he used to그는 예전에 추었듯이 그렇게 춤을 추지 못한다'. 또한 분명 일관되지 않은 점이 하나 있는데, 'feel like -ing' 구문에도 like가 쓰일 수 있다는 규칙이 그렇다. 'He felt like walking그는 걷고 싶었다' 'I feel like going abroad this year올해는 해외로 나가고 싶어'.

like와 관련된 또다른 문제는 like가 다음처럼 종종 잘못된 비교를 하게 만든다는 점이다. 'Like the Prime Minister, his opposition to increased public spending is fierce총리와 마찬가지로, 공공 부문 지출 증대에 대한 그의 반대도 엄청나다.' (데일리 텔레그래프) 글쓴이는 무심코 '총리'와 '반대'를 비교했다. 사람 대 사람의 비교로 만들려면 문장구조를 바꾸어야 한다. 'Like the Prime Minister, he is fiercely opposed to increased public spending'이나 그런 취지의 구문으로 바꾸어야 한다.

likely. LIABLE, LIKELY, APT, PRONE 참조.

Limbourg, Limburg 랭부르, 림뷔르흐. 전자는 벨기에의 주 이름이며, 후자는 네덜란드의 주 이름이다. 치즈의 이름은 Limburg 또는 Limburger로 쓴다.

limited. '제약이 있음' '한계선 안으로 정해진'이란 뜻이다. 어떤 제한이 가해진다는 개념이 없는 한, 이 단어는 피하는 게 좋다. 한시적limited time 특별가 적용이라고 말하는 것은 충분히 합리적이지만, 'There was a limited demand

L

for tickets표에 대해 제한적 수요가 있었다'(데일리 메일)라고 쓰는 건 기대했던 것보다 더 적은 손님들이 왔다는 뜻이 되므로 부조리하다.

limpid. LANGUID, LIMPID 참조.

lingua franca. JARGON, ARGOT, LINGUA FRANCA 참조.

link together. JOIN TOGETHER, LINK TOGETHER 참조.

lion's share 제일 좋은 몫. 탐욕스럽거나 이기적인 축재를 시사하는 게 아니라면 이 말은 피하는 게 좋다. 다음 예문에서는 이런 의미를 의도한 게 아니다. 'The Territory, which controls the lion's share of Australia's high-grade uranium reserves…이 준주 지역은 호주의 고성능 우라늄 매장량 가운데 대부분/제일 좋은 몫을 관리하는'(오스트레일리안) 물론 이 말은 상투어이기도 하다. 'most대부분' 'the larger part상당 부분'나 다른 적절한 표현을 쓰지 않을 이유가 없다.

liquefaction. LIQUEFY, LIQUEFACTION 참조.

liquefy, liquefaction 액화하다, 액화. 다음과 같이 둘 다 철자 오기가 흔한 단어다. 'Indonesia intends to double its exports of liquified gas to Japan 인도네시아는 일본에 대한 액화가스 수출을 배가하려 한다.'(더 타임스)

lira, lire 화폐 단위 '리라'의 단수형, 복수형. '30,000 lira buy at least 30,000 glorious calories at all-you-can-eatery 3만 리라면 뷔페식당에서 최소 3만 칼로리의 음식을 사 먹을 수 있다.'(시카고 트리뷴 헤드라인) lira의 복수형은 lire다. 이 헤드라인의 두번째 문제는 금액은 보통 단수로 취급된다는 점이다. 그러므로 '30,000 lire buys'로 써야 한다. 한편 lira의 축약형은 lit.이다.

lire. LIRA, LIRE 참조.

lit. LIGHTED, LIT 참조.

literally 문자 그대로. 작가들이 실제로는 (문자 그대로) 정반대를 말하고자 하면서 기권하듯 사용하는 경우가 너무 많다. 그 결과는 대체로 끔찍하다. 'Hetzel was literally born with a butcher's knife in his mouth^{헤첼은 문자 그대로 푸줏간의 칼을 입에 물고 태어났다}'(시카고 트리뷴) 'After a slow start, they literally sliced up the Wildcats with their stunning last-half onslaught^{초반에 서서히 몸을 푼 뒤, 그들은 눈부신 후반 공격으로 와일드캣 팀을 문자 그대로 썰어버렸다}'(샌프란시스코 크로니클) 'Our eyes were literally pinned to the curtains^{우리 눈은 문자 그대로 커튼에 꽂혀버렸다}'. (파울러에게서 재인용)

군이 언급할 필요도 없겠지만 문자 그대로 받아들여지기를 원치 않는다면 literally라는 말을 쓰지 말자. 이 말은 '비유적으로'가 아니라 '실제로'의 뜻이다. 다음과 같이 보통 비유적으로 쓰이는 표현이 액면 그대로 받아들여져야 한다는 점을 보여주려 할 때만 이 단어는 허용될 수 있다. 'He literally died laughing^{그는 문자 그대로 웃다가 죽었다}.'

livid. 원래 livid는 멍든 색깔에서 연상되는 푸르스름한 납빛을 가리켰다. 그뒤로 '격분한' '따지기 좋아하는'이란 뜻으로까지 확장됐고 현재는 이런 의미로 확립됐다. 다음과 같이 보통 붉은색 또는 밝기와 관계있다고 흔히 추정하지만, 전혀 그렇지 않다. 'For the sun room she chose a bold, almost livid, array of patterns and textures^{그녀는 일광욕실 색상으로는 대담한, 상당히 강렬한/푸른빛 문양과 질감을 선택했다}.'(시카고 트리뷴) 일광욕실이 연한 푸른빛으로 장식되어 있지 않은 한 글쓴이가 의도한 낱말은 'vivid^{강렬한}'다.

Lloyd George, David 데이비드 로이드 조지. 영국 전 총리의 성명 철자에는 붙임표(-)가 없으나 그의 귀족 작위명인 Earl Lloyd-George of Dwyfor^{드와이}

L

161

퍼의 로이드 조지 백작에는 붙임표를 쓴다.

Lloyds TSB Bank 로이즈 TSB 뱅크. 은행 이름에는 아포스트로피가 없으나 보험사 이름인 Lloyd's of London에는 있다.

loan. LEND, LOAN 참조.

loath, loathe. 전자는 '꺼리는'이라는 뜻의 형용사이며, 후자는 '경멸하다'라는 뜻의 동사다.

loathe. LOATH, LOATHE 참조.

local residents 현지 주민. 'The proposals have upset many local residents그 제안들은 많은 현지 주민을 화나게 했다.'(가디언) 주민들residents은 대개 현지인 local이다.

Longchamp 롱샹. 프랑스 경마장 이름. -champs가 아님.

Love's Labour's Lost 사랑의 헛수고. 셰익스피어의 연극 제목.

Luxembourg, Luxemburg. Luxemburg는 프랑스어 Luxembourg의 영어식 철자 표기다. 어법 규정 기관 중 한두 곳, 특히 『저자와 편집자를 위한 옥스퍼드 사전』에서는 Luxemburg는 국명과 벨기에의 주 이름 룩셈부르크에, Luxembourg는 파리에 있는 궁전과 정원인 뢰상부르에 쓰도록 정하고 있다. 그러나 이외의 권위자는 모두 (내 생각엔 이게 현명한 듯하다) 항상 Luxembourg라고 일관성 있게 표기하는 편을 택하고 있다. 독일 정치 활동가 로자 룩셈부르크의 이름은 Luxemburg라고 쓴다.

Luxemburg. LUXEMBOURG, LUXEMBURG 참조.

luxuriant, luxurious. 두 단어는 의미가 간혹 겹치긴 하나, 서로 바꾸어 쓸 수 없다. luxuriant는 '풍성한'을 가리킨다('luxuriant hair^{풍성한 머리칼}'). luxurious는 '호화롭고 값비싼'('a luxurious house^{호화로운 주택}')이란 뜻이다. luxuriant carpet이란 털이 북슬북슬한 카펫을 말하는 한편, luxurious carpet 은 비싼 카펫을 가리킨다.

luxurious. LUXURIANT, LUXURIOUS 참조.

L

M

Mac, Mc, M'. 영국식 어법에서 알파벳순을 결정할 때 이런 단어들은 모두 Mac 이라고 철자를 쓴 것으로 취급된다. 그러므로 'McGuire'는 'Mason'보다 앞에 온다. 미국에서는 글자들 순서 그대로를 따르므로 'Mason'이 'McGuire' 앞에 온다.

McDonald's. (아포스트로피에 주의) 미국 패스트푸드 체인 맥도널드의 이름 표기법. 이 체인점의 철자 표기 오류는 이렇게 잦을 수 있나 싶을 만큼 너무나 흔하다. 회사명은 McDonald's Corporation이다.

McDonnell Douglas Corporation 맥도널 더글러스. 현재 보잉의 일부인 회사. 호주의 맥도널 산맥은 Macdonnell Ranges로 쓴다.

Magdalen College 모들린 칼리지. 옥스퍼드의 단과대학은 이렇게 표기하지 만, 케임브리지의 단과대학은 Magdalene College로 쓴다.

magnum opus, opus magnum. 전자는 작가의 주요 작품이며, 후자는 걸 작이다.

major 주요한. 'major initiative주요 이니셔티브' 'major scandal큰 스캔들' 'major road improvement대형 도로 개보수' 등과 같이, major는 심하게 남용되는 낱말로, 많은 글쓰기에서 부피는 커지게 하지만 맛은 거의 더하지 않는, 말하자면 두부 같 은 효과를 준다. 이보다 정확하거나 명확한 용어를 생각해낼 만한 가치가 있다.

majority 대부분의. major와 마찬가지로 남용된 나머지 지긋지긋하다. 'The vast majority of^{대부분의}'라는 표현에서 특히 그런데, 다음 예문 셋은 전부 권위자들이 쓴 문장이다. 'The vast majority of conditional sentences···^{조건문 대다수는}'(패트리지) 'In the vast majority of instances···^{대다수의 경우}'(번스타인) 'The vast majority of such mistakes···^{이런 실수의 대부분은}'(파울러) 최고로 안목 있는 작가들이 쓴 글에서도 'the vast majority of'라는 네 단어는 'most' 한 단어로 전하는 것보다 더 많은 뜻을 전하지 못한다.

majority는 다음과 같이 뚜렷이 두 가지로 나뉠 수 있는 것 중 더 큰 것을 설명하는 데 국한해서 쓰는 게 좋다. 'A majority of the members voted for the resolution^{회원(국) 중 다수가 결의안에 찬성했다}.' 그러나 이 경우에도 '52퍼센트' '약 3분의 2' '70퍼센트 이상' 등 구체적인 설명이 더 낫다. 소수^{minority}와 뚜렷하게 대비되는 개념이 아니라면(가령 'The majority of his spare time was spent reading^{그의 여가시간은 대부분 독서에 쓰였다}') majority는 피하는 게 낫다.

maleficence, malfeasance 유해성, 부정행위. 전자는 상처나 해악을 야기하는 경향을 뜻한다. 후자는 불법행위를 가리키는 법률 용어다.

malfeasance. MALEFICENCE, MALFEASANCE 참조.

Malory, Sir Thomas 토머스 맬러리 경. 『아서왕의 죽음^{Le Morte d'Arthur}』을 쓴 15세기 작가의 이름은 이렇게 표기하나, 에베레스트 등반가의 이름은 George Mallory로 쓴다.

Manila 마닐라. 필리핀 수도는 대문자로 표기한다. 마닐라 종이, 마닐라 종이로 만든 봉투를 말할 때는 대개 소문자인 manila로 쓴다.

manner born, to the 타고난 (듯한). manor가 아님. 『햄릿』에 나오는 표현이다.

M

mantel, mantle 벽난로 선반, 덮개. 전자는 벽난로 주변의 틀을 가리키는 통상적인 철자(버치필드는 이 철자를 고집했다)이며, 다른 모든 의미에는 후자를 쓴다. 연관어 mantelshelf와 mantelpiece*의 철자에도 유의.

mantle. MANTEL, MANTLE 참조.

marginal 가장자리의. 하한선 근처로 떨어지는 어떤 것을 설명할 때 쓰이면 문제가 없다('a marginal profit'). 그러나 다음과 같이 작거나 경미하다는 뜻으로만 쓰는 건 별로 좋지 않다. 'There has been a marginal improvement in relations between police and blacks in the community경찰과 지역의 흑인들 간 관계에 미미한 개선이 있었다.'(가디언)

margin이 두 가지 사이의 범위가 아니라 둘의 차이를 나타낸다는 점도 유의할 만하다. 그러므로 브래드퍼드 시티가 맨체스터 유나이티드를 7 대 2로 이겼다면(상상은 자유니까) 브래드퍼드 시티는 5점 차로by a margin of five 이긴 것이다. 'margin of 7-2'나 '7-2 margin'으로 쓰는 것은 옳지 않다.

mark. LEVEL, MARK 참조.

Mary Celeste. CELESTE, MARY 참조.

masterful, masterly 거만한, 거장 같은. 대부분의 권위자는 여전히 이 두 가지를 구별해 써야 한다고 주장한다. 즉 masterly는 노련하고 전문가 수준인 경우에, masterful은 고압적이고 권위적인 경우에 써야 한다는 것이다. 그 원칙을 적용하자면 다음 인용구에서는 masterly가 더 낫다고 해야 한다. 'Leroy (Satchel) Paige, a masterful pitcher and baseball showman···노련한/거만한 투수이자 야구계의 흥행사인 리로이 (새철) 페이지는.'(워싱턴 포스트) 정말 이런 구별이 유용하다

---

* 둘 다 벽난로 위 선반을 가리킨다.

면 이 내용이 사전에 나와 있어야 할 텐데, 이걸 지키라고 하는 사전도 없고, 아예 그런 차이점이 있다는 사실조차 명시돼 있지 않다. 또 masterly는 간혹 어색한 부사로 쓰인다. 'He swims masterly'나 심지어 'He swims masterlily'도 문법적으로는 맞지만 이게 무슨 만족해할 만한 문장은 아니다. 'master거장의 방식으로'라는 뜻으로 쓸 때라면 masterly가 일순위 선택이 되겠지만 발음의 편의나 명확성을 희생하면서까지 이를 고집하는 것은 너무 까다롭게 구는 것이며 그걸 옹호할 여지도 별로 없다.

masterly. MASTERFUL, MASTERLY 참조.

material. GERMANE, RELEVANT, MATERIAL 참조.

materialize 구체화되다. occur발생하다, develop전개되다, 또는 happen일어나다의 다소 현학적인 동의어다. 이 단어를 정 써야겠거든 적어도 다음과 같이 엉뚱한 명사를 수식하지는 않도록 하자. 'Hopes of an improvement in the second half of the year have not materialized하반기에 개선되리라는 바람은 구체화되지 않았다.'(더 타임스) 이뤄지지 않은 것은 '바람'이고, 구체화되지 않은 것이 '개선'이다.

Maudsley Hospital. 런던 모즐리 병원의 철자. Maude-가 아님.

Mauretania, Mauritania. 전자는 아프리카의 고대 왕국 및 유명한 커나드 해운 회사 선박 두 척의 철자다. 후자는 공식적으로 '모리타니아 이슬람 공화국'으로 불리는 현대 아프리카 국가의 명칭을 가리키는 철자다.

Mauritania. MAURETANIA, MAURITANIA 참조.

may. CAN, MAY 참조.

M

may well be ~일 수도 있다. 더 타임스의 경매장 관련 기사에서 발췌한 이 상하리만큼 조심스러운 다음 진술과 같이, 이 표현은 이어지는 내용이 추측에 가까움을 나타내는 신호일 때가 많다. 'On July 3, Christies will be offering a selection of Leonardos, Mantegnas, Raphaels, Parmigianinos, Rembrandts and van Dykes in what may well be the most valuable single property sale of recent times^{7월 3일,} 크리스티 경매장에서는 근래 단일 자산 매각 중 최고가를 기록할 수도 있는 경매를 통해 레오나르도, 만테냐, 라파엘, 파르미자니노, 렘브란트와 반 다이크의 작품들을 내놓을 예정이다.' 한편 런던 크리스티 경매장의 이름 철자는 아포스트로피가 있는 Christie's다. (VAN DYCK, VANDYKE도 참조.)

me. I, ME 참조.

mean, median, midrange, mode 평균, 중앙값, 중간 범위, 최빈수. 영국식 어법에서 mean은 어떤 표본 값의 총합을 그 숫자들의 개수로 나눈 것으로, average와 같은 뜻이다. median은 크기 순서대로 정렬한 값들 중에서 가운데 오는 값이다. midrange는 최댓값과 최솟값의 중간이다. mode는 표본에서 가장 자주 나타나는 숫자다.

    거두절미한 정의들이긴 하지만 여러 미국 사전은 위와 상충하는 정의를 내놓고 있다는 점을 유의해야 한다. 가령 『아메리칸 헤리티지 사전』은 mean을 일련의 수치들의 평균이 아니라, 이와는 상당히 다른 것인 어떤 수열의 중간 지점으로 정의하고 있다. 분명, 혼동할 여지가 상당하다. 아무리 잘해봐야 일반 독자에게는 mean과 median이 겨우 애매하게 이해된다는 점을 감안하면, 가장 신중한 행동 방침은 기술 문서를 작성하지 않는 한 이 단어들을 가급적 안 쓰는 것이다.

media 미디어. 복수형이다. 이 낱말을 단수로 취급할 좋은 근거는 사실 없지만, 『뉴요커』의 다음 예에서처럼 가장 보수적이고 주의 깊은 태도를 취하는 여러 간행물에서도 이 단어는 점점 자주 단수로 취급되고 있다. 'One reporter, the Wall Street Journal's Nicholas Kulish, dashed off a petition··· saying that if the media was barred from the counting room they were prepared to go to court 월스트리트 저널 기자 니컬러스 쿨리시는 언론이 개표장에서 배제된다면 법정으로 갈 각오가 돼 있다는 탄원서를 황급히 작성했다.'

median. MEAN, MEDIAN, MIDRANGE, MODE 참조.

mediate. ARBITRATE, MEDIATE 참조.

meet. METE, MEET 참조.

melamine 멜라민. 플라스틱의 일종. 첫 글자를 대문자로 쓰지 않는다.

men's, women's. 백화점 등이 'Mens Clothing남성 의류'이나 'Womens Department여성 매장'이라 쓰면서 아무리 표지판의 아포스트로피를 생략하고 싶어도 이런 관행은 아직 글쓰기 소양이 부족한 것으로 간주되므로 진지한 글쓰기에서는 피해야 한다. 약간 덜 흔하긴 하지만 's' 다음에 아포스트로피를 쓰는 것(가령 mens' hats, womens' facials)도 똑같이 잘못되었다. 하지만 menswear남성 의류나 womenswear여성 의류 등 합성어에는 아포스트로피가 없다는 데 유의하자. (CHILDREN'S와 POSSESSIVES도 참조.)

Messerschmitt 메서슈미트. 항공기종의 이름 철자. -schmidt가 아님.

metal, mettle 금속, 패기. 새뮤얼 존슨은 사전 편집에 천재적이었던 것에 비해 철자를 늘 일관되게 지켜 쓰지는 않았다. 많은 예가 있겠지만 가령 deign친히 ~해주시다과 disdain경멸, deceit기만과 receipt수취와 같은 일관성 없는 단어 쌍을 갖게 된 것은 그의 덕택이다. 한편 metal과 mettle의 경우, 그는 의도적으로 일관성 없이 철자를 썼다. 두 단어 모두 그리스어 metallon(광산mine이란 뜻)에

M

서 왔고 존슨 이전에는 철자를 동일하게 쓰는 경우가 많았으나, 그는 둘을 구별하는 게 유용하리라 생각했다. 그러므로 metal은 금이나 구리 등 화학적 요소에만 쓰이고, mettle은 용기나 기백을 설명할 때만 쓴다. 다음 예문에 흔한 철자 오기가 보인다. 'Market conditions have put the hoteliers on their metal시장 상황이 호텔 경영자들에게 현재의 패기/금속을 가져다주었다.'(옵서버)

metaphor, simile 은유, 직유. 둘 다 두 가지를 비교하는 비유법이다. simile는 한 가지를 이와 비슷하지 않은 다른 것에 비기는 것이다. 'He ran like the wind그는 바람처럼 달렸다' 'She took to racing as a duck takes to water그녀는 오리가 물에 뛰어들듯 질주하기 시작했다'. 한편 metaphor는 비교되는 두 가지가 유사해 서로를 대체하는 듯이 쓰인다. 예를 들어 태초를 하루의 시작에 빗대어 '시간의 새벽'이라는 은유를 쓸 수 있다.

혼재된 은유의 위험성을 기술한 저작물은 이미 많이 나와 있으므로 다음과 같은 예문은 심히 바람직하지 못하다고 언급하는 것만으로도 족할 것이다. 'This is a virgin field pregnant with possibilities이곳은 여러 가능성을 잉태한 처녀지다' (파울러에게서 재인용) 'Yet the President has backed him to the hilt every time the chips were down그러나 대통령은 판돈이 걸릴 때마다 칼자루 끝까지 그를 지지했다(그러나 대통령은 위급할 때마다 끝끝내 그를 지지했다)' (번스타인에게서 재인용) 이런 문장은 사실 은유를 뒤섞었다기보다 상투어를 뒤섞었다는 점이 문제다. 문장에 사용한 은유들이 진부할 만큼 많이 쓴 것만 아니었어도 그럭저럭 넘어갈 수 있었을 것이다. 셰익스피어가 'Or to take arms against a sea of troubles아니면 무기를 들고 고난의 바다에 대항할 것인가'라고 썼을 때 분명 그러했듯이.

문장을 망치는 데 꼭 은유가 둘일 필요는 없다는 점도 유의해야겠다. 다음 예문처럼 아주 부적절한 거라면 하나만으로도 충분하다. 'Indiana, ranked the No. 1 swimming power in the nation, walked away with the Big Ten championships tonight전국 수영 랭킹 1위인 인디애나가 오늘밤 빅 텐 챔피언십을 가지고 걸어가버렸다.'(AP통신)

mete, meet. 전자는 '할당하다'란 뜻이며, 후자는 '적당한'을 뜻한다. 가령 사람이 처벌을 할당하지만^{mete} 합당한 처벌은 적당하다^{meet}.

meteor, meteorite, meteoroid 유성, 운석, 유성체. meteoroid란 우주에 떠다니는 은하계의 잔해다. 이것이 별똥별의 형태로 지구 대기에 들어온 것이 meteor이다. 지구로 떨어지고도 살아남은 것이 meteorite다.

meteorite. METEOR, METEORITE, METEOROID 참조.

meteoroid. METEOR, METEORITE, METEOROID 참조.

meticulous 까탈스러운. 'The story has been published in meticulously researched weekly parts···그 기사는 면밀한/까탈스러운 취재를 거친 다음 몇 부로 나눠 매주 게재됐다.'(옵서버) 일부 어법 지침서에서는(사전의 경우 점점 줄어드는 추세이긴 하지만) 이 단어가 단지 '주의깊은'을 뜻하는 게 아니라 과도하게 그렇다는 뜻이라고 주장한다. 올바르게 쓰면 경멸적인 어조를 띤다. 오늘날 이 낱말은 존경받는 저술가들이 너무 자주 오용한 나머지(위 예문의 출전은 저메인 그리어*다) 이에 반대하는 것부터가 지나치게 까탈스러운^{meticulous} 행동이 되겠다. 그렇다 해도 부정적인 면을 전달하고자 하는 게 아니라면 scrupulous^{세심한}, careful^{주의 깊은}, painstaking^{공들인} 등 다른 동의어를 쓰는 게 대체로 낫다.

mettle. METAL, METTLE 참조.

Middlesbrough 미들즈브러. 영국에서 철자 오기가 가장 잦은 지역 이름일 것이다. -borough가 아니라 -brough임에 유의하자.

---

* 호주 태생의 영문학자이자 저명한 페미니스트.

midrange. MEAN, MEDIAN, MIDRANGE, MODE 참조.

militate, mitigate. 종종 혼동됨. militate는 '무언가에 반(反)하여', 혹은 드물게 '무언가에 작용하다'라는 뜻이다. 'The news of the scandal militated against his election prospects^{뉴스를 통해 밝혀진 비리가 그의 선거 전망에 부정적으로 작용했}다.' mitigate는 '누그러뜨리다' '약화하다' '좀더 견딜 만하게 만들다'의 뜻이다. 'His apology mitigated the insult^{그의 사과가 모욕을 완화시켰다.}' mitigate against도 종종 보이는데 이는 잘못된 표현이다.

millepede (곤충) 노래기. milli-가 아님.

minimize. 엄격히 말하면 이 단어는 '정도를 낮추다'나 '완화하다' 정도가 아니라 '절대 최소치로 줄이다'라는 뜻이다.

minuscule 작은. 다음 예문에서와 같이 철자 오기가 잦다. 'It is a market which was miniscule only five years ago^{그 시장은 5년 전만 해도 매우 작은 시장이었다.}' (가디언) mini가 아니라 minus를 생각하자.

minute detail 세부 항목. 이 표현에서 minute은 군더더기다. 'The cube will be split into little pieces and its components examined in minute detail^{육면체는 작은 조각으로 분할돼 그 구성 요소들이 세밀히 검토될 것이다}'(선데이 타임스). minute 을 삭제하자.

mischievous 짓궂은. 철자 오기가 너무 흔하다. '"All lawyers are really failed actors", says Ackland mischieviously^{"변호사들은 실은 모두 실패한 배우들이다"라고 아클랜드가 짓궂게 말했다}'(인디펜던트) 'He accused Harman of making misleading statements bordering on the mischievious after she claimed that drugs for patients would be cash-limited^{그녀가 환자용 의약품의 가격 부담이 클 거라고 주장하자,}

그는 거의 장난치듯 오해의 소지가 있는 발언을 한다며 하면을 비난했다'. (인디펜던트) 올바른 철자는 mischievously와 mischievous다.

mishap. 일반적으로 이 낱말은 그다지 심각하지 않은 사고만을 가리키므로 다음 헤드라인은 부적절하다. '30 die in mishap^{경미한 사고로 30명 사망}.' (더 타임스) 어떤 불운을 설명하는 데 이 낱말이 부적절해지는 지점이 정확히 어디라고 말하긴 힘들지만, 여러 명이 사망한 사건이 심각하지 않다고 볼 가능성은 희박하다.

misogamist, misogynist. 전자는 결혼을 혐오하는 사람이고, 후자는 여자를 혐오하는 남자다.

misogynist. MISOGAMIST, MISOGYNIST 참조.

misspell 철자를 틀리다. 활자에서 철자 오기를 발견하고 싶지 않은 단어가 하나 있다면 바로 이 낱말이다. -ss-에 유의하자.

mitigate. MILITATE, MITIGATE 참조.

mode. MEAN, MEDIAN, MIDRANGE, MODE 참조.

modus vivendi. 이 말은 '생활방식'이라는 문자 그대로의 뜻으로 자주 쓰이지만, 보수 성향의 일부 권위자는 이견 합의를 남겨두고 있는 정당들 간의 휴전을 설명하는 데만 이 말을 써야 한다고 주장한다. 배운 사람들을 기분 상하게 하지 않고 무지한 이들을 당혹스럽게 하지 않으려면 대등한 다른 단어를 찾는 게 최선의 방법이다.

Monégasque. 모나코 출신의 사람이나 사물. Mona-가 아님에 유의.

M

mongooses (동물) 몽구스. mongoose의 복수형이다. 이 낱말은 인도어에서 기원하므로 영어 단어 goose^{거위}와는 관계가 없다.

mononucleosis 단핵증. 영국과 그 밖의 곳에서 '선열^{腺熱, glandular fever}'로 알려진 질병의 미국식 용어.

more than ~이상의. 이 말과 greater than^{~보다 큰}, less than^{~보다 작은} 같은 유사한 표현들은 문장에 배치할 때 다소 주의해야 한다. 적어도 다음 예문에서보다는 더 주의를 기울여야 한다. 'It is a more than 200 per cent increase on the 15 million square feet planned in 1984^{이는 1984년 계획된 제곱피트당 1500만 명에서 200퍼센트 이상 증가한 것이다.}'(더 타임스) 이 구문을 'It is an increase of more than 200 per cent on the···'로 쓴다면 덜 어색하겠다.

moribund. 'Problems in the still-moribund oil tanker business mean there is little sign of recovery on the horizon^{여전히 사양산업인/어려운 유조선 사업의 문제들은 회복의 조짐이 거의 보이지 않음을 의미한다.}'(더 타임스) moribund는 위 문장의 의도이자 다른 곳에서도 흔히 쓰이는 것처럼 '곤란에 빠진' '어려움을 겪고 있는'이란 뜻이 아니다. '죽어가는' '죽기 직전의'이란 뜻이다.

mortar 박격포. 무기의 맥락에서는 포탄이 아니라 발사 장치를 뜻한다. 부대가 박격포^{mortar}를 발사했다고 쓰는 것보다는 박격포탄^{mortar rounds}(또는 bombs^{폭탄}나 shells^{포탄})을 발사했다고 쓰는 것이 대체로 낫고, 또 때로는 그렇게 해야 한다.

motiveless 동기가 없는. 'French police have intensified their search for the killer in the motiveless murder of a Parisian housewife and her three children yesterday^{프랑스 경찰은 어제 파리의 한 주부와 세 자녀를 동기 없이 살해한 사건의 범인을 찾는 수색을 강화했다.}'(더 타임스) motiveless는 부주의한 단어이자 영국 법에 따르면 여

러 맥락에서 잠재적으로 위험한 단어다. 수사 초기 단계에서 범행 동기 없는 살인 사건이었다고 누가 장담할 수 있겠는가? 적어도 'apparently motiveless외관상 동기가 없어 보이는'라고 쓰자.

Mount St Helens 세인트헬렌스산. HELENS, ST 참조.

mucous, mucus 점액질의, 점액. 전자는 형용사형이고, 후자는 명사형이다. 그러므로 mucus점액는 mucous membrane점막에서 분비되는 물질이다.

mucus. MUCOUS, MUCUS 참조.

multilateral. UNILATERAL, BILATERAL, MULTILATERAL 참조.

munch 아삭아삭 먹다. 'The most coveted invitation on a Sunday in Washington is to the Lombardi Room ··· where pols, power brokers and media biggies munch hot dogs일요일 워싱턴에서 초대받아 가장 가고 싶은 곳은 ··· 정치인, 막후 실력자, 언론계 거물들이 핫도그를 먹는/아삭거리는 롬바디 룸이다.'(뉴욕 타임스) 대부분의 사전이 munch를 바삭거리는 소리를 내며 먹는 것으로 정의하고 있으므로 핫도그처럼 부드럽고 소리 나지 않는 음식에는 쓰지 않는 게 좋다.

Muscovite 모스크바 사람. 'Moscovites in shock as queues vanish줄이 사라짐에 따라 모스크바 주민들 충격 받아.'(선데이 타임스) 모스크바 사람들은 옛 모스크바 대공국 Muscovy의 이름을 본떠 'u'를 쓴 Muscovite다.

'Music hath charms to soothe a savage breast' 음악에는 사나운 마음을 가라앉히는 매력이 있다. 콩그리브*의 1697년작 연극 〈비탄에 잠긴 신부〉의

---

* 17세기 영국의 극작가.

M

유명 대사다. 'the savage breast'나 'a savage beast'도 아니고 간혹 이 문장에서 나왔다고들 하는 다른 어떤 변종도 아니다.

mutual, common 상호의, 공통의. 정도는 다르지만 권위자 대부분은 mutual을 두 가지 이상의 상호적 관계에만 제한해 써야 하며 공통으로 공유되는 것에 느슨하게 적용해서는 안 된다고 지속적으로 주장하고 있다. 그러므로 당신과 내가 서로 좋아한다면 우리는 상호^{mutual} 우애를 갖는다. 하지만 당신과 내가 둘 다 셰익스피어를 좋아한다면 우리는 공통의^{common} 애호를 갖는 것이다. common의 뜻으로 mutual을 쓰는 것은 16세기 이래 늘 있어왔지만 19세기에 디킨스의 소설 『우리 서로의 친구^{Our Mutual Friend}』가 출간된 이후 눈에 띄게 증가했다. 대부분의 권위자는 common이 폄하로 해석될 여지가 있을 때는 mutual의 사용을 받아들이지만, 그렇더라도 느슨한 의미로 이 단어를 쓰는 것은 대체로 피하는 게 좋다. 어쨌든 이 단어는 다음과 같이 불필요한 경우가 더 많기 때문이다. 'They hope to arrange a mutual exchange of prisoners^{그들은 죄수의 상호 교환을 주선하길 희망한다}.'(데일리 텔레그래프) 무엇이든 교환이라면 당연히 상호적일 수밖에 없다.

Muzak 뮤잭. 호텔 승강기 등에서 나오는 녹음된 음악. 첫 글자를 대문자로 쓰는 데 유의.

myself. 강조를 위해('I'll do it myself^{내가 직접 할게}') 또는 재귀적으로('I cut myself while shaving^{나는 면도하다가 베였다}') 쓸 때를 제외하면 myself는 대부분 너무 심약하고 부적절하다. 다음 두 예문에서 더 나은 단어를 괄호 안에 표기했다. 'Give it to John or myself [me]^{그걸 존이나 내게 줘}' 'My wife and myself [I] would just like to say⋯^{아내와 저는 그저 …라고 말하고 싶습니다}'.

myth. FABLE, PARABLE, ALLEGORY, MYTH 참조.

N

nation. COUNTRY, NATION 참조.

National Institutes of Health 미국국립보건원. Institutes가 복수형임에 유의.

naught, nought. 전자는 'His efforts came to naught^{그의 노력은 수포로 돌아갔다}' 에서처럼 무無라는 뜻이며, 후자는 숫자 영(0)이다. 미국에서 '틱택토^{tick-tack-toe}'로 알려진 놀이의 이름은 'noughts and crosses^{삼목 놓기}'다.

nauseous 메스꺼움을 유발하는. 'Martinez left early, complaining that he felt nauseous^{마르티네스는 속이 안 좋다/메스꺼움을 유발한다고 불평하면서 일찍 갔다}.'(『뉴스위크』) nauseated로 고치자. nauseous는 'nausea^{메스꺼움}'를 유발하는 것을 뜻하는 형용사다(가령 a nauseous substance^{메스껍게 하는 물질}). 번스타인이 언젠가 간명하게 표현했듯이, 중독된^{poisoned} 사람들이 독성이 있는^{poisonous} 게 아니듯, 속이 메스꺼운^{nauseated} 사람들이 메스꺼움을 유발하는^{nauseous} 것은 아니다.

naval, navel 전자는 해군^{navy}, 해군의 소유물이나 작전, 그리고 후자는 배꼽 및 그와 유사한 모양의 물체들과 관련된다. 오렌지의 일종은 navel이다.

navel. NAVAL, NAVEL 참조.

Neandertal. 이것이 멸종된 인간의 종 네안데르탈인의 철자로 이 표기가 점점 선호되고 있으나 공식 학명 Homo neanderthalensis는 대개 여전히 -thal 철자를 고수한다. 네안데르탈인을 가리키는 용어로 'Neanderthal man'이라고 쓰는 것은 성차별적이기도 하고 구식이기도 하다.

near disaster. 'His quick thinking saved an RAF jet pilot from a near disaster^{그의 신속한 사고가 참변이 될 뻔한 사건에서 RAF 제트기 조종사를 구했다}.'(더 타임스) 썩 옳다고 할 수 없다. 조종사는 참변^{disaster}에서 구출되었고 참변이 될 뻔한 일^{near-disaster}을 겪었다.

neat's-foot oil 우각유^{牛脚油}. 가죽 처리에 쓰던 물질로, 오늘날에는 좀체 쓰이지 않지만 간혹 등장할 때면 여지없이 철자 오기가 발생하는 단어다.

nebula 성운^{星雲}. 복수형은 nebulae도 되고 nebulas도 된다.

needless to say 말할 필요 없는. 무해한 표현이지만, 굳이 말할 필요가 없었던 사실에 이목을 집중시키는 경우가 많다.

neither. 저술가뿐 아니라 이들에게 지침을 제공하고자 하는 이들에게도 때로 끝없는 문제를 야기한다. 예를 들어『더 타임스 표기법 지침』에는 조금 분별없는 이런 말이 단호하게 제시돼 있다. "neither는 'neither Bert nor Fred has any idea^{버트도 프레드도 전혀 몰랐다}'와 같이 단수 동사를 받는다." 가령 버트와 프레드, 혹 또다른 두 단수 항목과 쓰였을 때는 이 말이 맞지만 그 항목들이 복수형이라면 어떤가?『더 타임스 표기법 지침』에 따르면 우리는 'Neither the men nor the women is dressed yet^{남자들도, 여자들도 아직 옷을 차려입지 않았다}'으로 써야 하는데, 이 문장은 백번 양보해도 변칙이다. 그렇다면 단수와 복수의 복합 형태는 어떤가?『더 타임스 표기법 지침』에 따르면 이번에도 우리는 'Neither the farmer nor any of his fifty cows was in the field^{농부도, 그의 젖소 50마리도 들판에 없었다}'로 써야 하는데, 또다시 문법적으로 이상해진다.

여러분도 알겠지만 규칙이란 교실에서 배우는 것보다 좀더 복잡하다. 하지만 그토록 끈질기게 문제를 야기할 만큼 복잡하지는 않다. 간단히 말해서 neither… nor 구문에서 동사는 언제나 가장 가까이 있는 명사의 수에 일치해야 한다. 두 예문을 생각해보자. 둘 다 선데이 타임스가 출전인데 둘다 잘못됐다. 'Neither De Niro nor his agent were available for comment드니로도, 그의 에이전트도 연락이 안 되어 코멘트를 받지 못했다' 'Neither Gallagher nor Kensit were thought likely to attend갤러거도 켄싯도 참석할 것 같지 않았다'. 두 경우 모두, 동사에서 제일 가까운 명사(각기 agent와 Kensit)는 단수이므로 동사도 단수형이어야 한다. 하지만 동사에 가장 가까운 명사가 복수이면 동사도 복수형이어야 한다. 'Neither the Prime Minister nor his ministers were available for comment 총리도 장관들도 연락이 닿지 않아 코멘트를 받지 못했다.'

neither가 nor 없이 단독으로 쓰였을 때, 동사는 항상 단수형이어야 한다. 'Neither of the men was ready남자들 중 누구도 준비가 되지 않았다' 'Neither of us is hungry우리 중 누구도 배고프지 않다'. 요컨대, 단수 동사가 필요한 경우가 더 많지만 그 단수형이 결코 항구적이지는 않다. neither가 항목들의 분리성을 강조한다는 점을 기억하자. 이 단어는 항목들을 더해주지 않는다. 적어도 문법적으로는.

마지막으로 neither와 or의 결합은 다음과 같이 언제나 잘못되었다는 점도 유의해야 한다. '[The] movie mixes horror with science fiction to make something that is fun as neither one thing or the other영화는 호러와 공상과학을 결합해 재미있는 것을 이것도 저것도 아닌 것으로 만들었다.'(뉴욕 타임스) nor로 고치자. 다음 문장도 같은 오류를 범하고 있으며, neither 구문과 nor 구문 사이에서 문법적 균형을 이루지 못하는 오류까지 저지르고 있다. 'Borrowing which allows a country to live beyond its means serves neither the interests of the borrower or the financial community일국이 자국의 경제력으로 감당하기 어려울 만큼 돈을 빌리는 관행은, 채무국에도 금융계의 이해에도 부합하지 않는다.'(더 타임스) 'serves the interests of neither the borrower nor the financial community'로 쓰자. 균형의 문제에 대한 더 상세한 논의를 보려면 BOTH…AND를 참조할 것.

nemesis. 'Instead, the unions directed their wrath toward another nemesis, the European Community's Executive Commission그 대신 조합들은 또다른 숙적, 유럽공동체 집행위원회로 분노를 돌렸다.'(『타임』) (그리스 신화에 나오는 복수의 여신 네메시스에서 기원한) nemesis란 단지 경쟁자나 숙적만을 뜻하는 것이 아니라 인과응보를 실현하는 사람이나 아무도 이길 수 없는 적을 말한다.

nerve-racking 긴장되게 하는. -wracking이 아님. (RACK, WRACK 참조.)

new. 'New chairman named at Weir Group위어 그룹, 신임 회장 임명'(파이낸셜 타임스 헤드라인) 'Medical briefing: the first in an occasional series on new developments in the sciences의료 브리핑: 과학계 새 소식에 관한 특별 시리즈 첫 회'(더 타임스 헤드라인) 'The search for new breakthroughs seems to have spurred extra spending in recent years새로운 돌파구를 찾기 위한 탐색이 최근 몇 년 동안 추가 지출에 박차를 가한 것으로 보인다.'(『뉴스위크』) 언론 보도에서 new는 군더더기인 경우가 훨씬 많다. 위어 그룹이 옛날 회장을 임명할 리도 없고, 과학자들이 오래된 돌파구를 찾을 리도 없으며, 더 타임스에서 과학계의 오래된 소식들에 관해서 시리즈를 연재할 리도 없을 것─부디 그런 일은 없기를─이기 때문이다. new를 삭제해도 잃는 것이 없다.

　　new가 드물게 이중으로 쓰인 뉴욕 타임스의 다음 글을 보면 이 단어가 얼마나 자주 공허하게 쓰이는지 한눈에 알 수 있다. 'New Boom for Florida Creates New Concerns플로리다의 새로운 붐, 새로운 우려 창출해.'

niceish. '다소 멋진nice'을 뜻하는 단어의 철자다.

nincompoop 멍청이. nim-이 아님.

no. YES, NO 참조.

nobody. NUMBER (4) 참조.

noisome. noise^{소음}나 noisiness^{시끄러움}와는 아무 상관이 없다. annoy^{거슬리게 하}^다와 관련이 있으며 '기분 상하게 하는' '무례한'이란 뜻으로, 불쾌한 냄새를 설명할 때 가장 많이 쓰인다.

none 누구도 / 하나도. none은 거의 항상 단수여야 한다는 보편적인 믿음은 허구다. 파울러, 번스타인, 하워드, 가워스, 패트리지, 에번스 남매, 모리스 부녀, 폴릿 및 『옥스퍼드 영어 사전』『아메리칸 헤리티지』『랜덤하우스』『웹스터스 뉴 월드』가 이미 이 점을 지적한 바 있으므로 내 작은 목소리를 여기 보탠다고 해서 크게 달라질 건 없으리라고 본다.

　none을 단수 취급하든 복수 취급하든 적어도 문장 전체에서 일관성은 유지해야 하는데 다음 문장은 그러지 않았다. 'None of her friends, she says, would describe themselves as a feminist^{그녀는 친구 중 누구도 스스로를 페미니스트}^{라 여기지 않을 거라고 말한다}.'^(가디언) 'would describe themselves as feminists'나 'would describe herself as a feminist' 둘 중 하나로 쓰자.

　더 눈에 띄는 비일관성을(존경받는 권위자에게서 나온 것이라 더 그런지도 모른다) 다음 예문에서 발견할 수 있다. 'The total vocabulary of English is immense and runs to about half a million items. None of us as individuals, of course, knows more than a fairly limited number of these, and uses even less^{영어 어휘 전체는 어마어마해 약 50만 항목이나 된다. 물론, 우리 중 누구}^{도 이중에서 상당히 한정된 정도 이상을 알지 못하며 실제로 쓰는 어휘는 그보다도 더 적다}.'^{(쿼크, 『영어의 어}^{법』)} 'None of us··· uses even less'라고? 이 문장은 아는 것보다 더 적은 단어를 쓰는 사람은 없다고 말하는 모양새이니 불행히도 작가의 의도는 정반대로 표현됐다. 'and we use even less'로 쓰는 게 좋겠고, 그보다 더 나은 것은 'and we use even fewer'다.

non sequitur 논 세퀴투르. 라틴어로 '따르지 않는다^{it does not follow}'라는 뜻

이며, 'He was born in Liverpool and his shoes were brown그는 리버풀에서 태어났으며 그의 신발은 갈색이다'와 같이 서로 어울리지 않으며 전혀 상관없는 둘 이상의 진술의 조합을 의미한다. non sequitur의 예는 다음과 같은 구문이 흔한 미국 신문에서 가장 자주 나타난다. 'Slim, of medium height and with sharp features, Mr Smith's technical skills are combined with strong leadership qualities날렵한 몸매와 중키에 뚜렷한 이목구비와 더불어, 스미스 씨의 기술력은 뛰어난 지도자로서의 자질과 결합했다.'(뉴욕 타임스) 스미스 씨의 신장과 생김새가 지도자로서 그의 자질과 무슨 상관이 있는가 말이다. 물론 답은 "전혀 없다"가 되겠다. 어색하거나 거슬리지 않는 non sequitur도 있는데 이런 경우에는 다음 예문에서와 같이 그저 앞뒤가 맞지 않을 뿐이다. 'Dyson's catch of Clarke was unbelievable, the best catch I've seen. And the one before it was just as good다이슨이 클라크의 공을 잡은 것은 대단한 일이었고, 내가 본 것 중에 가장 대단한 캐치였다. 바로 전의 것도 그에 못지않게 좋았다.'(시드니 데일리 텔레그래프, 『펀치』)

no one. NUMBER (4) 참조.

normalcy 정상(성). 1920년대에 유권자들에게 'a return to normalcy정상으로의 복귀'를 공약으로 내건 워런 G. 하딩 미 대통령에게서 기원했다고 종종 일컬어지는 이 단어는 조야한 미국식 영어로 널리 비난받는데, 이는 옳지 않다. 사실 이 낱말은 훨씬 더 오래됐고 영국에서 기원했다. 대부분 사전에서 이 낱말을 표준으로 받아들이고는 있으나, 많은 권위자는 여전히 이를 경멸하며 'normality'를 대안으로 제시하고 있다.

not. not을 더욱 강조하려고 정상적인 문장의 어순을 도치하는 경우, 저자들은 간혹 독자에게 잘못된 삽입구를 제시하곤 한다. 다음 예문에서와 같이 이는 어법 지침서 저술가도 간혹 빠지게 되는 함정이다. 'Could not that lingua franca be, not Esperanto, Volupük, or even English, but humor?그 국제 통용어가 에스페란토어도, 볼라퓌크어도, 심지어 영어도 아닌 유머면 안 될까?'(사이먼, 『패러다임의 실종』) 구두점 그대로라면 'not Esperanto, Volupük or even English'는 삽입구다. (모든 삽입된 표현은 삭제하고도 읽을 수 있어야 하므로) 이를 삭제하면 문장은 이렇게 될 것이다. 'Could not that lingua franca be but humor그 국제 통용어가 그냥 유머이면 안 될까?' 예문에서 첫번째 쉼표는 잘못됐으며 삭제돼야 한다. 의미를 함축한 감정을 표현할 때를 제외하면('Death be not proud죽음이여 뽐내지 마라') 이런 문장들은 대개 어색하다. 그렇다보니 불필요한 구두점으로 꾸미고픈 충동이 드는 것이다.

not과 관련된 별개의, 그러나 흔한 문제가 더 타임스의 다음 헤드라인에 드러나 있다. 'Social class not spending determines exam results, survey shows.' 대조를 이끌기 위해 쓰인 not 앞에는 쉼표가 와야 하고, 구문 끝에는 닫아주는 쉼표가 있어야 독자에게 방향 전환을 알릴 수 있다(위 예문은 이렇게 써야 한다. 'Social class, not spending, determines exam results지출 수준이 아니라 사회계층이 시험 결과를 결정한다'). 그러지 않으면 독자는 'Social class not a factor in exam results사회계층 시험 결과 영향 요인 아님'와 같은 서술과 마찬가지로 not을 앞부분에 연결하려 할 것이다. 이 문제는 특히 간결성을 위해 연결어를 종종 생략하는 헤드라인에서 횡행하지만, 다음처럼 본문에서도 나타난다. 'Responsibility for the misjudgement must be placed firmly at the feet of Mrs Thatcher not her ministers판단 착오의 책임은 장관들이 아닌 대처 여사에게 분명히 돌아가야 한다.'(가디언) 독자가 실마리를 찾지 못하는 것은 아주 잠시일 테지만 그렇다 해도 당치 않은 처사인 것은 마찬가지다. 'Thatcher' 뒤에 쉼표나 and를 삽입하자.

not all. 'For some time now tales have been circulating that all was not well in the Goldsmith empire골드스미스 제국에서 모든 것이 다 좋지 않았다는 이야기가 돈 지 꽤 되었다.'(더 타임스) 글쓴이가 실제로 말하려던 바는 물론 제국에서 모든 것이 안 좋았다는 게 아니고 모든 게 좋지는 않았다는 것이다. 권위자들은 희한하게도, 그리고 거의 만장일치로 이 점에 대해서는 너그럽다. 에번스 남매는 이 점에 대해 다음과 같이 외려 열성적이다. 'all is not과 not all is의 이 같은 구별은 허

183

구의 논리에 호소하며 다른 사람이 잘못됐다는 점을 입증하려는 취지로 만들어진 것 같다. 그 외에는 별달리 쓸모가 없다.' 유감스럽게도 권위자들과 나는 이 지점에서 뜻이 맞지 않는다. 아니, 에번스 남매 방식대로 말하자면 '우리는 모두 동의하지 않는다all of us don't agree'. 내가 보기에는 말하려는 바와 노골적으로 모순되는 문장을 정당화하기가 어렵고, 더구나 not을 두 자리만 뒤로 옮기면 되는 게 해결책인 이상 더더욱 그렇다. 문법상 정연함이나 정확성에 대한 논의는 차치하고서라도, 에번스의 입장을 받아들인다면, 정말로 모든 게 안 좋다all isn't well고 말하고 싶을 때는 어떻게 그 점을 명확히 할 수 있을까? 누가 뭐래도 숙어의 무게를 지닌 표현들이('All is not lost전혀 희망이 없는 건 아니다' 'All that glisters is not gold반짝이는 것이 모두 금은 아니다') 몇 가지 있지만 진지한 글쓰기에서 이 구문은 피하는 게 낫다. 'All items not on sale모두 세일 품목은 아님/세일 품목 없음'(뉴욕 타임스의 윌리엄 새파이어에게서 재인용)이라고 광고한 뉴욕 옷가게를 옹호해주어야 하는 사태가 생기는 건 원치 않으니까.

Notes from Underground 『지하생활자의 수기』. 도스토옙스키의 1864년 작 소설 제목이다. the Underground가 아님.

not only···but also. BOTH···AND 참조.

not so much (as가 뒤에 나올 때만) '~만큼 ~는 아닌'. 뒤에 다음과 같이 but이 종종 따라오는데 실은 as가 나와야 한다. 'He was not so much a comic actor, consciously presenting an amusing part, but a real comedian그는 재미있는 역할을 의식적으로 선보이는 코믹 배우라기보다 진짜 코미디언이었다'(J. B. 프리스틀리, 패트리지에게서 재인용) 'as a real comedian'으로 쓰자.

nought. NAUGHT, NOUGHT 참조.

Nullarbor Plain. 호주 남부에 있는 널라버 평원. Nullabor로 철자 오기가

잦다.

number 수. 한 문장 안에서 주어-동사 간 단수와 복수를 일치시키지 못하는 수 일치의 오류는 영어에서 가장 흔하며 또한 가장 변명하기 어려운 문법적 실수다. 너무 많은 것이 너무 복잡한 이 언어에서 감사하게도 이 규칙만은 단순하다. 단수형 주어는 단수형 동사를, 복수형 주어는 복수형 동사를 받는다. 번스타인이 말하듯 하나와 그 이상을 구별할 줄 아는 사람이라면 이를 너무 까다로운 문제로 생각지 않을 것이다. 그런데도 오류는 너무 많고, 이제 보겠지만 이를 알 만한 사람들도 마찬가지다. 오류의 원인 상당수는 이 책 전체에 걸쳐 별도로 다뤘지만 특히 다섯 가지는 여기서 언급할 만하다.

1. 'and'를 포함하는 오류

두 명사나 대명사가 and로 이어져 합성주어를 형성할 때는 복수형 동사가 필요하다. 'Impatience and anger in political and editorial circles has been sharply mounting정계 및 출판계에서 인내심이 바닥나고 분노가 급속히 확대되어왔다. '(로스앤젤레스 타임스) 'have'로 바꾸자. 'She told the meeting that the disorder and despair of the Conservative Party was not self-evident그녀는 보수당의 무질서와 자포자기가 자명하지 않다고 회의에서 말했다. '(더 타임스) 'were'로 고치자.

다음과 같이 주어-동사의 정상적 어순이 도치될 때 오류는 특히 흔하다. 'Why, you may ask, is correct speech and writing important, as long as the writing is clear?글이 명확하기만 하다면 올바른 연설과 글이 왜 중요하냐고 당신은 물을지도 모르겠다. '(사이먼, 『패러다임의 실종』) speech and writing은 복수형 주어이므로 'are'로 쓰자.

사이먼은 'speech'와 'writing'은 매우 밀접한 관계가 있어 단일한 개념을 형성한다는 주장을 펼칠지도 모르겠다. (또 그래야만 할 터이고.) 그런 경우라면 단수형 동사는 문제가 없다. 하지만 이런 예외는 늘 함께 쓰이는 단어—fish and chips피시 앤 칩스, ham and eggs햄과 달걀, law and order법과 질서, the long and the short of it요약해 말하자면 등—에만 한정하는 게 낫고, 그런 경우에도 복수형 동사를 써도 틀리지 않다.

2. 'or'를 포함하는 오류

and는 여러 가지 요소를 함께 묶어주는 한편, or는 분리해준다. 모든 요소가 단수형일 때는 동사도 단수형이어야 한다. 그러므로 이 문장은 틀렸다. 'A nod, wink or even a discreet tug of the ear aren't[isn't로 고치자] going to be the only sign language at the auction고개를 끄덕이는 것이나 윙크, 또는 가볍게 귀를 한번 당기는 것이 경매장에서 유일한 수화는 아닐 것이다.'(옵서버) 모든 요소가 복수라면 동사도 복수형이 되는 규칙이어야 한다. 단수와 복수가 뒤섞여 있을 때는 동사를 가장 가까운 명사나 대명사와 일치시킨다. 다음 예문을 보자. 'No photographs or television footage have been transmitted from the fleet for almost a week거의 일주일 동안 함대로부터 사진이나 텔레비전 영상이 전송되지 않았다.'(뉴욕 타임스) 가장 가까운 명사(footage)가 단수형이므로 동사도 has가 되어야 한다. 두 명사의 순서가 바뀌었다면 have가 옳았을 터다.

수 일치의 필요성 때문에 간혹, 특히 대명사가 쓰인 경우 어색한 구문이 되기도 한다. 'Is he or we wrong?그가 잘못된 것인가, 아니면 우리가 잘못된 것인가?'은 문법적으로 완벽하지만 완벽하게 어색하기도 하다. 해결책은 문장을 다시 쓰는 데 있다. 'Is he wrong or are we?'

마지막으로 주의해야 할 점은 or가 동사뿐 아니라 뒤따르는 명사와 대명사에도 영향을 미친다는 것이다. 다음 문장에서 괄호 속에 올바른 형태를 표시해두었다. 'While Paris, Mexico City, Hong Kong or Munich have(has) shown how their(its) underground systems(system) can become part of the pride of their(its) city···지하 시스템이 어떻게 도시의 자랑이 될 수 있는지를 파리, 멕시코시티, 홍콩이나 뮌헨이 보여준 한편.'(옵서버) 그러나 이 문장에서는 or를 and로 바꾸고 나머지를 있는 그대로 두는 것이 더 나은 대안이다.

3. 선행어를 끝까지 기억하지 못해서 발생하는 오류

평범한 수준으로 글을 쓰는 사람들에게서 흔히 볼 수 있는데, 글을 쓰다가 주의가 분산되기 십상이다. 복수나 단수 명사로 자신 있게 문장을 시작했다가, 자신이 중간에 삽입한 서너 단어 때문에 (주의가 분산된 나머지) 정작 동사와 수를 일치시키지 못하는 경우가 너무 많다. 다음 문장도 그런 경우다(올바른 형태는 괄호 안에 표시). 'Bank mortgages, which now account for most expensive property, is(are) not included in the figures^{대부분의 고가 부동산을 차}지하는 은행 담보는 수치에 포함되지 않았다'(더 타임스) 'The pressure of living and working on board 24 hours a day have(has) led to some strained relationships^하루 24시간 내내 승선한 채 생활하고 일해야 하는 부담으로 관계가 소원해졌다'(옵서버) 'The incident demonstrates the reluctance with which some requests for interviews with ministers and senior officials is(are) met^{그 사건은 장관 및 고위 공직자들이 몇몇} 인터뷰 요청에 주저하는 반응을 여실히 보여주고 있다'. (더 타임스)

삽입구 때문이었다는 변명의 여지가 없을 때도 있다. 'Meet Allan and Sondra Gotlieb, whose official titles may cause glazed looks but whose frankness have made them among the most popular, and unusual, diplomats in Washington^{공식 직함만 보면 따분해 보일 수도 있지만 진솔함으로 워싱턴에서 가}장 인기 있고 독특한 외교관이 된 앨런 고틀립과 손드라 고틀립을 만나보시라.'(뉴욕 타임스) Frankness have라니?

그리고 때로는 이 삽입구가 주절과 너무 분리되어 있는 경우도 있어서 이런 오류가 어이없을 때도 있다. 특히 필립 하워드 같은 세심한 이가 범한 오류일 때는 더더욱 그렇다. 'Populist (and its generic class of politics, populism) have recently been adopted as vogue words in British politics 포퓰리스트(와 그 일반적 정치 성향인 포퓰리즘)는 최근에 영국 정치계에서 유행어로 채택되었다'. (『옛것, 새 말』) 'has recently been adopted as a vogue word'로 바꾸자. 이에 관한 논의는 부록의 PARENTHESES 참조.

4. 인칭대명사를 포함하는 오류

이는 흔한 유형으로 영어와 영어 사용자 둘 다의 부적절성을 지적하는 오류다. 다음 구문을 보자. 'If someone is learning a language for their job⋯

187

누가 일 때문에 언어를 배운다면.'(파이낸셜 타임스) 문제는 단수인 someone과 역시 단수인 is를 복수형 their로 받는 것이다. 문법적으로 이것은 'No one were there거기에 아무도 없었다'나 'They is studying French그들은 프랑스어를 공부하고 있다'라고 말하는 격이다.

그리고 다음처럼 두번째 대명사를 'his'로 받는 관례가 있다. 'If someone is learning a language for his job…' 여성을 무시하는 게 명백한 결점이다. 여성도 문법도 거슬리게 하지 않으려면 종종 거추장스럽지만 'his or her job'으로 쓰거나 다음과 같이 문장을 재구성해 복수형 주어로 쓰면 된다. 'People who are learning a language for their job…' 문장 재구성을 권한다.

규칙을 너무 엄격하게 적용하면 부조화스러운 결과를 낳을 수 있다. 필립 하워드가 『무슨 말을 해야 할지』를 집필하면서 다음 문장을 쓸 때 일어난 일도 분명 이에 해당한다. 'Nobody pretends any more (if they ever did) that economics is an exact science더이상 아무도(그런 적이 있기나 했다면) 경제학이 정밀과학이라고 주장하지 않는다.' 'if they ever did'는 엄밀히 말해 틀렸지만 이를 'if he ever did'로 쓴다면 문장의 의미 면에서 균형이 깨진다. 문법을 유지하는 한 가지 방법은 주어를 복수로 만드는 것이다. 'Few people pretend any more…' 또 다른 방법은 'they'를 단수 대명사로 바꾸는 것이다. 'Nobody pretends any more (if anyone ever did) that economics is an exact science.' 이런 해결책들이 전적으로 만족스럽지는 않겠지만 내 생각에 문법 오류도 만족스럽지 않기는 마찬가지다.

어떤 방침을 선택하든 적어도 문장 전체에서 일관성을 유지해야 한다. 다음 문장에서는 글쓴이가 대명사를 올바로 쓰려고 일관되게 애쓰다가 득점 직전에 갑자기 자폭하는 모습을 볼 수 있다. 'Anyone who does confess to being a Sedaka fan does so with the guarded reluctance of one edging out of the closet, fearing he or she will be made immediate target of fun세다카의 팬이라고 굳이 자백하는 사람은 당장 놀림감이 될까 두려워 말하기를 꺼리는 사람처럼 경계하면서 이를 고백한다.'(선데이 타임스) 'an immediate target of fun'이 되어야 한다.

5. 'number'를 포함하는 오류

명사 'number'에 복수형 동사를 쓸지 단수형 동사를 쓸지 혼란스러워하는 사례가 잦다. 다음 두 예문은 더 타임스 같은 호에서 발췌했다. 둘 다 잘못됐다. 'Mr Isaacs said a substantial number of households was inhabited today not by the conventional family group, but by single tenants아이작스 씨는 오늘날 상당수 가구에 전통적인 가족이 아니라 독거 세입자가 살고 있다고 말했다' 'A small, but increasing number of individuals is apparently buying secondhand British Rail coaches적지만 점점 더 많은 수의 사람이 영국 국유 철도의 중고 객차를 사고 있다고 한다'. 이런 혼동을 쉽게 피하는 방법이 있다. 'the number'는 항상 단수로('the number was⋯'), 'a number'는 항상 복수로('a number were⋯') 받는 것이다. TOTAL의 경우에도 같은 규칙이 적용된다.

numbers in text 텍스트에서의 숫자. 'For more than a 1,000 years, the Venetians have laboured to preserve the delicate balance of their watery domain베네치아 사람들은 1,000년이 넘는 시간 동안 수역의 절묘한 균형을 유지하려 공들여 왔다'(인디펜던트) 'Fugly has become the most impounded mutt in Australia with over a 100 convictions퍼글리는 100건 이상의 전과를 보유함으로써 호주에서 가장 많이 감금된 개가 되었다'.(인디펜던트) 이처럼 10의 거듭제곱인 숫자가 쓰이면 이는 'one hundred일백' 'one thousand일천' 등을 뜻한다. 이런 숫자 앞에 부정관사를 쓰는 것은 사실상 'a one hundred convictions'나 'a one thousand years'라고 말하는 셈이 된다. 'a thousand years'나 '1,000 years' 또는 'a hundred convictions'나 '100 convictions'로 쓰되, 두 가지를 혼합하지 말자.

numskull 돌대가리. 영국과 미국에서 선호되는 철자다. numbskull이 아님에 유의.

Nuremberg. (독일어 Nürnberg). 바이에른 지역의 도시 뉘른베르크의 철자. -burg가 아님.

O

oblivious 자각하지 못하는. 특히 파울러, 패트리지와 『옥스퍼드 영어 사전』 은 oblivious가 forgetful^{잘 잊는}만을 의미한다고 오랫동안 주장했다. 일단 어떤 것을 의식하지 못한다면 그것에 대해 제대로 oblivious하다고 말할 수 없다. 그러나 oblivious는 현재 단순히 '의식하지 못하는' 또는 더 넓은 뜻에서 '영향받지 않는'이란 의미로 보편적으로 받아들여진다.

obsolescent. OBSOLETE, OBSOLESCENT 참조.

obsolete, obsolescent 한물간, 쇠퇴해가는. 더이상 쓰이거나 필요하지 않은 사물은 obsolete하다. obsolete해가는 사물은 obsolescent하다.

obviate. 흔히들 생각하듯 '줄이다' 또는 '더욱 받아들일 만하게 만들다'란 뜻이 아니다. 'A total redesign of the system should obviate complaints about its reliability^{시스템을 전면 재설계하면 신뢰도에 대한 불만은 줄어들 것이다.}'(더 타임스) 이 말은 '불필요하게 만들다'는 뜻이다.

occur, take place 발생하다, 일어나다. take place는 일정이 정해진 행사에 국한해서 쓰는 게 좋다. 우연한 일을 설명하는 경우라면 occur가 더 나은 단어고, 다음 문장에서도 그게 더 나았을 것이다. 'The accident took place in driving rain^{사고는 폭우 속에서 발생했다.}'(가디언)

oculist. OPHTHALMOLOGIST, OCULIST, OPTOMETRIST, OPTICIAN 참조.

off of. 중복이다. Get off the table^{탁자에서 떨어져(일어나)}이지, Get off of the table이 아니다.

Oireachtas. 아일랜드 공화국 의회로 의장과 하원^{Dáil Éireann} 및 상원^{Seanad Éireann}의 양원제로 구성된다. '에럭터스'로 읽는다.

Old Peculier 올드 페큘리어. 식스턴^{Theakston}사에서 만드는 맥주 이름. Peculiar가 아님.

Olympic-sized swimming pool. 'and in fitting movie star fashion, the grounds include an Olympic-sized pool^{또한 유명 영화배우의 위상에 맞게 부지에는 올림픽 규격 수영장도 있다.}'^(메일 온 선데이) 공식 올림픽 수영장은 길이가 50미터다. 할리우드라 해도 개인이 그렇게 큰 수영장을 소유한 경우는 사실상 없다. 이런 묘사는 조야한 과장이다.

Omar Khayyám. 페르시아 시인이자 수학자 오마르 하이얌의 철자다. -yy-에 유의.

on, upon. 어떤 언론인들은 이 두 가지에 차이가 있다고, 또는 있어야 한다고 생각하지만 그렇지 않다. 숙어('upon my word^{맹세코}' 'on no account^{무슨 일이 있어도}')를 제외한 다른 모든 경우에는 선호하는 대로 쓰면 된다.

one 한 명. 'The makers claim that one in 14 people in the world are following the exploits of this new hero.'^(선데이 타임스) 이런 구문에서 one은 단수 동사로 받아야 한다. 이 문장은 실은 '세계에서 열네 명 중 한 명은 이 새로운 영웅의 위업을 따르고 있다고 제작자들은 주장한다'를 뜻하는 것이다. 다음 예문에서 좀더 까다로운 경우를 볼 수 있다. 'An estimated one in three householders who are entitled to rebates are not claiming.'^(더 타임스) 첫번

째 are는 옳지만 두번째는 틀렸다. 이번에도 문장구조를 뒤집으면 도움이 된다. 'Of those householders who are entitled to rate rebates, one in every three is not claiming요금 환급 자격이 되는 세대주 중 세 명당 한 명은 청구를 하지 않고 있다.'

one another. EACH OTHER, ONE ANOTHER 참조.

one of the, one of those ~하는 사람 중 하나. 이 문제는 위의 ONE에서 논의된 것과 유사하지만 여기서는 one이 동사를 지배하지 않는다는 점이 다르다. 다음 예문을 보자. 'Nott is actually one of those rare politicians who really doesn't mind what he says.'(옵서버) 여기서 핵심어는 문장구조를 뒤집으면 알 수 있듯이 one이 아니라 those다. 'Of those politicians who do not mind what they say, Nott is one자신이 하는 말을 조심하지 않는 정치인들이 있는데, 노트도 그중 하나다.'

이런 실수는 흔하다. 가워스도 파울러의 『현대 영어 어법 사전』을 개정할 때 같은 실수를 했다. 'Prestige is one of the words that has had an experience opposite to that described in "Worsened Words"prestige는 「악화된 낱말들」에서 설명된 것과 반대되는 경험을 한 단어들 가운데 하나다.' 'have had'로 썼어야 한다. 60페이지 앞에서 그는 이 오류를 '흔하지만 엄청난 실수'라고 부른 바 있다.

one of the는 다음과 같이 매우 장황하다는 점도 유의해야 한다. 'One of the reasons for all the excitement···이렇게 흥분하는 이유 중 하나는'(선데이 텔레그래프) 'One of the members said he would almost certainly abstain멤버 중 한 사람이 자신은 거의 확실히 기권할 거라고 말했다'(가디언) 대체로 'one reason' 'one member'처럼 쓰는 게 낫다.

one or more 하나 이상. 복수형이다. 'Inside each folder is one or more sheets of information각 폴더 안에는 종이 한 장 또는 그 이상의 정보가 들어 있다'(번스타인에게서 재인용)은 'are one or more'가 되어야 한다.

only ~만. 대개 only는 수식하는 단어나 구와 붙어 있어야지, 다음과 같이 혼자 떨어져 있어서는 안 된다. 'The A Class bus only ran on Sundays^A버스는 일요일에 운행만 했다.'(옮서버) 문장을 있는 그대로 보면 버스는 다른 요일에는 운행이 아닌 다른 것을 했다는 말이 된다. 혹시 날아다녔나? 글쓴이는 버스가 'ran only on Sundays^일요일에만 운행했다'라고 쓰거나 'on Sundays only^일요일에만'라고 써야 한다.

only를 좀더 앞쪽에 놓으면 명확성도 높아지고, 관용적 용법에 좀더 가까워지는 경우가 많다('This will only take a minute^이건 1분밖에 안 걸려요' 'The victory can only be called a miracle^승리는 기적이라고 부를 수밖에 없다'). 권위자들이 only의 위치에 점점 더 관대해지고 있다는 점도 언급해두어야겠다. 유난을 떠는 태도는 언제나 피하는 편이 낫다. 하지만 위 예처럼 간단한 재배치만으로 주의를 분산하지 않고 올바른 위치에 단어를 놓을 수 있다면 그러지 않을 이유도 없다.

onto. ON TO, ONTO 참조.

on to, onto. 한 단어로 된 onto는 20세기까지 영국과 미국 양쪽에서 거의 알려지지 않았고 영국에서는 여전히 다소 의심스러운 위치에 있다. 영국의 많은 권위자가 on to를 항상, 또는 거의 항상—이 말은 때로 설명의 모호함으로 이어진다는 점도 말하지 않을 수 없다—두 단어로 써야 한다고 여전히 주장하고 있다. 예를 들어 『타임스 표기법 지침』은 'he collapsed onto the floor^그가 바닥으로 쓰러졌다'와 같은 구문을 허용하지만, 그렇지 않은 경우에는 한 단어로 된 onto를 '가능한 한 적게' 사용해야 한다고 고집한다. 미국에서는 이에 관한 입장이 조금 더 명확하다. 미국에서는 두 요소가 하나의 합성전치사로 기능하는 경우('He jumped onto the horse^그가 말 위에 올라탔다')에 onto를 쓰고, on to는 on이 부사인 경우('We moved on to the next subject^우리는 다음 주제로 넘어갔다')에 쓴다. 명시하고 있진 않지만 이것이 더 타임스에서 촉구하는 입장이라는 데 유의해야 할 것이다. 그리고 미국식 어법이 영국에서도 빠르게 표준이 되어가고 있다는 점을 나는 언급하고 싶다. 이 경우에는 솔직히 그것도 나쁘지 않다.

openness 개방성. -nn-에 유의.

ophthalmologist, oculist, optometrist, optician. ophthalmologist 는 철자를 종종 잘못 쓰는 단어다. opth-가 아니라 oph-로 시작하며 첫 음절 의 발음이 op이 아니라 off라는 점에 주의하자. 그러므로 이 단어는 역시 철 자 오기와 발음 실수가 잦은 단어들인 diphtheria디프테리아, diphthong이중모음, naphtha나프타(중질 가솔린)와 발음, 철자 면에서 유사하다.

ophthalmologist와 oculist는 둘 다 눈 질병에 전문인 안과 의사들을 가리 킨다. optometrist는 시력을 측정하는 검안사이지 의사가 아니다. optician은 교정 렌즈(안경)를 만들거나 판매하는 사람이다.

opposite. CONTRARY, CONVERSE, OPPOSITE, REVERSE 참조.

opt, choose 선택하다, 고르다. 새파이어는 충동적 선택에 한해서만 이 단어 를 쓴다면 opt가 더욱 명확한 단어가 될 거라고 했는데 맞는 말이다. 하지만 주 요 사전 중 어느 사전도 이런 차이점에 주목하거나 이를 독려하지 않는다는 점 도 언급해야겠다.

optician. OPHTHALMOLOGIST, OCULIST, OPTOMETRIST, OPTICIAN 참조.

optimistic, pessimistic 낙관적인, 비관적인. 엄격히 말하면 두 단어는 (특 히 사소한 일에 대한) 구체적 견해보다 일반적인 전망을 설명할 때 쓰는 게 좋 다. 'He was optimistic that he would find the missing book그는 없어진 책을 찾 을 수 있으리라고 낙관했다'은 'was hopeful~하기를 바랐다'이나 'was confident~할 것이라 자신했다'로 쓴다면 더 낫다.

optimum 최적의. 간혹 오해받듯이 매우 대단하거나 매우 빠르거나 매우 크다는 뜻이 아니다. 이 낱말은 상충되는 고려사항들이 만나는 지점을 설명한다. 가령 어느 항공기의 optimum flying speed^{최적 비행 속도}라고 하면, 비행시 고려돼야 하는 많은 변수─안전, 안락함, 연료 소비 등─가 최대한 조화를 이루는 속도를 말한다.

optometrist. OPHTHALMOLOGIST, OCULIST, OPTOMETRIST, OPTICIAN 참조.

opus magnum. MAGNUM OPUS, OPUS MAGNUM 참조.

or. 항목들을 합하는 것이 아니라 분리성을 강조하는 문법적 효과를 갖는다. 문법학자가 독자에게 사과나^{or} 배나^{or} 바나나를 줄까 묻는다면 그것은 당신이 셋 중 하나를 가질 수 있다는 말이지 셋 다 가질 수 있다는 뜻이 아니다. or가 둘 이상의 단수 항목을 한 문장 속에서 연결할 때 동사는 언제나 단수형이어야 한다. 'It was not clear whether the President or Vice-President were within hearing range at the time^{당시에 대통령이나 부통령이 (그 말을) 들을 수 있는 거리에 있었는지는 확실치 않았다}'(시카고 트리뷴)은 'was within hearing range'가 되어야 한다. 이것이 지나치게 격식을 차리는 듯하다면 구 앞쪽에 'either'를 삽입해서 단수라는 표시를 할 수도 있고('It was not clear whether either the President or Vice-President was within hearing⋯') 아니면 더 간단하게 or를 and로 바꾸어 복수형 동사를 정당화할 수 있다. 더 상세한 논의는 NUMBER (2) 참조.

oral, verbal 구두의, 언어의. 'The 1960 understanding⋯ was a verbal understanding that was never written down^{1960년 합의는⋯ 서면으로 작성된 적 없는 구두 합의였다.}'(뉴욕 타임스) 입으로 말한 단어에만 적용되는 oral이 여기서는 더 낫다. 말과 글 둘 다에 쓸 수 있는 verbal은 말과 제스처, 또는 말과 내용을 구분할 때 더 유용하게 쓰인다. 하지만 위 예문에서는 둘 다 불필요하다. 'The 1960 understanding was never written down'이라고 쓰면 충분하다.

ordinal numbers. CARDINAL NUMBERS, ORDINAL NUMBERS 참조.

orientate 방향을 정하다. 틀린 말은 아니지만 더 간결한 orient^{지향하게 하다}보다 낫다고 추천할 근거가 전혀 없다.

originally 최초로. 다음 예문에서와 같이 추가 정보를 제공하는 것 없이 종종 문장에 불필요하게 삽입된다. 'The plans were originally drawn up as long ago as 1972^{그 계획은 아주 오래전에, 자그마치 1972년에 처음으로 구상되었다.}'(옵서버)

Orkney. 스코틀랜드의 오크니 제도는 Orkney 또는 Orkney Islands로 쓰지만 the Orkneys는 아니다. 이곳 태생이나 주민은 Orcadian이다.

'Ours is not to reason why, ours is but to do or die' '우리의 것은 왜냐고 묻는 것이 아니며 우리의 것은 행하는 것 아니면 죽는 것뿐이다. 이 문구를 종종 듣게 되지만 잘못된 문장이다. 테니슨의 시 「경기병대의 돌격」에 나오는 올바른 구절은 'Their's not to reason why, / Their's but to do and die^{그들의 것은 왜냐고 묻는 것이 아니며, 그들의 것은 행하고 죽는 것뿐}'다. 마지막 시어 'do and die'가 전혀 다른 의미를 부여한다는 점에 유의하자. 마지막으로, 테니슨이 변칙적으로 theirs에 구두점을 사용한 점도 유의하자. (POSSESSIVES 참조.)

over ~이 넘는. 'Over 300 people were present at the rally^{300명 넘는 사람들이 집회에 참석했다}'와 같이 '더 많은^{more than}'이란 뜻으로 over를 쓰는 것이 옳지 못하다는 개념은 널리 퍼져 있는 미신이다. 이에 대한 비난은 앰브로즈 비어스의 『똑바로 써라』(1909)로 거슬러올라가는데, 이 어법서에 가득한 별난 권고 대부분은 그후로 대부분 폐기되었다. more than을 선호하는 게 해가 될 건 없지만 딱히 이를 고집할 근거도 없다.

overly 과도하게. 'I didn't wish to appear overly earnest, but I couldn't help but wonder what was in the box^{나는 너무 진지해 보이고 싶지는 않았지만 상자 안에} 무엇이 들었는지 궁금해하지 않을 수 없었다.'(필라델피아 인콰이어러) over를 overly로 쓰는 것은 soon^곧을 soonly로 쓰는 것과 좀 비슷하다. over에 -ly를 붙여도 추가되는 기능은 전혀 없다. 미국에서는 over를 피수식어에 직접 붙이는 게(overearnest^{너무 진지한}, overalarmist^{너무 경계하는}) 관행이며, 영국에서는 붙임표(-)를 쓰는 것이 더 통용된다(over-careful^{너무 조심하는}, over-eager^{너무 열심인}).

overweening 우쭐대는. 오만하거나 주제넘은 기대치는 overweening이라 할 수 있다. overweaning이란 말은 없다.

'Ozymandias' 오지만디아스. 셸리[*]의 1818년작 소네트. Oxy-가 아님.

P

paean, paeon, peon. paean은 찬송가 또는 찬가다. paeon은 고전시에서 4음절의 운각韻脚이다. peon*은 하인 또는 소작농이다.

paeon. PAEAN, PAEON, PEON 참조.

pail, pale. 전자는 '작은 양동이', 후자는 '색깔이 없는(창백한)'이란 뜻이다.

palaeology(미 paleology), **palaeontology**(미 paleontology). 전자는 고대를 연구하는 학문(고대학). 후자는 화석을 연구하는 학문(고생물학).

palaeontology. PALAEOLOGY, PALAEONTOLOGY 참조.

palate, palette, pallet. palate은 입, 맛과 관계있다. palette는 화가가 사용하는 물감판이다. pallet은 매트리스의 일종, 또는 특정 기계 부품이나 화물을 올려놓는 목재 운반대다.

pale. PAIL, PALE 참조.

palette. PALATE, PALETTE, PALLET 참조.

---

* 본래 스페인어에서 온 단어로 '잡역부, 인부'의 뜻이다.

pallet. PALATE, PALETTE, PALLET 참조.

pallor 파리한 안색. -our가 아님.

panacea 만병통치약. 모든 고민에 대한 보편적 해결책이자 치료법이며, 다음 예문에서와 같이 단일한 결점에 쓰기에는 적절하지 않다. 'One of the best panaceas for the styling similarity of many modern cars seems to be the removal of the roof현대 자동차들의 유사한 스타일 문제에 대한 최선의 만능 해결책은 지붕 제거인 듯하다.'(옵서버)

parable. FABLE, PARABLE, ALLEGORY, MYTH 참조.

parlay, parley. 전자는 추가 이득을 얻으려 첫 이득을 이용하는 것('He parlayed his winnings by doubling his bet그는 두 배를 걸면서 앞서 딴 돈을 다시 걸었다')이다. 후자는 협상을 뜻한다.

partially. PARTLY, PARTIALLY 참조.

partly, partially. 두 가지는 서로 바꿔 쓸 수 있는 경우가 많으나 의미는 조금 다르다. partially는 '불완전하게'라는 뜻이며, partly는 '부분적으로'란 뜻이다. 'The house was made partially of brick and partially of stone그 집은 일부는 벽돌, 일부는 돌로 지었다'은 'partly of brick and partly of stone'으로 쓰는 게 낫다.

past 지난. 다음 예문에서처럼 공간만 낭비하는 경우가 많다. 'She has been a teacher at the school for the past 20 years그녀는 지난 20년 동안 그 학교에서 교사로 재직해왔다.'(인디펜던트) 이 문장을 비롯해 수없이 많은 문장에 'the past'는 의미 손실 없이 삭제될 수 있다.

past history. 'The Tristan islanders talk of their past history with great pride트리스탄 섬 주민은 자긍심에 차서 지난 역사를 이야기한다.'(선데이 타임스) 이 표현에서 past 는 터무니없을 만큼 불필요하다. past records지난 기록, past experience지난 경험, past achievements지난 업적, past precedents지난 선례도 마찬가지다.

pastiche 혼성 모방 기법. 'This provided the occasion for a successful pastiche of that great Fonda film, Twelve Angry Men이것이 폰다의 훌륭한 작품 〈12 인의 성난 사람들〉을 성공적으로 패러디할/성공적인 혼성 모방 기법 작품으로 만들 기회가 되었다.'(더 타임스) pastiche란 다양한 원천에서 영감을 받은 작품이다. 여기서 글쓴이가 찾던 낱 말은 'parody패러디'다.

patois. DIALECT, PATOIS 참조.

peaceable, peaceful 비폭력적인, 평화로운. peaceful은 고요하고 평온하다 는 뜻이다. peaceable은 peacefulness평화로움를 지향하는 성향이다.

peaceful. PEACEABLE, PEACEFUL 참조.

pease pudding. 음식 피즈 푸딩의 표기법.

pedagogue. PEDANT, PEDAGOGUE 참조.

pedal, peddle 페달, 행상을 다니다. 전자는 '피아노 페달을 밟다' '자전거 페 달을 밟다' 등과 같이 발의 힘이 관여하는 장치나 행동에 쓰인다. 후자는 동사 로만 쓰이며, 격식 없이 또는 떠돌아다니며 물건을 판다는 뜻이다. 영국 영어에 서는 전통적으로 행상하는 사람을 pedlar라고 지칭하는데, 미국의 영향—특히 drug peddler마약 밀매자라는 용어 때문에—으로 peddler라는 철자가 점점 더 널리 퍼졌다.

pedant, pedagogue. 두 낱말은 동의어다. 학식 과시하기를 좋아하는 사람, 또는 규칙에 대해 교조적이다시피 유난을 떠는 사람을 가리킨다. 일부 사전에서는 아직도 pedagogue를 교사나 교육자의 동의어로 제시하지만 이 단어는 경멸적 의미가 중립적 의미를 효과적으로 밀어내버린 경우다.

peddle. PEDAL, PEDDLE 참조.

peninsula 반도. 'Genetic evidence published last year, however, suggested a second route along the south cost of the Arabian peninsular 하지만 작년에 발표된 유전자 증거에 따르면 아라비아반도 남쪽 해안을 따라 두번째 경로가 있었던 것으로 보인다.'(이코노미스트) 수역으로 튀어나온 좁은 땅덩이가 peninsula다. peninsular는 'peninsular war반도전쟁' 'peninsular campaign반도 캠페인'의 예에서 보듯이 형용사형이다.

penn'orth. '1페니어치' '소량·소액'을 가리키는 다른 말.

peon. PAEAN, PAEON, PEON 참조.

per. 많은 어법 지침서에서는 영어로 표현할 수 있으면 per 같은 라틴어 사용을 피하도록 제안하며, 일부는 이를 고집하기도 한다. ten tons a year매년 10톤가 ten tons per annum으로 쓰는 것보다 낫다는 것이다. 일각에서는 ten tons per year처럼 라틴어와 영어를 섞지 않는 게 좋다고도 한다. 이 모두는 일반적으로 합리적이지만, 라틴어 사용을 회피하느라 output a man a year일인당 연(年) 산출량처럼 어색한 구문이 나온다면 주저하지 말고 per를 써야 한다고 생각한다.

per cent, percentage point 퍼센트, 퍼센트포인트. 이 두 가지 사이에는 중요한 차이가 있는데 이 차이는 신문 경제면에서도 늘 지켜지지 않는다. 더 타임스의 경제면에서 발췌한 다음 예를 보자. 'US tax reform to cut top rate by 25%미국. 세제 개혁으로 최고 세율 25퍼센트 인하 예정'(헤드라인) 'US Senate and House officials have begun work on [a] tax reform bill which would cut the top rate for individuals from 50 per cent to an estimated 25 per cent미국 상하원 관계자들은 최고 세율을 50퍼센트에서 약 25퍼센트로 감축하는 세제 개혁 입안에 착수했다'.(본문) 짧게 말해, 세율은 절반이 떨어진 것이지 헤드라인이 시사하듯 4분의 1이 감축된 게 아니다.

달리 표현하면. 금리가 10퍼센트인데 11퍼센트로 오른다면 금리는 1퍼센트포인트가 인상된 것이지만 가치로는 10퍼센트가 오른 것이다. 일상적인 맥락에서는 이런 의미상의 차이가 종종 간과될 수 있다. 심지어 금융계 사람들도 대출 이자율이 사실은 2포인트 인상된 것인데 '2퍼센트 인상'이란 식으로 이야기한다. 하지만 인상된 비율이 크고 모호할 가능성이 있다면 이 차이는 상당한 차이가 될 수 있다.

마지막으로. 퍼센트의 미국식 철자는 percent라는 점에 유의해야겠다.

percentage, proportion 백분율, 비율. 두 숫자 사이의 관계가 명시되지 않을 때 두 단어는 부정확하게 사용된다. 'This drug has proved of much value in a percentage of cases이 약은 일정 비율의 사례에서 효험이 있는 것으로 드러났다'(가워스에게서 재인용)라는 문장은 사실 아무것도 말해주지 않는다. 그 비율이 2퍼센트가 될 수도 있고 28퍼센트도, 92퍼센트도 될 수 있는 것이다. 유사하게, 'a ship of large proportions규모가 큰 선박'도 'a ship of large dimensions'나 간단히 'a large ship'으로 바꾸는 게 더 낫다.

percentage point. PER CENT, PERCENTAGE POINT 참조.

perceptible 지각할 수 있는. -able가 아님.

perchance, perforce. 전자는 '어쩌면'이란 뜻, 후자는 '선택의 여지없이(부득이)'라는 뜻이다.

perforce. PERCHANCE, PERFORCE 참조.

period of time. 희한하게도 다음 예문에서와 같이 여러 글쓴이가 쓰고 싶은 유혹을 참지 못하는 표현. 'Marcos claimed that the seizures could be expected to continue for a considerable period of time마르코스는 점령이 상당 기간 지속될 수도 있다고 주장했다.'(선데이 타임스) 'a considerable period'나 'a considerable time' 둘 중 하나로 쓰자. 둘을 같이 쓸 필요는 없다.

perpetrate, perpetuate. 간혹 혼동된다. perpetrate는 '저지르다' '자행하다'란 뜻이며, perpetuate는 '연장하다' 또는 글자 그대로 '영속적이게perpetual 만들다'이다. 잭 더 리퍼는 연쇄살인을 저질렀다perpetrate. 그에 관해 글을 쓰는 사람들은 그의 악명을 영속화한다perpetuate.

perpetuate. PERPETRATE, PERPETUATE 참조.

perseverance. PERSEVERE, PERSEVERANCE 참조.

persevere, perseverance 인내하다, 인내심. -ser- 가 아님.

personal, personally 개인적인, 개인적으로. 개인이 대변인으로서가 아니라 독자적으로 행동한다는 점이나, 사람을 대할 때 집합적으로가 아니라 개개인으로 상대한다는 점을 강조해야 할 때는 personal과 personally도 좋다. 하지만 대개는 문맥이 그 점을 명확히 해주고 있는데도, 이 말은 다음과 같이 맹목적으로 쓰이곤 한다. 'Dr Leonard has decided to visit personally the Oklahoma parish which is the centre of the dispute레너드 박사는 분쟁의 중심인 오클라호마 교구를 직접/개인적으로 방문하기로 했다.'(데일리 텔레그래프) 직접이 아니면 간접 방문도 있나? personal이 들어가는 다른 흔한 표현에서도—personal friend개인적인 친구, personal opinion개인적 견해, personal favourite개인적으로 가장 선호하는 것 —이 말은 거의 언제나 군더더기다.

personally. PERSONAL, PERSONALLY 참조.

perspicacity, perspicuity 명민함, 명료함. perspicacity는 상황 판단이 빠르다는 뜻이며 사람에게 쓰인다('a perspicacious judge of character특성을 잘 간파하는 사람'). perspicuity는 쉽게 이해된다는 뜻으로 사물에 쓰인다('a perspicuous explanation쉽게 이해되는 설명'). 두 경우 모두, 더 간단한 동의어— 예를 들어 첫번째는 shrewd기민한, 두번째는 clear명확한—를 쓰는 게 바람직하다.

perspicuity. PERSPICACITY, PERSPICUITY 참조.

persuade. CONVINCE, PERSUADE 참조.

perturb. DISTURB, PERTURB 참조.

peruse. 'Those of us who have been idly perusing the latest flock of holiday brochures···우리 중에 최신 휴가지 광고 더미를 한가롭게 뒤적이고 있던 이들은'(가디언) 물론 헛된 노력이겠지만 peruse는 편안히 넘겨본다의 뜻이 아니라는 점은 지적할 가치가 있다. '정독·숙독하다'란 뜻이다.

pessimistic. OPTIMISTIC, PESSIMISTIC 참조.

Peterhouse. 케임브리지의 단과대학 이름. Peterhouse College로는 결코 쓰지 않는다.

Phalange. FALANGE, PHALANGE 참조.

Philippines. l이 하나이고 p가 둘임에 유의. 필리핀 출신인 남자는 Filipino, 여자는 Filipina라고 한다. 공용어 이름도 Filipino다.

phrasal verb 구동사. 구동사에 불변화사particle 하나를 붙이면 동사의 의미를 확장할 수 있고, 이는 자유자재로 활용 가능한 영어의 특징을 극명하게 보여주나, 구동사는 다루기가 쉽지 않다. break라는 동사 하나를 break up결별하다, break off분리되다, break down고장나다, break in침입하다, break into잠입하다의 뜻으로 확장할 수 있는 것이다. take도 take to~에 마음을 붙이다, take off이륙하다, take in받아들이다, take up차지하다, take down치우다, take away제거하다'로 확장할 수 있으며 이외에도 다른 많은 구동사가 있다. 각 구동사는 불변화사 없이는 표현이 어려울 뉘앙스를 담고 있다. 그러나 동사에 꼬리를 붙여 장식할 수 있는 이 능력은 때로 글쓴이들에게 불필요한 곳에 단어를 붙이게끔 한다. 그렇게 해서 생긴 것이 head up책임지다, check out확인하다, lose out놓치다, cut back삭감하다, trigger off촉발하다, pay off변제하다와 셀 수 없이 많은 다른 구동사들이다. 간혹 이런 조합은 엄밀히 말해 불필요하긴 하지만 숙어의 영향력을 갖게 된다(stand up일어서다, sit down앉다, beat up구타하다). 하지만 부주의한 글쓰기의 징후에 불과한 경우가 많다. 다음 예에서 이탤릭체로 된 낱말들은 공간만 낭비할 뿐이다. 'Now the bureau proposes to sell *off* 280 acres그 부서에서 이제는 280에이커를 팔아버리자고 제안하고 있다'(『타임』) 'The time will be cut *down* to two hours within two years2년 내에 그 시간은 두 시간으로 줄어들 것이다'(데일리 텔레그래프) 'A light snowfall did little to slow *down* the British advance눈이 조금 내렸지만 영국의 진출 속도를 늦추는 데는 별반 도움이 되지 않았다'.(선데이 타임스)

pidgin. CREOLE, PIDGIN 참조.

Pittsburgh 피츠버그. 아무래도 경음 'g'로 발음되니까 그렇겠지만, 영국인들은 얼마 전에 피츠버그를 다녀오고도 펜실베이니아주의 이 도시 이름을 오기하는 경우가 왕왕 있다. 'But let me pass them by, for one, more pleasant,

glance of a prison on the same plan which I afterwards saw at Pittsburg
하지만 피츠버그에서 나중에 본 같은 지도 속 교도소를 더 기분 좋게 한 번 훑으며 이들을 지나치도록 하자.'(디
킨스, 『미국 인상기』)

pizzeria 피자 가게로, pizza - 가 아님.

place names 지명. 지명에 자주 나타나는 구두점 오류를 다음 예문에서 볼
수 있다. 'Fourteen people were arrested after police stopped an illegal
pay party at Portchester, Hampshire and three people were arrested at
a similar event at Christchurch, Dorset 햄프셔주 포트체스터에서 경찰이 불법 유료 파티
를 중단시킨 뒤 열네 명이 체포되었으며 도싯주 크라이스트처치의 유사한 행사에서 세 명이 체포되었다'(인디
펜던트) 'More than 200 million notes have been produced at the Bank of
England's printing works in Debden, Essex and about 2.5 million more
will roll off the presses every day 2억 장 이상의 지폐가 에식스주 뎁덴의 잉글랜드 은행 인쇄소
에서 발행되었으며 추가로 250만 장이 매일 인쇄기에서 찍혀 나올 것이다'. (인디펜던트) 주 이름 앞에는
물론 뒤에도 쉼표를 넣어야 한다. 주 states, provinces 나 국가 등이 타운이나 도시
이름 뒤에 나오는 경우에도 마찬가지다.

plan ahead 사전에 계획하다. '[The] keys to success are to plan ahead,
to choose manageable recipes and to cook in batches 성공의 열쇠는 미리 계획하고
관리 가능한 조리법을 선택해 일정량씩 요리하는 것이다.'(뉴욕 타임스) 언제나 동어반복이다. 앞일
을 계획하지 지난 일을 계획하나?

plea, plead 애원, 애원하다. 'Police in plea for more funds 경찰, 추가 자금 요청/
간청.'(이브닝 스탠더드 헤드라인) 이 헤드라인 아래 본문 기사는 주기적인 자금 요청 이
야기였다. 엄청난 긴급성과 순종적인 애원이 조금이라도 있지 않은 이상 plea
는 거의 언제나 과장이다. 이 단어는 분명 헤드라인에 쓰기 좋은 간결한 낱말
이지만 그게 목적이라면 seek 나 ask 등 다른 좀더 중립적인 단어들도 있다.

(GRIEF, GRIEVE도 참조.)

plead. PLEA, PLEAD 참조.

plenitude. 풍부함을 가리키는 단어. plenti-가 아님에 유의.

pleonasm. TAUTOLOGY, REDUNDANCY, PLEONASM, SOLECISM 참조.

plethora. 그저 많은 게 아니라 과도한 양, 과잉을 가리킨다. 유사하게 종종 오용되는 단어로 SPATE 참조.

plus ~인데다가. 'The end of the holiday season plus the fact that London banks remained closed were cited as factors contributing to the quiet trading day휴가 시즌의 막바지인데다 런던 은행들이 계속 휴업중이었다는 사실이 거래가 한산한 요인으로 꼽혔다.'(AP통신) plus는 접속사가 아니라 전치사이므로 동사의 수에 영향을 미치지 않는다. 가령 Two and two are four, but two plus two is four'2 and 2'일 경우에는 'are'를. '2 plus 2'일 경우에는 'is'를 써야 한다. 위 예문은 'was cited as a factor'가 되거나 또는 plus를 'and'로 바꿔야 한다.

podium. LECTERN, PODIUM, DAIS, ROSTRUM 참조.

populace, populous. 전자는 일반 대중을 말한다. 후자는 인구가 많다는 뜻이다.

populous. POPULACE, POPULOUS 참조.

pore, pour. 간혹 pore가 들어가야 할 자리에 pour가 있다. 동사 pore는 '면밀히 검토하다'('He pored over the documents그는 문서들을 면밀히 검토했다')를 뜻하거나, 드물게는 '명상하다'란 뜻이다. pour는 글자 그대로('He poured the water down the drain^{그는 물을 배수구에 흘려보냈다}'), 혹은 비유적으로('The rioters poured through the streets^{폭도들이 거리로 쏟아져나왔다}') '붓다' '쏟아지다'를 뜻한다.

poser, poseur. 전자는 난제다. 후자는 젠체하는 사람이다.

poseur. POSER, POSEUR 참조.

position 입장. 장황함의 징표인 경우가 많다. 'They now find themselves in a position where they have to make a choice^{그들은 이제 선택을 해야 하는 입장에 처해 있다}'(데일리 텔레그래프)는 'They now have to make a choice^{그들은 이제 선택을 해야 한다}'로 쓰면 확연히 개선된다.

possessives 소유격. 소유격의 문제들은 부록의 APOSTROPHE에 다소 상세하게 논의되어 있으나 세 가지 흔한 실수는 여기서 언급할 만하다.

1. 올바른 자리에 아포스트로피를 찍지 않는 것
이 문제는 특히 men's, women's, children's 등에서 흔한데, mens', womens', childrens'로 잘못 표기하는 일이 너무 잦다.

2. 아포스트로피를 아예 안 찍는 것
mens, womens, childrens 등으로 표기하는 이런 관행은 특히 광고 및 소매업계에 만연하다. 소매업계에서 이런 문구를 보는 것만도 괴로운데 다른 곳에서 발견되는 것은 변명의 여지도 없다.

3. 불필요한 곳에 아포스트로피를 찍는 것
소유대명사 his, hers, ours, theirs에는 아포스트로피가 붙지 않는다. 하지만 다음과 같이 잘못 붙을 때가 있다. 'I don't think much of your's나는 네 것에 대해서 별생각이 없다.'(인디펜던트 헤드라인) (OURS IS NOT TO REASON WHY..도 참조.), (CHILDREN'S, MEN'S, WOMEN'S도 참조.)

possible. 다음 구문에서처럼 may가 잘못 뒤따라 나오는 경우가 있다. 'It is possible that she may decide to go after all그녀가 결국은 가기로 결정할지도 모르는 가능성이 있다.'(데일리 텔레그래프) 'It is possible that she will decide to go after all그녀가 결국 가기로 결정할 가능성이 있다'이나 'She may decide to go after all그녀는 결국 가기로 결정할지도 모른다'로 쓰자. 이 둘을 같이 쓰는 것은 불필요하다.

postmeridian, post meridiem. 전자는 '오후와 관계된' 또는 '오후에 일어나는'을 의미한다. 역시 정오 이후 시간대를 뜻하는 후자는 우리 대다수에게 'p.m.'이라는 약어로 더 잘 알려진 라틴어 용어다. 끝부분 철자가 다른 것에 유의.

post meridiem. POSTMERIDIAN, POST MERIDIEM 참조.

pour. PORE, POUR 참조.

practicable. PRACTICAL, PRACTICABLE 참조.

practical, practicable 실용적인, 실행할 수 있는. 실행될 수 있는 동시에 실행할 만한 가치가 있는 모든 것은 practical하다. 실행 가치 유무와 관계없이 실행 가능한 모든 것은 practicable하다.

practice, practise 연습하다. 북미 밖에서는 흔히 '미국식 어법에서는… license와 마찬가지로 명사와 동사의 철자를 둘 다 practise로 쓴다'(필드하우스, 『모두를 위한 바른 영어 가이드』)고 잘못 알고 있다. 미국에서 practice의 철자에는 practice, practiced, practicing처럼 언제나 'c'가 들어간다. 영국 어법에서 명사는 practice('Practice makes perfect^{훈련이 완벽을 만든다}'), 동사는 practise('You must practise your piano lessons^{피아노 교습 때 배운 것은 연습해야만 한다}')로 쓴다.

practise. PRACTICE, PRACTISE 참조.

precautionary measure 예방 조치. 흔한 표현이지만 precaution으로 간단히 줄여 쓸 수 있다.

precipitant, precipitate, precipitous. 이 세 가지는 모두 같은 어원, 라틴어 praecipitare^{거꾸로 던지다}에서 나왔다. precipitous는 '매우 가파른'이란 뜻이다. 가령 Cliff faces are precipitous^{단애면(斷崖面)들은 깎아지른 듯 가파르다}. precipitant 와 precipitate는 둘 다 '무모하게 서두름'을 뜻하며 의미상 거의 차이가 없으나 precipitant는 서두름의 갑작스러움을, precipitate는 무모함을 강조하는 경향이 있다. 행동을 설명하는 데 precipitous를 쓰는 것은 가장 흔한 오류다('his precipitous departure from the Cabinet^{그의 갑작스러운/가파른 실각}'). precipitous 는 물리적 특징을 설명하는 데만 쓰인다.

precipitate. PRECIPITANT, PRECIPITATE, PRECIPITOUS 참조.

precipitous. PRECIPITANT, PRECIPITATE, PRECIPITOUS 참조.

precondition, preplanning, prerecorded, etc. 십중팔구 군더더기다. 'A lot of headaches can be avoided with a little careful preplanning^{하지만 조금만 면밀히 사전 준비를 하면 많은 골칫거리를 피할 수 있다}.'(시카고 트리뷴) 모든 계획은 사전에 이루어져야 한다. pre-는 각 단어에 아무 의미도 더해주지 않으니 삭제하는 게 좋고 다음 예문에서도 삭제됐어야 한다. 'There are, however, three preconditions to be met before negotiations can begin그러나 협상이 개시되려면 세 가지 선결 조건이 충족돼야 한다'(가디언) 'The company's music performance reflected both the volatility and opportunities for growth in the worldwide market for prerecorded music회사의 음악 부문 실적은 음반 관련 세계시장의 불안정성과 성장 기회를 모두 반영했다'.(이코노미스트 광고)

premier, première. 전자는 정부 최고위급 관리, 특히 총리다. 후자는 (영화 개봉 등 문화 행사의) 공식적인 첫 등장을 말한다.

première. PREMIER, PREMIÈRE 참조.

premises 부지. 부동산을 가리킬 때는 언제나 복수로 쓴다. business premise 사업장라는 말은 없다.

preplanning. PRECONDITION, PREPLANNING, PRERECORDED, ETC. 참조.

prepositions 전치사. 문장을 전치사로 끝맺어서는 안 된다고 생각하는 사람—아직도 그런 사람들이 있다—은 한 세기쯤 뒤떨어져 있다. 18세기 런던 교구 주교이자 소일 삼아 문법학자도 겸했던 로버트 로스는 이 '규칙'을 소중히 간직했다. 대단히 특이하나 신기하게도 영향력 있는 저서 『영문법 개론』에서 그는 독자들에게 점잖게 피할 수 있다면 문장을 전치사로 끝내지 말라고 권고했다. 너무 많은 사람이 그의 말을 곧이곧대로 지켰고 한 세기 반 동안 그 규칙은 지배적 통념이 되었다. 다행히 오늘날 이 규칙은 보통 무의미한 허세로 비난받는다. 사실, 다음과 같이 문장 끝부분 말고 달리 전치사를 둘 데가 없는 문장이 허다하다. 'This bed hasn't been slept in이 침대에서 아무도 잔 적이 없다' 'What is the world coming to?세상이 어떻게 돼가고 있는 거지?' 'I don't know what you are talking about네가 무슨 말을 하는 건지 모르겠다'.

이와는 별도로, 서두르거나 체계를 갖추지 못한 저자들이 흔히 범하는 실수는, 무의식적으로 문장에 전치사를 줄줄이 덧붙이는 것이다. 더 타임스에서 발췌한 다음 예문이 특히 그렇다. of와 after가 난무한다. 'Bettaney··· became the first member of the Security Service ever to be convicted of spying at the end of a trial held in camera after the first 35 minutes of the prosecution's opening to the return of the jury after a five-hour deliberation yesterday 베타니는 ··· 어제 다섯 시간에 걸친 심의 끝에 돌아온 배심원들에 대한 첫 35분에 걸친 검찰측의 모든 진술 후에 비공개 재판 끝에 간첩 혐의로 유죄 확정된 첫 보안기관 요원이 되었다.' 이 문장은 사실상 해독 불가능해졌다.

prerecorded. PRECONDITION, PREPLANNING, PRERECORDED, ETC. 참조.

prescribe, proscribe. prescribe란 규칙이나 지침으로 정하는 것을 뜻한다. proscribe는 '비난하다' 또는 '금지하다'를 뜻한다. 기관지염에 걸렸다면 의사는 항생제를 처방하고prescribe 흡연을 금할proscribe 것이다.

present, presently 현재, 현재 시점에서. 'current지금의' 및 'currently현시점에'처럼 이 두 단어도 다음 문장에서처럼 종종 불필요하게 나타난다. 'A new factory, which is presently under construction in Manchester, will add to capacity맨체스터에 현재 짓고 있는 새 공장이 생산능력을 증대해줄 것이다.'(더 타임스) 이 문장은 presently가 있으나 없으나 같은 의미다.

presently. PRESENT, PRESENTLY 참조.

pressurize. 'Esso accused him of trying to pressurize the Prime Minister into bailing out his petrochemical plant··· 에소는 그가 자신의 석유화학 공장을 살리기 위해 총리를 압박하려 한다며 그를 비난했다.'(더 타임스) pressurize는 가스나 액체, 식품에 쓰

이는 단어다(압력을 가해 용기 안으로 밀어넣는다는 뜻). 사람에게 압력을 가한 경우라면 pressed나 pressured라고 써야 맞다.

prestigious. 몇몇 완고한 권위자는 prestigious가 '던지기 곡예사의 속임수'를 뜻하는 라틴어 단어 praestigiae에서 왔다는 것을 근거로 삼아, 환상적이거나 기만적인 것을 설명하는 데만 이 말을 써야 한다고 아직도 고집한다. 그러나 이 의미는 19세기 이래로 사실상 희미해졌다.

오늘날 어원을 근거로 보다 엄격한 의미를 고수하는 것은 'silly^{어리석은}'를 그 유래에 근거해 '행복한' '성스러운'의 의미로, 'villain^{악당}'을 별장^{villa}에서 일하는 사람'의 의미로 써야 한다고 주장하는 것과 같다. 의미는 변하기 나름이다. 변화가 나쁜 방향으로 이루어진다면, 당연히 이를 저지하려 애써야 할 것이다. 그러나 prestigious의 경우 그런 시도는 실용적이지도 바람직하지도 않다. 사람들은 이 낱말의 의미를 거의 200년 동안이나 확대해왔다. 문법학자들에게 맞서기 위해서가 아니라 그저 새로운 의미가 필요해진 반면 오래된 의미는 불필요하다고 느꼈기 때문이다. 오늘날 이 낱말의 원래 의미는 소수 순수주의자들의 마음속에나 남아 있지, 다른 데에서는 없어진 것과 다름없다. 대부분의 사전은 이제 '존경받을 만한'이라는 광의만을 유일한 의미로 제시하고 있으며, 가장 오랫동안 수호해왔던 『컨사이스 옥스퍼드』도 1976년 이래로 그렇게 하고 있다.

presume. ASSUME, PRESUME 참조.

presumptive, presumptuous 추정되는, 뻔뻔한. 때로 후자를 써야 할 때 전자가 쓰인다. presumptuous는 '경솔하고 제멋대로 하는 경향이 있는' 또는 '과도하게 대범하고 솔직하게 행동하는'이란 뜻이다. presumptive는 '추정할 근거를 제공하는'이란 뜻인데 주로 전문용어로 쓰인다. 다음 예문에서 잘못된 표현을 볼 수 있다. 'She considered the question with the equanimity of someone who has long been immune to presumptive prying^{그녀는 뻔뻔스러}

운/추정되는 캐물음에 이골이 난 지 오래인 사람 특유의 차분한 태도로 그 질문을 대했다.'(선데이 텔레그래프)

presumptuous. PRESUMPTIVE, PRESUMPTUOUS 참조.

pretension 허세. 형용사형의 철자는 pretentious.

prevaricate, procrastinate. 때로 혼동된다. prevaricate는 진실을 외면하며 에둘러 말하거나 행동한다는 뜻이다. procrastinate는 '미루다'를 뜻한다.

prevent 막다. 다음과 같이 문장에서 잘못 나타나곤 한다. 'They tried to prevent him leaving.' 문장은 다음과 같이 되어야 한다. 'They tried to prevent his leaving그들은 그가 떠나지 못하게 막으려 했다' 또는 'They tried to prevent him from leaving'. (GERUNDS (2) 참조.)

preventative. PREVENTIVE, PREVENTATIVE 참조.

preventive, preventative 예방적인. 'One way to ease their difficulties, they decided, was to practise preventative medicine그들의 어려움을 덜어줄 한 가지 방법은 예방의학을 실천하는 것이라고 그들은 결론지었다.'(이코노미스트) preventative가 틀린 말은 아니지만 preventive가 더 간결하다.

prima facie. A PRIORI, PRIMA FACIE 참조.

principal, principle. principle은 '근본적인'이란 뜻으로, 근본적인 믿음이나 진실('It's not the money, it's the principle돈의 문제가 아니라 원칙의 문제다') 또는 근본적인 이해('They have signed an agreement in principle그들은 원칙적으로 협정에 서명했다')에 쓰인다. 언제나 명사다. principal은 '우두머리'나 '가장 중요함'을 뜻하는 명사('He is the school's principal그가 그 학교의 교장이다') 또는 같은 의

미를 담은 형용사('The principal reason for my going··· 내가 가는 주된 이유는')
가 될 수 있다.

principle. PRINCIPAL, PRINCIPLE 참조.

prior to. BEFORE, PRIOR TO 참조.

pristine. 'The campaign waged by the anti-repeal forces was pristine clean^(법률) 폐지 반대자들의 캠페인은 매우 순수했다.'(『언어의 지위』, 킹즐리 에이미스에게서 재인용)
pristine은 예문의 의도처럼 티끌 하나 없다거나 다른 많은 곳에서 쓰이듯 새것
이라는 뜻이 아니다. '원래의' '원시시대부터 내려온' 또는 '원래 상태에서 거의
변함이 없는'이란 뜻이다.

procrastinate. PREVARICATE, PROCRASTINATE 참조.

Procter & Gamble 프록터 앤 갬블. 가정용품 회사의 명칭. Proctor로 오기
되는 일이 잦다.

prodigal. 간혹 탕자의 비유에서 잘못 추론되듯이 방황하거나 가출하는 버릇
이 있다는 뜻이 아니다. 무모하게 낭비하거나 사치한다는 뜻이다.

prognosis. DIAGNOSIS, PROGNOSIS 참조.

prohibit. FORBID, PROHIBIT 참조.

prone, prostrate, recumbent, supine 엎드려 있는, 엎드린, 기댄, 반듯
이 누운. supine이란 얼굴을 위로 향하고 누워 있다는 뜻이다('누워 있는^{supine}
사람은 척추^{spine}를 대고 있다'로 기억하면 쉽다). 대부분의 사전과 권위자들—

물론 모두는 아니겠지만—은 prone과 prostrate를 얼굴을 바닥으로 향해 누워 있다는 뜻으로 간주한다. (일각에서는 이 단어들이 위를 향하고 누운 사람이나 사물에도 쓰일 수 있다고 말한다.) 어느 경우든 prostrate는 항복하거나 스스로를 보호하기 위해 몸을 엎드린다는 뜻을 담고 있다. 그냥 잠들어 있는 사람을 서술할 땐 prostrate를 쓸 수 없다. recumbent는 어떤 자세든 가만히 눕거나 엎드린 것을 말하지만 repose누워 있다와 마찬가지로 이 단어도 편하고 안락한 자세를 가리키는 데 쓴다. prone의 다른 의미에 대해서는 LIABLE, LIKELY, APT, PRONE 참조.

proper nouns 고유명사. 더 타임스에서 발췌한 다음의 두 잘못된 예문에서 보듯이 많은 저자가 고유명사의 복수형에 맞닥뜨렸을 때 당혹스러워한다. 'This is the first of a new series about the Rush's이는 러시 가족에 대한 새 시리즈의 첫 편이다' 'The Cox's were said by neighbours to be··· happily married 콕스 부부는 행복한 결혼 생활을 누렸다고 이웃들이 말했다'. 고유명사의 복수형을 만드는 법칙은 다른 명사의 경우와 똑같다. one fox를 복수 two foxes로, one church를 two churches로 쉽게 만들 수 있다면 러시 가족the Rush family은 the Rushes로, 콕스 부부the Cox couple는 the Coxes로 만드는 일도 어렵지 않을 것이다. 요컨대, s, sh, ch, x로 끝나는 이름에는 'es'를 붙이면 된다. 예를 들어 Lewises, Lennoxes, Clemenses 등이 있다. 다른 경우에는 Smiths, Browns, Greens, the two Koreas처럼 그냥 's'만 붙이면 된다. 이 규칙은 앵글로색슨계 이름에서도 마찬가지다. 앵글로색슨계 이름이 아닐 때는 Rockies, Ptolemies, Alleghenies, Mercuries 및 (일부 간행물의 경우) Germanies처럼 예외가 있다. 어떤 경우든, 명사를 복수형으로 만들고자 아포스트로피를 붙이는 것은 틀리다.

prophecy, prophesy 예언, 예언하다. 전자는 명사, 후자는 동사다. 'I prophesy war; that is my prophecy나는 전쟁을 예언한다; 그것이 내 예언이다.'

prophesy. PROPHECY, PROPHESY 참조.

proportion. PERCENTAGE, PROPORTION 참조.

proscribe. PRESCRIBE, PROSCRIBE 참조.

prostrate. PRONE, PROSTRATE, RECUMBENT, SUPINE 참조.

protagonist 주인공. 그리스어의 protos와 agonistes에서 나온 이 낱말은 문자 그대로 '첫번째 배우'를 뜻하며, 나아가 어떤 일에서든 추진력이 가장 강한 사람을 말한다. 하지만 다음 예문에서 명백히 드러나듯 사건마다 주인공이 한 사람 이상 있는 것은 적절하지 못하다. 'During the anomalous decade of the 1930s the three protagonists of this book each played out important··· roles¹⁹³⁰년대라는 이례적인 10년 동안 이 책의 세 주인공은 각자 중요한 역할을 해냈다.'(뉴욕 타임스) 이 단어는 몇 명이어도 상관없는 antagonist적대자의 반대말이 아니다. 영웅적이거나 존경스러운 행위와 관련이 있는 것도, for~을 위해나 on behalf of~을 대신해를 뜻하는 라틴어 pro-와 관계된 것도 아니다. protagonist는 어떤 대의를 수호할 수도 있고 사실 그런 경우가 많지만, 그 의미가 이 단어에 내포돼 있지는 않다.

prototype 원형原型. prototype이란 향후 같은 유형으로 만들어질 제품의 모델이 되는 원물이다. 그러므로 first prototype첫 원형, experimental prototype실험적인 원형, model prototype모형 원형 등에서 선행 수식어는 대개 중복이다.

proved, proven 판명된, 검증된. 대개 영국식 어법에서 동사 과거 시제로 proved가('the accused was proved innocent피고인은 무죄인 것으로 판명되었다'), 형용사로 쓸 때는 proven이 선호된다('a proven formula검증된 제조법'). 스코틀랜드의 법률 용어 'not proven증거 불충분'은 예외로, 이는 공식 판결formal finding이므로 신문기사나 기타 공식적인 글에서는 준수되어야 한다.

proven. PROVED, PROVEN 참조.

proverbial 속담에도 나오는. 'He stuck up the proverbial two fingers그는 그 유명한/속담에도 나오는 두 손가락을 올려 보였다.'(데일리 메일) 진짜 속담과 관계되지 않은 이상 이 단어는 오용된 것이므로 피하는 게 좋다.

provided, providing ~한다면. 'He agreed to come provided he could get the day off work그는 하루 휴가를 쓸 수 있다면 온다는 데 동의했다'와 같은 구문에서 대부분의 권위자는 전자를 더 선호하지만 둘 다 옳다. 'if'로 쓴다면 더 낫겠다.

providing. PROVIDED, PROVIDING 참조.

purposefully. PURPOSELY, PURPOSEFULLY 참조.

purposely, purposefully. 전자는 '고의로'라는 뜻이다. 후자는 '목적의식을 가지고'라는 뜻이다. 'She purposely nudged me그녀는 고의로 나를 쿡 찔렀다'는 우연한 일이 아니었다는 뜻이다. 'She purposefully nudged me그녀는 보란듯이 나를 쿡 찔렀다'란 그녀가 요점을 말하기 위해, 또는 어떤 것에 대해 주의를 끌기 위해 옆구리를 찔렀다는 뜻이다.

put an end to 종지부를 찍다. 그야말로 이 표현의 사용에 종지부를 찍는 게 좋겠다. 'stop'으로 쓰자.

pyrrhic victory. 간혹 생각하듯 무의미한 승리가 아니다. 승자가 너무 큰 희생을 치르고 얻은 승리를 말한다.

Qantas 콴타스 항공. 정식 명칭은 더이상 사용되지 않지만 역사 기록 차원에서 Qantas는 Queensland and Northern Territory Aerial Service퀸즐랜드 및 북부 준주 항공 서비스의 약어임에 유의하는 게 좋다. Air도 Services도 아님에 주의.

quadriplegia 사지 마비. quadra - 가 아님.

quadruped 네발 동물. quadri - 나 quadra - 가 아님.

quandary 곤경. quandry도 quandery도 아님.

quantum leap 약진. 상투어가 되었으므로 피하는 게 낫다. 이 표현에 반대하는 또다른 이유가 있다. 이 단어의 과학적 의미는 뚜렷하고 측정 가능하지만 꼭 비약적이라고는 할 수 없는 움직임이나 진전을 뜻하는데, 이것은 사람들이 일반적으로 쓰는 비약적 발전이라는 의미와 상충하기 때문이다.

Queen's College 퀸스 칼리지. 옥스퍼드 단과대학은 이렇게 쓰나 케임브리지 단과대학은 Queens' College로 쓴다.

query, inquiry, enquiry 질문, 조사, 조사. query는 하나의 질문이다. inquiry나 enquiry는 한 가지 질문일 수도 있고 방대한 조사일 수도 있다. 두 철자 모두 올바르지만 영국과 미국 사전 대부분이 inquiry를 선호한다.

question, leading 유도신문. leading question이란 흔히 생각하듯 도전적이거나 적대적인 질문이 아니라 그 반대다. 이는 원하는 대답을 얻고자 질문받는 사람을 부추기는 질문이다. 변호인이 증인에게 'You didn't see the murder, did you^{살인을 못 봤지요. 그렇죠?}'라고 묻는다면 그는 유도신문을 하는 것이다.

question mark 물음표. 'a question hanging over^{해결되지 않은 의문}'이라는 질릴 만큼 남용되는 표현을 미화한 것으로, 역시 남용되는 표현이다. 예문을 보자. 'The case··· has raised a question mark over the competence of British security^{이 사건은 영국 보안부의 역량에 물음표를 드리웠다.}'(더 타임스) 그럼 즐거운 사건이면 소송에 느낌표가 드리워졌다고 말하나? 협상이 잠시 중단되면 협상에 쉼표가 드리워지나?

quinquennial. '5년 동안 지속되는'도, '5년마다 일어나는'도 될 수 있다. 모호성이 내재돼 있으니 더 구체적인 표현으로 대체하는 게 낫다.

quite. quite은 '긍정적으로' 또는 '완전히'를 뜻하기에 일부 권위자들은 'quite all right^{썩 괜찮은}'이나 'quite similar^{퍽 유사한}'처럼 중복되는 느낌을 주는 사용에 반대한다. 이런 표현들은 다소 고풍스럽기도 하고 공식 글쓰기에서는 피하는 게 나을 때가 많지만 그만큼 숙어적 표현으로 옹호될 수도 있다.

quoting in fragments 단편적으로 인용하기. 예문에서처럼 불필요하게 주의를 분산한다. 'He said that profits in the second half would be "good"^{그는 하반기 이익이 "좋을" 거라고 말했다.}'(더 타임스) 인용, 특히 일부 인용에는 명분이 있어야 한다. 인용되는 낱말(들)이 유별나거나 뜻밖이거나 묘사가 각별하거나('It was, he said, a "lousy" performance^{그가 말하길. 그것은 "엉망"인 공연이었다}') 기타 사유로 눈에 띌 때는 인용 부호 사용에 문제가 없고 대개 권장할 만하다. 하지만 위 예문에서와 같이 평범한 단어인 good을 두드러지게 하는 것은 불필요하다. 다음 문장에서 두번째 인용 부호는 문제가 없지만 첫번째는 말도 안 된다. 'Dietz agreed that loneliness was a "feature" of Hinckley's life but he added that studies have shown that "loneliness is as common as the common cold in winter"디츠는 고독은 힝클리의 인생에서 하나의 "특징"이었다는 데 동의했으나 연구에 따르면 "고독은 겨울철 감기만큼이나 흔한" 것으로 드러났다고 덧붙였다.'(워싱턴 포스트)

다음 예문에는 단편적 인용의 또다른 문법적 위험이 나타나 있다. 'Although he refused to be drawn on the future of the factory, Sir Kenneth said that the hope of finding a buyer "was not out of the question"케네스 경은 공장의 미래에 대해 논평하기를 거부했으나 인수자를 찾는 희망도 "불가능한 것은 아니었다"고 말했다.'(더 타임스) 케네스 경은 분명 "That was not out of the question불가능한 것은 아니었다"가 아니라 "That is not out of the question불가능한 것은 아니다"라고 했을 것이다. 인용문에서는 일부만 인용한다 하더라도 시제가 유지되어야 한다.

마지막 문제로, 기자들이 다음처럼 한 사람의 말을 여러 사람의 말인 양 쓰는 경향을 들 수 있다. 'Witnesses at the scene said that there was "a tremendous bang and then all hell broke loose"현장의 목격자들은 "엄청난 꿍음이 난 다음 아수라장이 되었다"고 말했다.'(가디언) 이 진술은 풀어 쓰거나 한 목격자의 말로 써야 한다.

R

rack, wrack 고통을 주다, 고문하다. 'It noted that its reserves constituted a very slender margin of safety in a world increasingly wracked by political risks그런 신중함은 정치적인 위험으로 점점 더 황폐해져가는 세상에서 안전의 여지가 매우 적음을 의미한다고 (그것은) 언급했다.'(더 타임스) wrack은 wreck의 옛 형태로 'wrack and ruin궤멸(된 상태)'이라는 표현을 제외하고는 이제 거의 쓰이지 않는다. 예문에서 의도한 의미를 나타내는 단어 rack은 '고통을 가하다'라는 뜻이다. 숙어로는 nerve-racking안절부절못하게 하는, rack one's brain머리를 짜내다이 있다.

Radio Telefís Éireann. 아일랜드 라디오 방송국 텔레피스 에어런의 철자.

radius 반지름. 복수형은 radii도 되고 radiuses도 된다.

raining cats and dogs 비가 억수같이 퍼붓다. 어디에서 영감을 얻은 표현인지는 모르지만 1738년 스위프트가 이 표현을 비난했을 때부터 이미 진부했다는 점은 기억해둘 만하다.

ranges of figures 수치의 범위. 'Profits in the division were expected to rise by between $35 and $45 million그 부서의 이익은 35~4500만 달러 상승할 것으로 기대되었다.'(옵서버) 글쓴이가 1000만 달러 사이를 말하려 했다는 점을 대부분은 금세 알아차리겠지만 글자 그대로 보자면 이익은 35달러에 불과할 수도 있고 4500만 달러에 이를 수도 있다. 'between $35 million and $45 million3천5백만에서 4천5백만'을 의미하려면 이렇게 말하는 게 더 낫다.

Ranks Hovis McDougall 랭크스 호비스 맥두걸. 영국 식품 그룹의 이름. Rank가 아님.

rapt, wrapped ~에 빠져 있는, 포장된. 생각에 잠기다는 'rapt in thought'로 쓰지 wrapped가 아니다. rapt란 '몰두한' '넋이 빠진' '도취한'을 뜻한다.

rarefaction. RAREFY, RAREFACTION 참조.

rarefy, rarefaction 희박하게 하다, 희박화. rari-가 아님.

ravage, ravish. ravage는 '초토화하다'를 의미한다. ravish는 '유린하다' '채가다' 또는 다소 혼란스럽게도 '도취시키다'를 뜻한다. 모든 의미에서, 혼란을 피하려면 두 단어 다 신중히 써야 한다.

ravish. RAVAGE, RAVISH 참조.

raze 헐어버리다. 'Zurich's Autonomous Youth Centre was razed to the ground yesterday^{취리히의 자치 청소년 센터가 어제 (바닥으로) 철거되었다}'(더 타임스) 구조물을 헐면 바닥으로 무너져내릴 수밖에 없다. 'to the ground' 없이 'Zurich's Autonomous Youth Centre was razed yesterday'로 써도 충분하다.

razzamatazz. RAZZMATAZZ, RAZZAMATAZZ 참조.

razzmatazz, razzamatazz 요란함. 전자가 대체로 선호되는 철자이나 사전은 후자도 허용한다. 흔한 철자 오기가 예문에 보인다. 'For them the promotional razamataz is much more about holding on to what they have^{그들에게 요란한 홍보 활동은 무엇보다도, 가진 것을 포기하지 않겠다는 의미를 담고 있다}'(더 타임스)

react 반응하다. 이 말은 즉흥적 반응에만 쓰는 것이 낫다('He reacted to the news by fainting그 소식에 대한 그의 반응은 기절이었다'). 다음 예문에서와 같이 오랜 고민 끝에 내린 결정을 나타내는 데는 쓰지 않는 게 좋다. 'The Vice-President's lawyers were not expected to react to the court's decision before Monday at the earliest부통령 변호인단은 빨라도 월요일 전까지는 법원의 판결에 응할 것으로 예상되지 않았다.'(로스앤젤레스 타임스)

reason⋯is because ~한 이유는 ~때문이다. 흔한 구문이며 적어도 200년 동안 쓰여왔지만 동어반복으로 많은 권위자에게 지속적으로 비난받는 표현이기도 하다. 옵서버의 예문을 보자. 'The reason she spends less and less time in England these days is because her business interests keep her constantly on the move그녀가 요즈음 영국에서 보내는 시간이 점점 줄어드는 이유는 사업상 계속 이동해야 하기 때문이다.' 이러한 구문에 반대하는 권위자들은(모두가 반대하지는 않는다) because를 삭제하거나 that으로 바꾸면 문장이 개선된다고 주장한다. 동어반복에 대해서는 이들의 말이 맞지만 그 해결책은 잘못됐다(아니면 적어도 올바르지 않다). 이런 문장들의 문제는 첫 부분에 있다. 'the reason'(그리고 이에 수반하는 동사 'is')을 삭제하면 대부분 더 산뜻하고 중심이 잡힌 문장이 된다. 'She spends less and less time in England these days because her business interests keep her constantly on the move그녀는 사업상 계속 이동해야 하기에 요즈음 영국에서 점점 더 적은 시간을 보낸다.'

reason why ~한 이유. reason⋯ is because(위 참조)와 마찬가지로 의미가 중복된다. 이 두 예문을 보자. 'If they don't, great bands of shareholders will want to know the reason why그들이 그러지 않는다면 상당수의 주주가 그 이유를 알고 싶어할 것이다'(데일리 메일) 'His book argues that the main reason why inner-city blacks are in such a sorry state is not because whites are prejudiced but because low-skilled jobs near their homes are disappearing도심의 흑인들이 그토록 안타까운 상태에 처한 주요 이유는 백인들이 편견이 심해서가 아니라 이들의 주거 근처에서 저숙

런 일자리가 사라지고 있기 때문이라고 저자는 주장한다'.(이코노미스트) 한두 단어를─첫 문장의 'the reason'과 두번째 문장의 'why'를─제거하면 문장을 개선할 수 있다.

reckless 무모한. 난파(의 잔해)wreck가 없는 상태를 묘사하는 게 아닌 이상 wreckless가 아님.

reconstruction 재구성. 'The play is a dramatic reconstruction of what might happen when a combination of freak weather conditions threatens to flood London그 연극은 괴이한 날씨의 조합으로 런던이 침수 위협을 받을 때 일어날 수 있는 사건의 극적인 재구성이다.'(더 타임스) 잠시 고민해봤다면 글쓴이도 알 수 있었을 텐데, 아직 일어나지 않은 사건을 재구성할reconstruct 수는 없다. re-는 reduplicate복제하다와 recopy복사하다의 예에서 알 수 있듯 의미를 더하지 않은 채 접두어로 붙을 때가 왕왕 있다.

R

recumbent. PRONE, PROSTRATE, RECUMBENT, SUPINE 참조.

reduce. DEPLETE, REDUCE 참조.

redundant. TAUTOLOGY, REDUNDANCY, PLEONASM, SOLECISM 참조.

refute 반박하다. 어떤 주장이나 혐의가 틀렸음을 단정적으로 보여준다는 뜻이다. 단순히 '논쟁한다' '어떤 주장을 부정한다'는 뜻이 아니다.

regretfully, regrettably. regretfully는 '후회regret의 감정을 갖고'라는 뜻이다. 'Regretfully they said their farewells그들은 회한을 안고 작별인사를 나누었다.' regrettably는 '불행히도unfortunately'를 뜻한다. 'Regrettably I did not have enough money to buy it안타깝게도 나는 그걸 살 만한 돈이 없었다.'

regrettably. REGRETFULLY, REGRETTABLY 참조.

reiterate. iterate가 '반복하다'란 뜻이므로 reiterate는 '다시 반복하다'의 의미일 것 같은데 그렇지 않다. 이 또한 그저 '반복하다'를 뜻한다. 다음 예문에서 흔한 실수를 발견할 수 있다. 'She hopes her message to the markets, reiterated again at the weekend, will be enough to prevent the pound sliding further^{그녀는 주말에 다시 한번 반복해 시장에 보낸 메시지가, 파운드화 가치가 더이상 떨어지지} ^{않는 데 일조하길 희망한다.}'(더 타임스) 'again'은 re-로 시작하는 단어(reiterate, repeat ^{반복하다}, reaffirm^{재천명하다})와 쓰일 때 늘 불필요하므로 삭제해야 한다.

relatively 상대적으로. 'comparatively^{비교적으로}'와 마찬가지로, relatively는 비교나 상대성의 의미가 없는 한 쓰지 않는 게 좋다. 이 단어는 다음 예문에서처럼 아무 손실 없이 삭제될 수 있다. 'The group has taken the relatively bold decision to expand its interests in Nigeria^{그룹은 나이지리아에서 자사의 이익을} ^{확대하고자 상대적으로 과감한 결정을 내렸다.}'(더 타임스) (COMPARATIVELY도 참조.)

relevant. GERMANE, RELEVANT, MATERIAL 참조.

relieve. ALLAY, ALLEVIATE, ASSUAGE, RELIEVE 참조.

remunerate 보수를 지불하다. '음위 전환^{metathesis}'이란, 단어 내 음이나 철자의 자리를 바꾸는 것을 가리키는 용어인데, 다음 예문에서 볼 수 있듯 이 낱말에서 종종 음위 전환이 일어난다. 'Mr Strage said in the witness box that he was to receive fair renumeration for his work^{스트레이지 씨는 증인석에 서서 자신} ^{은 일에 대한 정당한 보상을 받아야 한다고 말했다.}'(인디펜던트) remunerate를 numeral^{수사}이나 enumerate^{열거하다}처럼 수량을 가리키는 낱말과 연관시키려는 충동은 이해할 만하지만, 사실상 이 단어들은 서로 다른 어원을 지닌다. remunerate는 라틴어 munus^수(munificent^{후한}와 관계가 있다)에서 왔다. numeral이나 enumerate

및 관련된 기타 단어는 라틴어 numerus^수에서 왔다.

rendezvous 만남. 단·복수형 모두 철자가 동일하다.

repel, repulse. 혼동하지 말 것. repulse는 물리치다^{drive back}라는 뜻이다. 'The army repulsed the enemy's attack^{군대는 적의 공격을 격퇴했다}.' '혐오감^{repugnance}을 유발하는'을 뜻하는 repulsive와 혼동하지 말아야 한다. repel은 '비위를 상하게 하는' '불쾌감을 유발하는'을 뜻한다. 'The idea of eating squid repelled her^{그녀는 오징어를 먹는다는 생각만으로도 비위가 상했다}.'

repetition 반복. 많은 권위자는 번스타인이 'synonymomania'라고 부른 현상—일부 언론인이 한 기사에서 같은 단어를 두 번 쓰길 거의 병적으로 두려워하는 것—에 비판적인데, 이는 합당하다. 이런 관행은, 두번째 언급시 복싱 선수^{boxers}를 pugilists니 ringmasters로 쓰고 야구공^{baseballs}은 leather spheroids^{가죽 회전체}로 바꿔 쓰지 않으면 안 되는, 스포츠 기자라는 별종 집단에 만연해 있다. 부실하거나 부자연스러운 동의어에 호소하느니 같은 단어를 반복하는 게 낫다.

　한편 어떤 종류의 반복은 피하는 편이 더 나은데, 한 문장에서 which, when, who, because, where 같은 연결어가 반복될 때 그러하다. 두 가지 예를 보자. 'The takeover, which was originally agreed on amiable terms, was blocked by the Monopolies Commission, which is not expected to make a decision for some time^{인수는 애초에 우호적 조건으로 합의가 이루어졌으나 독점 방지 위원회에 의해 중단되었는데, 위원회는 상당한 시간이 흐르고 나서야 판정을 내릴 것으로 예상된다}'(더 타임스) 'A similar sequence of events was responsible for the Aberfan tragedy in 1966 when 116 children died when a sliding coal waste tip engulfed the village school and a row of houses^{유사한 일련의 사건이. 석탄 폐기물 더미가 마을 학교와 연립주택을 덮쳤을 때 어린이 116명이 사망한 1966년 애버판 참사의 원인이었다}'(인디펜던트) 꼭 다 그렇진 않지만 이런 문장들은 대부분 어색하고 혼란스럽다. 너무 많은 생각이

한꺼번에 앞다퉈 주의를 끈다. 일반적으로 이런 문장은 둘로 나누면 개선할 수 있다.

replica 복제품. 사실 replica는 원작과 같은 크기에, 같은 재료로 만든 똑같은 사본이다. 다음 예문에서와 같이 model모형이나 miniature축소본, copy사본, reproduction복제품 같은 낱말을 써야 할 때 이 단어를 쓰면 부정확하다. 'Using nothing but plastic Lego toy bricks, they have painstakingly reconstructed replicas of some of the world's most famous landmarks그들은 플라스틱 레고 장난감 블록만을 사용해, 세계에서 가장 유명한 랜드마크 복제품을 힘껏 재현했다.'(선데이 타임스)

repulse. REPEL, REPULSE 참조.

responsible 책임 있는. 일부 권위자들은 아직도 사건에 대한 responsibility책임는 사물이 아닌 사람에게만 쓸 수 있다고 지적한다. 부실한 관리를 한 사람에게 화재에 대한 책임이 있을 수 있지만 번개에 책임이 있지는 않다는 것이다. 번개가 화재나 발화를 유발할 수 있으나 번개에 화재에 대한 책임이 있다고 쓸 수는 없다.

restaurateur 레스토랑 경영자. 최근에 어느 요리 프로그램을 시청했는데 사회자가 레스토랑 소유주를 계속 restauranter라고 불렀다. 주요 신문에서도 같은 오류가 간혹 보인다. 몰랐다면 이제부터 restaurateur에는 'n'이 없다는 점에 유의하자.

restive 꿈쩍도 하지 않는. 이 단어는 본래 '기계가 작동하지 않는'을 뜻했으나 혼선이 생겨 restless안절부절못하는란 뜻으로 더 많이 쓰이게 되었다. 현재 사전들은 두 가지 의미를 모두 인정하고 있으나 이 단어가 조금이라도 특별한 가치를 지니려면 적어도 저항의 암시가 담겨 있어야 한다. 기마경찰이 도착했을 때 꿈

쩍도 하지 않으려는 시위대를 묘사할 때는 restive를 쓸 수 있지만 딱딱한 벤치에 불편하게 앉아 있는 사람은 restless로 표현하는 게 낫다.

revenge. AVENGE, REVENGE 참조.

reverse. CONTRARY, CONVERSE, OPPOSITE, REVERSE 참조.

revert back 돌아가다. 흔히 보이지만 언제나 중복인 표현이다. 'If no other claimant can be found, the right to the money will revert back to her다른 청구인을 찾지 못하면 돈에 대한 권리는 다시 그녀에게로 돌아갈 것이다.'(데일리 텔레그래프) back을 삭제하자.

re- words re-로 시작하는 단어들. 혼란스럽게도 미국의 많은 출판물은 re-로 시작하는 단어에 붙임표(-) 넣는 것을 대단히 싫어하는 경향이 있다. 하지만 다음의 여러 실례와 같이 붙임표의 존재나 부재가 단어의 의미 차이를 유용하게 즉각적으로 드러내줄 때가 많다. 내 조언이 도움이 될지 모르겠으나, recollect기억하다와 re-collect다시 수집하다, recede후퇴하다와 re-cede토지 등을 반환하다, 또는 recreation레저 활동과 re-creation다시 만드는 행위처럼 붙임표가 순간적인 오해의 가능성이라도 줄여줄 수 있다는 생각이 든다면 언제나 붙임표를 넣자.

Rime of the Ancient Mariner, The 옛 선원의 노래. 새뮤얼 테일러 콜리지의 1798년작 시로, Rhyme이 아님.

rostrum. LECTERN, PODIUM, DAIS, ROSTRUM 참조.

Rottweiler 로트바일러. 견종의 하나. -tt-와 하나인 'l'에 유의.

S

saccharin, saccharine. 전자는 인공감미료 사카린을 가리키며, 후자는 '달 콤한'이란 뜻이다.

saccharine. SACCHARIN, SACCHARINE 참조.

sacrilegious 무엄한, 모독적인. religious가 이 단어의 일부(그렇지 않다)라 는 잘못된 가정 때문에 때로 sacreligious로 잘못 표기한다.

Sahara 사하라 사막. 'His intention is to cross the Sahara Desert alone^{그의} ^{계획은 사하라 사막을 혼자 횡단하는 것이다.}'(샌프란시스코 크로니클) Sahara가 사막을 의미한다 는 점을 맹렬하게 역설하는 건 현학적인 태도이겠으나, Sahara Desert라고 흔 히 쓰는 표현은 분명 의미가 중복된다는 점을 알아두자.

St Catherine's College. CATHARINE'S, CATHERINE'S 참조.

St Helens. HELENS, ST 참조.

St James's. JAMES'S, ST 참조.

St Katharine's Docks. KATHARINE'S DOCKS, ST 참조.

St Kitts-Nevis. KITTS-NEVIS, ST 참조.

salutary 유익한. -tory가 아님. 어법에 관한 논의는 HEALTHY, HEALTHFUL, SALUTARY 참조.

Salvadoran 엘살바도르의. 엘살바도르 사람이나 물건은 -ean이 아님.

Sam Browne. 가슴에 대각선으로 가로질러 메는 유형의 벨트로, Brown이 아님.

sandal 샌들. sandle이 아님.

sanitary. -tory가 아님.

Sara Lee 사라 리. 미국 식품 회사의 이름으로, Sarah가 아님.

sarcasm. IRONY, SARCASM 참조.

Sauterne, Sauternes 소테른. Sauterne은 달콤한 프랑스 와인의 이름이며, Sauternes은 그 와인의 원산지인 지롱드 지방 마을 이름이다.

Sauternes. SAUTERNE, SAUTERNES 참조.

savoir-faire, savoir-vivre. 물론 둘 다 프랑스어다. 전자는 사교적 재치, 후자는 가정교육을 잘 받았음을 말한다.

savoir-vivre. SAVOIR-FAIRE, SAVOIR-VIVRE 참조.

Sca Fell, Scafell Pike 스카펠, 스카펠 봉. 이 둘은 서로 가까운 곳에 위치하나 잉글랜드 컴브리아주에 있는 별개의 산이다. 스카펠 봉은 3,206피트 높이로 영국 최고봉이다.

Scafell Pike. SCA FELL, SCAFELL PIKE 참조.

Scalextric 스카렉스트릭. 미니어처 레이싱 세트의 브랜드로, 철자를 틀리는 것보다 발음을 잘못하는 경우가 더 많겠지만 어느 경우에나 독특한 이름에 유의하자.

Scarborough. 노스요크셔주 소도시 스카버러는 Scarborough로 쓰나, 귀족의 작위명은 Earl of Scarbrough^{스카브로우의 백작}로 쓴다.

scarfs. SCARVES, SCARFS 참조.

scarves, scarfs 목도리. scarf의 복수형으로 둘 다 옳다.

scary 무서운. -ey가 아님.

Schiphol Airport. 암스테르담 스히폴 공항.

scrutiny 정밀 조사. 이 낱말은 다음 예문에서와 같이 불필요한 형용사를 끌어당기는 자석과 같다. 'Mr Shultz's activities are expected to attract close scrutiny^{슐츠 씨의 활동은 면밀한 정밀 조사를 유발할 것으로 예상된다.}'(뉴욕 타임스) scrutiny란 주의깊은 관심을 기울인다는 뜻이므로 close나 careful 등의 형용사와 같이 쓰면 의미가 중복된다. 번스타인은 이러한 어법을 위반하지 말라고 종종 주의를 준 적이 있으나 『면밀한 글쓰기』에서 스스로도 같은 실수를 범했다. 'Under close scrutiny, many constructions containing the word "not" make no sense…^{면밀하게 철저히 검토해보면 'not'을 포함하는 많은 구문은 말이 되지 않는다.}' 같은 책에서 그는 '기계적이다시피 종이에 안착하는 모든 구문을 사려 깊게 세밀히 살필 것

scrutinize thoughtfully'을 권고하며 저도 모르게 이 점을 강조했다. 자신의 조언을 따랐다면 그는 필시 thoughtfully를 생략했을 것이다.

scurrilous. 'scurrilous attack악의적 공격'이라는 표현에서 가장 흔히 나타나는 이 단어는 '악평의' '허울만 그럴듯한'이라는 의미로 종종 쓰이지만 그런 뜻이 아니다. '심히 외설적인' 또는 '모욕적인'을 뜻한다. 지나치게 혹독한 '공격' 앞에 'scurrilous'라는 수식어를 붙일 수 있다.

second largest 두번째로 큰. 이 말과 기타 유사 비교 구문들은, 글을 쓸 때 종종 잘못된 방향으로 가게 한다. 'Japan is the second largest drugs market in the world after the United States일본은 미국에 이어 세계에서 두번째로 큰 의약품 시장이다.'(더 타임스) 꼭 그렇다고 할 수 없다. 일본은 미국에 다음가는 최대 의약품 시장이고 세계에서 두번째로 큰 의약품 시장이다. 위 문장은 'world' 다음에 쉼표를 넣어 고칠 수 있다.

Securities and Exchange Commission 증권 거래 위원회. 미국 증권시장 감독 기구의 이름으로, Securities Exchange Commission이 아님.

seismogram. SEISMOMETER, SEISMOGRAPH, SEISMOGRAM 참조.

seismograph. SEISMOMETER, SEISMOGRAPH, SEISMOGRAM 참조.

seismometer, seismograph, seismogram 지진계, 지진계 판독기, 지진도. 간혹 혼동된다. seismometer는 땅속에서 지진과 기타 진동을 기록하는 센서다. seismograph는 지진계의 판독 내용을 기록하는 도구다. seismogram은 지진 활동에 대한 시각 기록을 제공하는 인쇄물이나 차트다.

self-confessed 자인하는. 'self-confessed murderer스스로 자백한 살인범'에서

보듯, 이 표현은 동어반복이다. 대부분 confessed로 충분하다.

sensual, sensuous. 이 단어들은 넓게 봐야만 동의어다. sensual은 이성과 구별되는 말초신경적 본능에 쓴다. 성적 매력이나 욕정의 함의를 담고 있다. sensuous는 이런 함의를 피하려고 밀턴이 만들어낸 말로 '감각에 호소하는' '감각적인'을 시사한다. 성적 흥분을 의도하지 않을 때는 sensuous를 쓰자.

sensuous. SENSUAL, SENSUOUS 참조.

sentences, length of 문장의 길이. 간혹 연결어가 많다보면 문장이 산으로 간다. 다음 예문은 그 전형이라 할 수 있다. 'But dramatic price shifts are not expected by the oil companies because retail prices are already claimed to be about 8p a gallon cheaper than is justified by the drop in crude oil price which anyway because taxation accounts for 70 per cent of the price of a retail gallon has a relatively limited impact─그러나 소매가격이 원유가 하락으로 합당한 가격보다 이미 갤런당 8포인트 더 낮다고 주장되고 있으며 세금이 갤런당 소매가격의 70퍼센트를 차지하므로 이 점은 어쨌든 상대적으로 영향이 제한적이기에 석유 회사들의 급격한 가격 변동은 예상되지 않는다.'(더 타임스)

septuagenarian 칠십대의. 다음 예문에서와 같이 빠뜨리기 쉬운 'u'에 유의하자. 'Even Chairman Mao created his own athletic image with his septagenarian plunge into the Yangtse─마오 의장마저도 칠십대 나이에 양쯔강에 뛰어들어 건장한 이미지를 만들어냈다.'(선데이 타임스)

Serengeti. 탄자니아의 평원 및 유명한 국립공원 세렝게티의 철자. -getti가 아님.

servicing. SERVING, SERVICING 참조.

serving, servicing. 'Cable TV should be servicing half the country within five years^{케이블 방송은 5년 내에 전국의 절반에 보급될 것이다.}'(데일리 메일) 수소가 암소와 service^{교미하다}하고, 정비사들이 오작동하는 기계를 service^{정비하다}한다. 하지만 케이블 방송이 전국에 보급되는 것은 serve를 쓴다. servicing은 설치와 보전의 개념에 국한해 쓰는 게 낫다. 일반적이고 지속적인 혜택을 설명할 때는 serve가 더 나은 단어다.

sewage, sewerage 하수, 하수처리 시설. sewage는 오수이고, sewerage는 오수를 실어나르는 체계다.

sewerage. SEWAGE, SEWERAGE 참조.

Shakespearean. SHAKESPEARIAN, SHAKESPEAREAN 참조.

Shakespearian, Shakespearean 셰익스피어의. 전자는 영국에서, 후자는 미국에서 보편적인 철자지만 이에 대해서는 『옥스퍼드 영어 사전』을 참조하지 말 것. 심술궂고 깜찍하게도, 하지만 전혀 도움이 안 되게도 『옥스퍼드 영어 사전』은 셰익스피어가 자신의 이름으로 쓰던 여섯 가지 철자 가운데 하나를 토대로 결정한 Shakspere를 고집하고 있다. 그럼에도 이 사전은 Shakespeare가 현재 가장 흔히 쓰이는 철자일 수도 있다고 인정한다.

shall, will ~할 것이다. 권위자들은 17세기부터 shall과 will의 변동과 뉘앙스를 정확히 밝히려고 애써왔다. 『왕의 영어』에서 파울러 형제는 이 문제를 다루는 데 20쪽이나 할애하고 있다. 이들의 요점은 둘 사이의 차이를 직관적으로 이해하든지 아니든지 둘 중 하나이며, 이해하지 못한다면 앞으로도 이해하지 못하리라는 것, 또 이해한다면 굳이 설명을 들을 필요도 없다는 것이다.

가장 흔히 제기되는 규칙은 단순 미래를 표현할 때는 1인칭에 shall을 쓰고 2·3인칭에는 will을, 의지(또는 자유의지)를 표현할 때는 반대로 해야 한다는 것이다. 하지만 이 규칙에 따르면 처칠은 다음과 같은 맹세를 하면서 문법적으로 큰 실수를 저지른 게 된다. 'We shall fight in the fields and in the streets, we shall fight in the hills; we shall never surrender우리는 들판에서, 거리에서 싸울 것이며 산에서 싸울 것이다. 우리는 결코 항복하지 않을 것이다.' 맥아더도 코레히도르 섬*에서 이렇게 말하며 같은 실수를 범했다. 'I shall return돌아오겠노라.' 'We Shall Overcome우리 승리하리라'을 부른 적 있는 모든 이가 실수했듯.

shall을 쓸 것인지 will을 쓸 것인지는 화자의 연령과 출생지, 표현하고자 하는 강조점이 무엇인지에 달렸다. 영국인은 스코틀랜드인, 아일랜드인, 미국인보다 shall을 더 자주, 더 구체적으로 쓰는 경향이 있지만 영국에서도 이런 구별은 급격히 희미해지고 있으며 결코 확정적이라 할 수 없다. 요컨대 이 둘을 구별하는 구속력 있는 규칙을 만들 수는 없으며 (굳이 이야기하자면) 이는 더 이상 그다지 중요하지도 않을 것이다.

Shalott, The Lady of 샬롯의 여인. 로드 테니슨 앨프리드의 1832년작 시. Shallot이 아님.

shambles 도살장. 혼란, 뒤죽박죽된 상태라는 의미로 쓰이는 이 단어는 순수주의자들, 특히 다음과 같이 이를 단정치 못한 용법이라고 언급한 파울러에게서 오랫동안 저항을 받아왔다. 'The Colonial Secretary denied … that the conference on the future of Malta had been a shambles식민 장관은 몰타의 미래에 관한 회의가 대혼란이었다/도륙장이었다는 …를 부인했다.' shambles는 본래 도축장을 의미했고 더 나아가 모든 살육이나 유혈 장면을 묘사하는 데 쓰였다. 그것이 여전히 일차적 의미로 남아 있지만 단순한 무질서를 뜻하는 느슨한 의미도 현재 확립된 상태다. 『컨사이스 옥스퍼드』도 『아메리칸 헤리티지』도 아무런 논평 없이 이 의미를 설명하고 있다.

---

* 1942년 5월 미군이 일본군에 패배한 곳인 필리핀의 섬.

Shangri-La 샹그릴라. 제임스 힐턴의 1933년작 소설 『잃어버린 지평선』에 나오는 낙원. -la가 아님.

Shepherd Market 셰퍼드 마켓(런던 중부의 광장 이름). 한편 Shepherd's Bush*로 쓴다. 둘 다 런던에 있다.

Shetland 또는 **the Shetland Islands.** 스코틀랜드 셰틀랜드제도를 가리키는 명칭. 일부에서는 the Shetlands를 못마땅해하므로 피하는 게 낫다. ORKNEY 도 참조.

should like ~하고 싶다. 'I should have liked to have seen it내가 그걸 봤다면 좋았을걸'은 흔한 구문으로 대화에서는 허용 가능하지만, 글에서는 'I should like to have seen it'이나 'I should have liked to see it'으로 써야 한다. 미국식 용법으로는 should 대신 would로 쓰자.

Sidney Sussex College 시드니 서식스 칼리지. 케임브리지의 단과대학. Sydney가 아님.

'Sign of Four, The'. 셜록 홈스 이야기 『네 개의 서명』. the Four가 아님.

simile. METAPHOR, SIMILE 참조.

since 이래로. 'She gave strong support to the visions of the late Bernard Kilgore and the other executives and editors who operated the Journal and Dow Jones since World War II그녀는 제2차세계대전 이래로 월스트리트 저널과 다우 존스를 운영해온 고(故) 버나드 킬고어 및 임원과 에디터들의 비전을 강력히 지지했다'(월스트리트 저널) 'Since

---

* 쇼핑으로 유명한 런던 서쪽 주거지.

April the Inland Revenue stopped giving immediate tax refunds to those who were unlucky enough to become unemployed⁴월 이래로 국세청은 이미 실직의 불행을 겪고 있는 이들에게 세금을 즉시 환급해주는 것마저 중단했다'(더 타임스) since는 과거의 특정 시간에 시작되어 현재까지 지속되고 있는 행위를 보여준다. 이 단어가 나오는 문장의 동사는 여전히 계속되는 행위를 가리켜야 한다. 그러므로 첫 예문에서는 'have operated', 두번째 예문에서는 'has stopped'가 되어야 한다.

Sisyphus 시시포스. -ss-가 아님. 시시포스는 그리스 신화에서 무거운 바위를 그저 다시 굴러 떨어뜨리기 위해 산 위로 영원히 되밀어올리는 벌을 받은 코린트 왕이었다. 그러므로 Sisyphean은 끝없는 일을 가리키는 형용사다.

situation 상황. 다음과 같은 구문에 불필요하게 쓰인다. 'The exchange··· had failed to be alert to the potential of a crisis situation as it developed이 대화는 ⋯ 위기 상황이 진행되면서 위기 가능성을 경계하는 데 실패했다'(뉴욕 타임스) 예문에서와 마찬가지로 이 단어는 아무런 손실 없이 삭제할 수 있다.

skulduggery 야바위. 종종 다음 예문에서와 같이 skull-로 잘못 표기한다. 'Political skullduggeries are as much at home in Louisiana as crawfish and beignets루이지애나에서 정치 야바위는 가재와 튀김 요리만큼이나 흔하다'(『타임』) 알려진 대로라면 이 낱말은 두개골과 상관이 없다. 본래 성적 비행을 의미했던, 어원이 불분명한 sculdudderie음란한 행동의 변형된 형태다.

slander. LIBEL, SLANDER 참조.

sleight of hand 날랜 손재주. slight가 아님. '손재주' '속임수'를 뜻하는 sleight는 고대 노르웨이어 sloegdh에서 왔고, '날씬한' '연약한'을 뜻하는 slight는 고대 노르웨이어 slettr에서 왔으나 두 단어는 발음을 빼면 아무 공통점이 없다.

Soane's Museum, Sir John. 런던의 존 손 경 박물관. 아포스트로피에 유의.

so as to ~하기 위해. so as는 다음 예문에서처럼 손실 없이 삭제될 수 있다. 'The rest of the crowd stuffed hot dogs into their faces so as to avoid being drawn into the discussion나머지 군중은 토론에 개입하지 않으려 핫도그를 입에 마구 쑤셔넣었다.'(뉴욕 타임스)

solecism TAUTOLOGY, REDUNDANCY, PLEONASM, SOLECISM 참조.

some. 특정 연령대의 언론인 상당수에게는 다음 예문에서처럼 '알려지지 않은' '수량을 알 수 없는'이라는 의미로 쓰이는 some이 무슨 수를 써서라도 피해야 하는 우연론이라는 생각이 골수에 박힌 것으로 보인다. 'There were some 40 passengers on the ship배에는 약 40명의 승객이 있었다.' 이런 믿음에는 실질적 근거가 전혀 없다. '대략' '약'이라는 의미는 확립된 지 오래다. 그러나 의혹을 가지고 이 단어를 대할 이유가 적어도 한 가지는 있다. 뉴욕 타임스 기사의 다음 발췌문을 살펴보자. 'Since 1981, according to Hewitt's survey of some 530 companies, some 24,000 employees quit jobs under such plans. Last year alone, some 74 plans were in effect약 530개 회사를 대상으로 한 휴잇의 조사에 따르면, 1981년 이래로 약 2만 4000명의 직원들이 이런 계획하에 퇴사했다. 작년에만 해도 약 74개의 계획이 유효했다.' 특히 위 예문에서처럼 some이 반복적으로 쓰인다면 글에 소심하고 모호한 분위기를 만들어, 얼마나 많은 회사와 계획과 직원들이 실제로 관련되었는지를 기자가 확인할 의지나 결단력이 없다는 인상을 남길 수 있다. '약 40명의 승객'과 같은 구문은 부차적 언급이나 지나가는 말로 하는 것이라면 문제가 없지만 수치가 논의에 필수적이라면 some은 확연히 무성의해 보이므로, 'more than 500 companies500여 기업체' 'an estimated 24,000 employees2만 4천 명으로 추산되는 종업원' 'at least 70 plans최소 70개의 계획'와 같은 더욱 긍정적인 표현으로 대체하는 것이 더 낫다. 어쨌든 위 예문 중간에 있는 some('some 24,000 employees')은 별 무리 없이 삭제할 수 있다. 큰 어림수는 대략의 수치로 이해된다. 이것들을 굳이 수식할 필요는 없다.

sometime, some time 언젠가, 얼마 동안. 한 단어로 쓰는 것이 가장 흔하다. 'They will arrive sometime tomorrow그들은 내일쯤 도착할 것이다.' 그러나 some이 '짧은' '긴' '정해지지 않은'에 상응하는 형용사로 쓰일 때는 두 단어로 써야 한다. 'The announcement was made some time ago그 발표는 얼마 전에 나왔다.'

두 가지를 구별하는 데 도움이 될 만한 점 세 가지를 소개한다.

1. 두 단어로 된 some time은 대개 전치사가 앞에 나오거나('for some time한동안' 'at some time언젠가') 보조사가 뒤에 나온다('some time ago얼마 전에').

2. some time은 언제나 대등한 표현('a short time ago바로 얼마 전에' 'a long time ago오래전에' 등)으로 대체할 수 있지만 sometime은 안 된다.

3. some time을 두 단어로 말할 때 강세가 time에 온다.

some time. SOMETIME, SOME TIME 참조.

sort 유형. 'Mr Hawkins said that Mr Webster was a pretty seasoned operator when it came to dealing with these sort of things이런 일이라면 웹스터 씨가 상당히 노련한 운영자라고 홉킨스 씨가 말했다.'(더 타임스) 'this sort of thing'이나 'these sorts of things'로 쓰자.

spate 범람. 'The recent spate of takeover offers had focused attention on the sector최근 빈발하는 인수 제의는 이 부문에 주목했다.'(옵서버) 언급된 부분은 대여섯 번의 인수 제의를 가리키므로 범람보다는 잠시 눈발이 날리는 정도에 가깝다. spate는 빗발치는 현상을 묘사하는 데 써야 맞다. (PLETHORA도 참조.)

special, especial 특별한, 각별한. 전자는 특정 목적을 위해서라는 뜻이며, 후자는 높은 정도를 뜻한다. 특별한special 식사는 각별히especially 맛있을 수 있다.

species. GENUS, SPECIES 참조.

spit. EXPECTORATE, SPIT 참조.

split compound verbs 분리 합성동사. 일부 저자는 분리 부정사(다음 항목 참조)에 대한 잘못된 두려움에 영향을 받은 모양인지, 이와 마찬가지로 숙어와 명확성 면에서 아무리 손실이 발생하더라도 합성동사를 절대 쪼개지 않으려고 애쓴다. (합성동사란 has been, will go, is doing 등 두 가지 요소로 구성된 동사를 말한다). 이런 관행은 특히 미국에 만연해서 다음과 같은 문장들이 왕왕 발견된다. 'It is yet to be demonstrated that a national magazine effectively can cover cable listings전국적인 잡지가 케이블 방송 편성표를 효과적으로 실을 수 있다는 점은 아직 입증되지 않았다'(월스트리트 저널) 'Hitler never has been portrayed with more credibility히틀러가 이렇게 신뢰성 있게 묘사된 적은 일찍이 없었다'(보스턴 글로브) 'It always has stood as one of the last great events in amateur sports그것은 언제나 아마추어 스포츠의 굉장한 마지막 이벤트로 자리매김해왔다' (로스앤젤레스 타임스)

합성동사의 두 요소 사이에 부사를 넣어서 나쁠 게 없다는 점은 아무리 역설해도 지나치지 않다. 이는 어떤 규칙에도 위배되지 않으며 어떤 권위자에게도 무시되지 않는다. 보통 그곳이야말로 부사가 들어갈 자연스러운 위치이자 유일한 위치다.

저자들은 합성동사의 완결성을 해치지 않으려 애쓰는데 'He is not going그는 가지 않을 것이다'이나 'Is it raining?비가 오나요?'이라고 쓸 때마다 스스로 둔 제한을 어기고 있다는 점을 알아야 한다. 그렇게 하지 않으려면 'He is going not'이나 'Is raining it?'으로 문장을 바꿔야 할 것이다. 이런 문장들이 'effectively can cover'나 'always has stood'보다 더 비논리적이고 왜곡되었다고 하기는 어려울 터다.

물론 다음 예문에서와 같이 부사가 합성동사에서 떨어져 완전히 독립적으로 기능할 때도 많다. 'He was working feverishly그는 열심히 일하고 있었다' 'You must go directly to bed너는 곧바로 자러 가야 한다' 'The time is passing quickly시간이 빨리 지나간다'. 하지만 어떤 자의적 틀에 끼워맞추려 억지로 부사를 쫓아내봤자 어떤 구절에도 도움이 되지 않는다.

split infinitives 분리 부정사. 부정사를 절대 분리하지 않으려는 사람이, 실제로 부정사가 무엇이고 어떤 역할을 하는지 아는 사람보다 훨씬 더 많다 해도 과언이 아니다.

분리 부정사를 쓰면 문제가 많다는 오해도 그 때문일 것이다. 분리 부정사가 문법 오류라는 게 그 한 가지 오해다. 그렇지 않다. 오류라고 한다면 그것은 수사적 결함—문체의 문제—이지 문법적 결함은 아니다. 또다른 오해는 분리 부정사를 쓰면 널리 비난받는다는 지독히도 끈질긴 믿음이다. 이 역시 사실이 아니다. 분리 부정사를 단호히 비난하는 권위자는 거의 없다. 분리 부정사를 훌륭한 형태라고 주장하는 사람은 아무도 없겠지만, 이를 거의 병적인 공포심으로 대하는 사람들이 독자들에게 떠안기는 고통스러운 구문보다 분리 부정사 구문이 더 나쁘다 할 수 없는 것은 분명하다. 더 타임스에서 발췌한 다음 세 예문은 모두 분리 부정사를 필사적으로 회피하려 한다. 'The agreement is unlikely significantly to increase the average price이 협정으로 평균 가격이 인상될 가능성은 상당히 적다' 'It was a nasty snub for the Stock Exchange and caused it radically to rethink its ideas그것은 증권거래소에 대한 심한 모욕으로, 증권거래소가 근본적으로 이를 재고하게 됐다' 'The education system had failed adequately to meet the needs of industry and commerce, he said교육제도는 산업과 무역의 필요를 충족하는 데 적절하게 실패했다'.

분리 부정사의 문제는 부정사도 필요하고 부사도 필요한 갈등 상황에서 일어난다. 부정사를 구성하는 두 요소(to+동사 원형)는 함께 있는 것이 자연스럽다. 'He proceeded to climb the ladder그는 계속 사다리를 올라갔다.' 부사의 가장 자연스러운 위치는 아주 일반적으로 동사 바로 앞이다. 'He slowly climbed the ladder^{그는 서서히 사다리를 올라갔다.}' 분리 부정사와 부사가 함께 올 때 부조화가 생긴다. 'He proceeded to slowly climb the ladder^{그는 계속 서서히 사다리를 올라갔다.}'

권위자들은 부정사의 필요를 부사의 필요보다 우선시할 이유가 없다는 데 거의 만장일치로 동의했다. 실제로 이 문제는 대체로 피해갈 수 있다. 대부분의 부사는 이동이 쉽고, 부정사에 개입하지 않고도 기능을 수행할 수 있는 위치로 이동 가능하다. 가령 위 예문은 'He proceeded to climb the ladder slowly'로도 쓸 수 있고 'Slowly he proceeded to climb the ladder'로도 쓸 수 있다. 하지만 그렇다고 해서 부정사를 불가침의 것으로 간주할 문법적 근거가 있는 건 아니다.

부사를 옮겨서 문장이 모호해진다면 안 고치느니만 못하다. 더 타임스의 문장을 다시 한번 살펴보자. 'The education system had failed adequately to meet the needs of industry and commerce……' 글자 그대로라면 문장은 교육제도가 실패할 작정이었으며 실패한 것이 적절하다고 말하고 있다. 그러므로 때로는 의미를 유지하려 부정사를 분리할 수밖에 없다. 번스타인은 제발 건드리지 말아달라고 절규하는 구문들, to more than double^{두 배 이상이 되다}, to at least maintain^{적어도 (현상은) 유지하다}, to all but ensure^{거의 보장하다}를 인용하고 있다.

원한다면 여전히 분리 부정사를 맹목적으로 용납하지 않을 수 있겠으나 어떤 권위자에게도 지지를 받지 못한다는 점을 알고 있어야 한다. 보통은 가장 보수적인 규범 문법학자로 정평이 난 패트리지마저도 견해를 달리하고 있다. 그는 이렇게 말했다. '분리 부정사는 가급적 피하라. 하지만 그것이 가장 명확하고 자연스러운 구문이라면 과감히 쓰라. 천사도 우리 편이니까.'

spoonfuls 여러 숟가락의 양. spoonsful이나 spoons full이 아님. 번스타인은 다음의 예를 들었다. 'Now throw in two tablespoons full of chopped parsley and cook ten minutes more. The quail ought to be tender by then^{이제 다진 파슬리 두 큰술을/큰 숟가락 두 개를 넣고 10분을 더 익힌다. 그러면 메추라기는 연해져 있을 것이다.}' 번스타인은 건조하게 덧붙였다. '메추라기는 걱정 말자. 하지만 큰 숟가

락들 tablespoons은 도대체 어떻게 연하게 만든단 말인가?'

stalactite, stalagmite 종유석, 석순. stalactite는 아래를 향해 있고 stalagmite는 위를 향해 있다.

stalagmite. STALACTITE, STALAGMITE 참조.

stalemate 교착 상태. 'Senators Back Rise in Proposed Oil Tax as Stalemate Ends상원 의원들, 교착 상태 끝나자 유류세 인상 지지.'(뉴욕 타임스 헤드라인). 교착 상태는 끝나지 않는다. 교착 상태에 빠진 체스 시합은 승부가 결정나길 기다리고 있는 게 아니다. 교착 상태가 바로 결과이기 때문이다. 글쓴이가 염두에 두었을 표현인 standoff 또는 deadlock을 선택했다면 훨씬 더 나았을 것이다.

Stamford, Stanford 스탬퍼드, 스탠퍼드. 간혹 혼동된다. Stamford는 영국 링컨셔주와 미국 코네티컷주에 있는 유명한 마을의 이름이다. Stanford는 캘리포니아주 팰로앨토에 있는 대학교다. 지능검사의 이름은 Stanford-Binet스탠퍼드-비네 방식다.

stanch, staunch 지혈하다, 견고한. 'He showed how common soldiers···had fought their fears, staunched their wounds and met their deaths그는 평범한 군인들이 어떻게 ⋯ 두려움을 극복하고 상처 부위를 지혈하고 죽음에 맞섰는지 설명했다.'(뉴스위크) 대부분의 사전이 허용 가능한 이형으로 staunch를 싣고 있기는 하지만, 여전히 stanch가 이 동사의 선호되는 철자다. 형용사로서는 staunch가 유일한 철자다('a staunch supporter확고한 지지자').

Stanford. STAMFORD, STANFORD 참조.

stationary, stationery 정지된, 문구류. 철자를 구별해 쓴 지는 몇 백년이나 되지만 어원상 이에 대한 아무런 근거가 없다. 두 단어 모두 라틴어 stationarius^{고정된}에서 왔고 본래는 '고정된 자세로 서 있기'를 뜻했다. stationer 란 소매상으로, 대개 책을 파는 사람이었는데 행상^{itinerant}과 달리 고정된 장소에서 물건을 팔았다. 오늘날 영국에서는 아직도 소매상^{stationer}이 문구류^{stationery}를 팔기에 철자를 잘못 쓰는 것에 대한 변명의 여지가 적지만 그렇다고 철자 오기가 덜한 것도 아니다. 덧붙여 말하자면 stationery는 종이와 봉투뿐 아니라 온갖 사무용품을 포함한다. 엄밀히 말해 종이 클립과 연필도 문구류라 할 수 있다.

stationery. STATIONARY, STATIONERY 참조.

staunch. STANCH, STAUNCH 참조.

straitjacket 구속복. 다음 예문에서와 같이 종종 잘못 표기된다. 'She was beaten, put into a home-made straightjacket and fed mustard sandwiches^{그녀는 구타당하고, 집에서 만든 구속복이 입혀진 채 머스터드를 바른 샌드위치를 먹어야 했다.}'(스탠더드) strait는 'straitened circumstances^{궁핍한 상황}'나 (더 비유적인 의미로) 'strait-laced^{예의범절에 엄격한}'처럼 '한정된' '제약을 받는'이란 뜻이다. 발음을 제외하면 straight^{곧은}와는 아무 공통점이 없다.

strata, stratum 층, 단층. 간혹 다음 예문에서와 같이 후자의 의미로 전자가 사용된다. 'They dug into another strata and at last found what they were looking for^{그들은 한 층을 더 팠고, 마침내 찾던 것을 발견했다.}'(데일리 익스프레스) 하나의 층은 stratum이다. strata는 하나보다 많은 층을 뜻한다.

Stratford-on-Avon, Stratford-upon-Avon 스트랫퍼드온에이번, 스트랫퍼드어폰에이번. 대부분의 지명사전과 그 밖의 참고 서적은 (영국) 워릭셔 주 소도시 이름의 올바른 철자를 Stratford-upon-Avon으로 소개한다. 『작가와 편집자를 위한 옥스퍼드 사전』 등은 이를 완강히 고집한다. 그러나 지자체 당국은 스스로를 Stratford-on-Avon 시의회로 부르고 있다. 그러므로 엄밀한 정확성을 기하려면 소도시와 시의회의 이름에 각기 다른 전치사를 쓰자.

Stratford-upon-Avon. STRATFORD-ON-AVON, STRATFORD-UPON-AVON 참조.

stratum. STRATA, STRATUM 참조.

strike action 파업 행동. 다음 예문에서와 같이 이 단어는 영국에서 항구적 형태가 될 위험에 처해 있다. 'The report says 2,500 engineers and technicians are threatening strike action because of the crisis^{보고서에 따르면 2500명의 엔지니어와 기술자들이 이 위기로 파업 행동에 돌입하겠다고 위협하고 있다}'(선데이 타임스) 'are threatening to strike'로 쓰면 안 되나?

stupefaction. STUPEFIED, STUPEFACTION 참조.

stupefied, stupefaction. 다음 예문에서와 같이 너무 자주 잘못 표기된다. 'The owners sit inside, stupified in the sun, or venture out on to camp stools…^{주인들은 실내에서 햇살을 받으며 멍하니 앉아 있거나 (날씨 변화의 위험을 무릅쓰고) 캠핑 의자가 놓인 밖으로 나갔다}'(선데이 타임스) 'The 57-year-old evangelist denies four charges of rape and three of administering a stupifying drug^{57세 전도사는 네 건의 성폭행 혐의와 세 번의 향정신성의약품 복용을 부인하고 있다}'(인디펜던트) stupid와 철자를 혼동하지 말 것. liquefy^{액화시키다}와 liquefaction^{액화}, rarefy^{희박하게 하다}와 rarefaction^{희박화}에서도 i와 e를 바꿔 쓰는 유사한 오류가 발생하곤 한다.

stupor. -our가 아님.

subjunctives 접속법. 네 가지 태 중 하나인 접속법은 수십 년 동안 영어 어법에서 서서히 빠져나왔다. 접속법은 'Although he die now, his name will live for ever^{지금 죽는다 해도 그의 이름은 영원히 남을 것이다}'와 같은 문장에서 찾아볼 수 있다. 접속법은 한때 매우 보편적이었으나 이제 다음 세 가지 구문 유형을 제외하면 영어에서 매우 드물게 나타난다.

1. 일부 상투적 표현에

'be that as it may^{그렇기는 하지만}' 'far be it from me^{~할 생각은 없지만}' 'so be it^{그러라고 해}' 'as it were^{이를테면}' 'God forbid^{그런 일이 있으면 안 되겠지만}' 등. 이들은 숙어로 확립되었으며 대체로 문제를 야기하지 않는다.

2. 추정이나 가정을 포함한 표현에

'If I were you, I wouldn't go^{내가 너라면 안 가겠어}' 'If she were in my position, she'd do the same thing^{내 입장이라면 그녀도 똑같이 할 거야}' 등. 이것이 대부분의 사용자에게 가장 문제가 되는 접속법의 형태이며 WILL, WOULD와 IF 에서도 상당히 자세히 다루어졌다.

3. 명령이나 요청의 동사 뒤에

흥미롭게도, 이런 접속법 형태를 늘 써온 미국에서는 이 문제가 거의 나타나지 않지만 영국에서는 모든 글쓰기에서 끝도 없이 발견된다. 다음 예에서 올바른 형태는 괄호 안에 표기했다. 'The Senate has now rewritten the contract insisting that the Navy considers [consider] other options^{상원은 해군이 다른 선택권도 고려해봐야 한다며 계약서를 다시 써놓은 상태다}'(데일리 메일) 'Opec's monitoring committee has recommended that the cartel's output ceiling remains [remain] unchanged^{석유수출국기구 감시 위원회는 카르텔의 석유 생산량 상한선을 유지하도록 권고했다}' 'No wonder the Tory Party turned him down as a possible candidate, suggesting he went away [go away] and came back [come back] with a better public image^{토리당이 그에게 떠났다가 대외 이미지를 개선한 뒤에 돌아}

오라고 하면서 그의 입후보를 거절한 것도 무리는 아니다.'(가디언) 각 경우에 문제의 동사 앞에 'should'를 붙여 생각하면(가령 'suggesting he should go away'로) 도움이 된다. 가워스는 영국 어법에서 이런 문장마다 'should'를 동사 앞에 붙이면 더 나을 것이라고 제안하기도 했다. 나쁠 게 없음은 물론이다.

substitute 대체하다. 뒤에 for만 나올 수 있다. 'You substitute one thing for another^{한 가지를 다른 것으로 대체한다.}' by나 다른 전치사와 같이 쓰고 있다면 다른 동사를 고르자.

subsume 포괄하다. 새파이어가 지적하듯 이 단어는 거창하고 색다른 단어를 쓰고 싶은 이들에게 대단히 매력적이지만 그만큼이나 자주 오용된다. 이 낱말은 흔히들 생각하듯 '소비하다' '종속시키다'란 뜻이 아니다. (수동태로) '더 큰 전체의 일부로 간주되다'를 뜻한다. 『컨사이스 옥스퍼드 영어 사전』에는 이런 예문이 있다. 'In the judgment "all horses are animals", the conception "horses" is subsumed under that of "animals"^{"모든 말은 동물이다"라는 판단에서 '말'} 이라는 개념은 '동물'이라는 개념에 포괄된다.' 요컨대, 저자가 문맥상 종종 필요로 할 낱말은 아니다.

successfully 성공적으로. 'Japanese researchers have successfully developed a semiconductor chip made of gallium arsenide^{일본 연구진이 비화} ^{갈륨 반도체칩을 성공적으로 개발했다.}'(AP통신) 연구진이 비화갈륨 반도체칩을 개발하는 데 실패하지 않았다고 글쓴이가 알려준 것은 사려 깊지만 불필요한 일이기도 하다. successfully를 삭제하자.

supersede 대체하다. 철자 오기가 가장 흔히 발생하는 단어로 손꼽힌다. 상습적으로 supercede로 쓰는 이들이라면 고대 로마인도 supersedere와 supercedere 사이에서 결정을 하지 못하고 곤혹스러워했다는 데서 안도할 것이다. supercede는 초기 영어 용법에서 허용되는 이형이었지만 더이상은 아

248

니다.

supine. PRONE, PROSTRATE, RECUMBENT, SUPINE 참조.

Surinam. SURINAME, SURINAM 참조.

Suriname, Surinam 수리남. 이 작은 남미 국가의 이름을 혼동하는 일이 여전히 간혹 발생한다. 예를 들어 『엔카르타 세계 영어 사전』은 표제어를 Suriname으로 표기하고 같은 사전의 다른 곳에 나온 지도에는 Surinam이라고 표기했다. Surinam은 이제 역사 속 철자로, Suriname을 올바른 현대 철자로 간주해도 무방하다. 수리남 강Suriname River 과 수리남 두꺼비Suriname toad도 현대식 철자를 쓰고 있다.

S

surrounded 둘러싸이다. 'Often shrouded by fog and surrounded on three sides by surging seas, the gray stone lighthouse looms like a medieval keep종종 안개에 뒤덮이고 파도가 밀려드는 바다로 삼면이 둘러싸인 회색빛 석조 등대는 중세의 아성(牙城)처럼 보인다'(『타임』) 'The waterworks is right in the middle of suburban Sutton and completely surrounded by houses상수도 시설은 서턴 교외 한가운데 있으며 주택으로 완전히 둘러싸여 있다'. (선데이 익스프레스) 첫번째 용법은 잘못되었으며 두번째는 불필요하게 쓰였다.

완전히 에워싸인 게 아니라면 surrounded를 쓸 수 없다. 첫번째 예문에서 surrounded는 'cut off차단된'나 'bordered접한'로 바꿔야 하며, 두번째 예문에서는 completely를 삭제해야 한다.

sympathy. EMPATHY, SYMPATHY 참조.

T

take place. OCCUR, TAKE PLACE 참조.

Tales of Hoffmann, The 호프만의 이야기. 자크 오펜바흐의 1881년작 오페라 제목. -ff- 와 -nn- 에 유의.

Tallinn. 에스토니아 수도 탈린의 철자.

Taoiseach. 아일랜드 총리를 일컫는 말. 발음은 '티삭'이다.

tarantella. 나폴리풍 타란텔라 춤의 철자. 거미의 일종인 타란툴라^{tarantula}와 혼동하지 말 것.

target 과녁, 목표. 사람이 target을 가지고 할 수 있는 일은 맞히거나 빗맞히거나, 딱 두 가지다. 그러나 언론인과 정치인에게 target은 성취하고 달성하고 초과하고 확장하고 줄이고 이룩하고 충족하고 능가하고 앞질러야 하는 것이다. 그 결과, 이들의 진술을 문자 그대로 받아들이면 다음과 같이 우스꽝스러워질 수 있다. 'More welcome news came with the announcement that the public sector borrowing requirement now appears likely to undershoot its target for the full year^{공공 부문의 대출 요건이 이제는 연중 내내 목표치를 밑돌/과녁에 다다르지 못할 것으로 보인다는 발표에 많은 반가운 소식이 잇따랐다.}'(더 타임스) 화살이 과녁에 못 미친다면 궁수는 못마땅할 것이다. 정계 일각에서는 분명 환영하는 모양이다. 구독자는 그저 어리둥절할 뿐이다.

250

사실 target은 문자 그대로의 의미가 간혹 부자연스럽다 해도 종종 어떤 요점을 전달하는 데 가장 효과적인 단어이나, 'objective목표'나 'plan계획'으로 대체할 만한지 살펴보는 게 좋다.

target이 다른 비유와 섞여 쓰일 때는 더 신중히 살펴봐야 한다. 필립 하워드는 더 타임스에서 이 기이한 헤드라인을 인용하고 있다. '£6m ceiling keeps rise in earnings well within Treasury target600만 파운드 상한선/천장이 재무부 목표치 내에서 소득 증가를 지속시키고 있다.'

tautology, redundancy, pleonasm, solecism 동어반복, 군더더기, 췌언, 어법 위반. 많은 권위자가 앞 세 단어 사이의 여러 뉘앙스 차이를 알아채고 있다 해도 그 차이란 매우 작고, 비교해보면 모순될 때가 많다. 이 세 단어는 근본적으로 하나의 생각을 전달하는 데 필요 이상으로 말이 많다는 뜻이다.

모든 반복이 나쁜 건 아니다. 반복은 시詩에서처럼 효과를 위해, 또는 명확성을 위해, 또는 숙어를 위해 쓰일 수 있다. 'Opec countries석유수출국기구 국가들' 'SALT talks전략무기제한협정' 'TUC Congress영국노동조합회의'는 두번째 단어가 앞에 나온 약어에 포함되어 있기에 모두 실제로는 군더더기지만 그런 정도야 지나치게 까다로운 사람이나 탓할 일이다. 이와 유사하게 'wipe that smile off your face얼굴에서 웃음을 거둬라'에서 마지막 두 단어는 (따지고 보면) 동어반복이지만— 얼굴 말고 미소가 자리잡을 데가 또 어디 있는가—이 단어들 없이는 문장이 성립되지 않는다.

하지만 전반적으로, 필요 이상으로 단어를 많이 쓰는 것은 다음과 같이 훌륭한 어법 지침서에서 발견된다 해도 거의 항상 피하는 게 낫다. 'All writers and speakers of English, including these very grammarians themselves, omit words which will never be missed바로 이 문법학자들 자신을 포함해 영어로 글을 쓰고 말을 하는 이들은 없어도 결코 아쉽지 않을 단어들을 생략한다.'(에번스 남매, 『현대 미국 영어 어법 사전』) 'these very grammarians themselves'는 명백히 군더더기를 담고 있는 구문이다. 'these grammarians themselves이 문법학자들 자신'로 쓰든지 아니면 'these very grammarians바로 이 문법학자들'로 써야지 둘을 같이 써서는 안 된다.

마지막으로, solecism은 숙어나 문법의 위반을 가리킨다. 군더더기, 동어 반복, 췌언은 모두 어법 위반이다.

taxiing 지상 주행. 활주로에서 항공기를 특정 위치로 이동하는 행위.

Technicolor 테크니컬러. 브랜드 이름이자 회사 이름이므로 둘 다 첫 글자를 대문자로 쓰고 철자를 미국식으로 쓴다.

Teesside 티스사이드. 다음 예문에서와 같이 영국에서 가장 흔히 잘못 표기되는 지명일 것이다. 'As the change of title indicates, the centre of gravity has moved several thousand miles westward from working-class Teeside to industrial New England^{명칭 변경이 시사하듯 무게중심은 서쪽으로, 티스사이드 노동자 계층에서 뉴잉글랜드 공업지대로 옮겨갔다.}'(인디펜트) -ss-에 유의.

temblor. 지진을 가리킬 때 trem-이 아님.

temperature. FEVER, TEMPERATURE 참조.

temporary respite 일시적 유예. 'Even Saudi Arabia's assurance that it would not cut oil prices provided no more than a temporary respite^{유가를 인하하지 않겠다는 사우디아라비아의 확언도 일시적인 임시 유예에 지나지 않았다.}'(데일리 텔레그래프) 흔한 표현이지만 군더더기다. 임시 유예^{respite}는 일시적일 수밖에 없으니까.

than ~보다. 사소하지만 흔한 세 가지 문제점에 유의해야 한다.
  1. 다음과 같이 비교 구문에서 than은 종종 잘못 사용된다. 'Nearly twice as many people die under 20 in France than in Great Britain^{영국에서보다 프랑스에서 20세 미만 사망자가 거의 두 배나 된다.}'(가워스계에서 재인용) 'as in Great Britain'으로 쓴다.

2. 다음 예문에서와 같이 than은 'hardly' 뒤에서 잘못 사용된다. 'Hardly had I landed at Liverpool than the Mikado's death recalled me to Japan내가 리버풀에 도착하자마자 미카도의 죽음이 나를 일본으로 다시 불러들였다'(파울러에게서 재인용) 'No sooner had I landed than'이나 'Hardly had I landed when'으로 쓰자.

3. than은 다음과 같이 문장이 모호해지는 원인이 된다. 'She likes tennis more than me.' 이 문장은 '그녀는 내가 테니스를 좋아하는 것보다 테니스를 더 좋아한다'는 뜻인가, 아니면 '그녀는 나를 좋아하는 것보다 테니스를 더 좋아한다'는 뜻인가? 이럴 때 동사를 추가해 모호성을 피하자. 가령 'She likes tennis more than she likes me그녀는 나를 좋아하는 것보다 테니스를 더 좋아한다'나 'She likes tennis more than I do그녀는 내가 테니스를 좋아하는 것보다 테니스를 더 좋아한다'. 파울러는 모호성을 제대로 보여주는 예를 든다. 'I would rather you shot the poor dog than me나보다는 차라리 당신이 그 불쌍한 개를 쏘는 게 낫겠어/당신이 나보다는 차라리 그 불쌍한 개를 쏘는 게 낫겠어.' (I, ME도 참조.)

that(접속사). 'I think you are wrong나는 당신이 틀렸다고 생각해'이라고 말할 것인지 'I think that you are wrong'이라고 말할 것인지는 부분적으로 관용어법의 문제지만 주로 선호도의 문제다. 어떤 낱말들은 보통 that을 필요로 하고(assert(~이라고 확고히) 주장하다, contend(논쟁의 맥락에서) 주장하다, maintain(~이라고 계속해서) 주장하다) 어떤 단어들(say말하다, think생각하다)은 대개 필요로 하지 않지만 철칙은 없다. 대체로, that은 필요 없을 때 생략하는 게 좋다.

that, which(관계대명사). that과 which의 차이점을 알려면 제한적 용법defining clauses과 계속적 용법non-defining clauses을 이해해야 한다. 그 차이점을 배우는 데 시간을 할애하고 싶지 않겠지만, 이 점은 각종 문법 오류의 근간이 되기에 직업상 영어를 쓰는 모든 이가 이해해야 할 문법의 기술적 측면이기도 하다.

계속적 용법은 삽입 어구로 보면 된다. 'The tree, *which had no leaves*, was a birch그 나무는, 잎이 없었는데, 자작나무였다.' 이탤릭체로 된 단어들은 사실상 여담이니 삭제할 수 있다. 문장의 요점은 나무가 자작나무였다는 사실이다. 잎이 없다는 점은 부수적이다. 제한적 용법은 문장의 의미에 필수적인 절이다. 'The tree that had no leaves was a birch잎이 없는 그 나무는 자작나무였다.' 여기서는 잎이 없다는 점이 그 나무를 다른 나무들과 구별하는 데 도움이 된다.

올바른 어법대로라면 제한적 용법에는 언제나 that을 쓰고 계속적 용법에는 which를 쓴다. 제한적 용법은 결코 쉼표로 시작해서는 안 되며, 계속적 용법은 항상 쉼표로 시작해야 한다. 이 점에서는 권위자들의 의견이 일치하는데, 이런 구별을 얼마나 엄격히 따를 것인가에 대해서는 의견이 분분하다.

비교적 최근까지 이런 구별은 전혀 지켜지지 않았다. 예를 들어 킹 제임스 성경에는 이런 말이 나온다. 'Render therefore unto Caesar the things which are Caesar's; and unto God the things that are God's그런즉 카이사르의 것은 카이사르에게, 하느님의 것은 하느님께 바치라.' 성경에는 같은 인용구가 두 번 더 나온다. 한 번은 둘 다 that으로 나오고, 다른 한 번은 둘 다 which로 나온다. 오늘날에는 짧은 문장, 또는 긴 문장의 앞부분에 that을 흔히 쓴다('The house that Jack built잭이 지은 집' 'The mouse that roared으르렁대던 생쥐'). 특히 영국에서, 엄밀히 말해 that이 쓰이면 더 올바를 위치에 다음과 같이 which가 종종 나타난다. 'It has outlined two broad strategies which it thinks could be put to the institutions그것은 기관들에 적용할 수 있다고 생각되는 두 가지 광범위한 전략을 개괄했다.'(더 타임스)

제한적 용법에 which를 쓰는 선례는 많지만 이런 관행은 피하는 게 좋다. 한편 다음 예문에서와 같이 which를 명백히 잘못 쓴 경우도 있다. 'On a modest estimate, public authorities own 100,000 houses, which remain unoccupied for at least a year당국에서는 최소 1년 이상 비어 있는 주택을 적게 잡아도 10만 채 보유하고 있다/당국에서는 적게 잡아도 10만 채의 주택을 보유하고 있는데, 이 집들은 최소 1년 동안 비어 있다.'(선데이 타임스) 글쓴이가 의도한 바는 공공 소유인 주택 중 적어도 10만 채가 1년 이상 비어 있다는 뜻이었다. houses 뒤에 나오는 쉼표를 삭제하고 which를 that으로 바꾸면 의도는 바로 명확해진다.

다른 흔한 오류—실수라기보다 독자에 대한 결례—는 다음 예문에서와 같이 계속적 용법의 관계절을 쉼표로 시작하지 않는 것이다. 'Four members of one of the world's largest drugs rings(,) which smuggled heroin worth £5 million into Britain(,) were jailed yesterday세계 최대 마약 조직 구성원 네 명—한편 이들은 5백만 파운드 상당의 헤로인을 영국으로 밀수했다—이 어제 구속되었다/세계 최대 마약 조직 구성원 네 명이 5백만 파운드 상당의 헤로인을 영국으로 밀수한 혐의로 어제 구속되었다.'(더 타임스) 이런 실수는 미국에서 드물게 보이지만 영국에는 만연해서 같은 기사에서 다섯 번이나 반복되었다.

한편 미국인은 다음 예문에서와 같이 which가 선호되는 곳에 that을 쓰곤 한다. 'Perhaps, with the help of discerning decision-makers, the verb can regain its narrow definition that gave it a reason for being어쩌면 분별력 있는 의사 결정자들의 도움으로 이 동사는, 자신에게 존재 이유를 부여하던 협의(狹義)를 되찾을 수 있을지 모른다.'(새파이어, 『언어에 관하여』) 혹 새파이어가 'can regain the narrow definition that gave it a reason for being'이라고 썼다면 문제될 게 없었다. 그러나 'its'를 씀으로써 마지막 절에 계속적 용법과 같은 여운의 느낌을 주는데, 이 문장은 'can regain its narrow definition, which gave it a reason for being그 협의를 되찾을 수 있을지도 모르는데, 그 협의가 이 동사에 존재 이유를 부여했다'으로 쓰면 더 나았을 것이다. 이 점은 논쟁의 여지가 있다.

'Their's not to reason why, Their's but to do and die' 'OURS IS NOT TO REASON WHY, OURS IS BUT TO DO OR DIE' 참조.

thinking to oneself. 'Somehow he must have thought to himself that this unfamiliar line needed to be ascribed to someone rather more venerable아무튼 그는 익숙지 않은 이런 말은 좀더 존경스러운 누군가에게 써야 한다고 혼자 생각했던 게 틀림없다'(선데이 텔레그래프) '"Can it be that the Sunday Times Magazine is paying no attention to my book?" Frank Delaney was thinking to himself "선데이 타임스 관계자가 내 책에 관심이 없어서 그런 게 아닐까?" 프랭크 딜레이니는 혼자 생각했다'.(선데이 타임스) 두 문장 모두 'to himself'를 지우자. 생각은 원래 혼자 하는 것

이니까. 비슷하게 얼빠진 용례가 다음의 'in my mind'다. 'I could picture in my mind where the bookkeeping offices had been^{회계 사무실들이 어디 있었는지 나는 머릿속으로 상상할 수 있었다.}'(보스턴 글로브)

though, although(양보 접속사). 이 두 가지는 서로 바꿔 쓸 수 있으나, 'He looked tired, though^{하지만 그는 피곤해 보였어}'처럼 문장 끝에는 though만 오고, 'as though'와 'even though'라는 표현은 관용적으로 although로 바꿔 쓰지 않는다.

Through the Looking-Glass and What Alice Found There. 루이스 캐럴의 1871년작 고전 『거울 나라의 앨리스』의 공식 제목. Looking-Glass의 붙임표(-)에 유의.

tic douloureux 안면경련. 안면신경장애의 철자. 공식 의학적 명칭은 삼차신경통이다.

till. UNTIL, TILL, 'tIL, 'tILL 참조.

'til. UNTIL, TILL, 'tIL, 'tILL 참조.

'till. UNTIL, TILL, 'tIL, 'tILL 참조.

time 기간. 다음과 같은 구문에서 종종 불필요하게 쓰인다. 'The report will be available in two weeks time^{그 보고서는 2주 뒤에 볼 수 있을 것이다.}'(가디언) time은 문장의 길이 말고는 더해주는 것이 없으며, 삭제하면 'weeks'에 아포스트로피를 붙일 필요도 없어진다.

time, at this moment in 지금으로서는. 언어적 역량이 부족하다는 인상을 주려는 목적이 아니라면 이 표현은 절대 쓰지 말자. 'now'라고 하자.

tirade. HARANGUE, TIRADE 참조.

to all intents and purposes 사실상. 동어반복이다. 'to all intents'로도 충분하다.

together with, along with. 두 표현 모두 with는 접속사가 아닌 전치사이므로 동사를 지배하지 않는다. 그러므로 이 문장은 잘못되었다. 'They said the man, a motor mechanic, together with a 22-year-old arrested a day earlier, were being questioned자동차 정비사인 남자는 하루 먼저 체포된 22세 청년과 더불어 심문을 받고 있다고 그들이 말했다.'(더 타임스) 'was being questioned'로 쓰자.

   이런 구문에서는 다음과 같이 또다른 위험도 있다. 'Barbara Tuchman, the historian, gave $20,000 to the Democrats, along with her husband, Lester역사학자 바버라 투크만은 남편 레스터와 같이 2만 달러를 민주당에 넘겨주었다.'(뉴욕 타임스) 자신이 민주당에 넘겨진 것에 대해 레스터가 어떻게 느꼈는지는 나타나 있지 않다.

ton, tonne 톤, 메트릭 톤. ton에는 두 종류가 있다. 주로 영국에서 쓰는 2,240파운드, 약 1,016킬로그램의 무게인 롱톤long ton과 미국과 캐나다에서 쓰는 2,000파운드, 약 907킬로그램의 무게인 쇼트톤short ton이 그것이다. tonne은 미터톤metric ton으로, 2,204파운드, 약 1,000킬로그램의 무게다.

tonnages of ships 용적톤수. 재화중량톤수deadweight tonnage란 배 한 척이 실을 수 있는 화물의 중량이다. 배수톤수displacement tonnage란 선박 자체의 중량이다. 총톤수gross tonnage란 선박의 크기를 기준으로 한 이론적인 용적량이다. 선박의 톤수를 논할 때는 독자에게 그 의미를 간략히 설명해야 한다.

tonne. TON, TONNE 참조.

tortuous, torturous 구불구불한, 고문의. tortuous는 '구불구불하고 빙 돌아가는'이란 뜻이다('The road wound tortuously through the mountains^{도로가 산을 굽이굽이 감으며 뻗어 있었다}'). 비유적으로 쓰일 때는 대개 '뒤틀림' '기만적임'을 시사한다('a tortuous tax avoidance scheme^{기만적인 탈세 계략}'). 그러므로 '복잡함' '난해함'만을 의미할 때 이 단어는 피하자. torturous는 torture^{고문}의 형용사형이며 극심한 고통을 가하는 것을 가리킨다. 다음 예문에 쓰여야 할 단어는 torturous다. 'And only a tortuous number of repetitions could seriously increase your abdominal strength^{고문에 가까울 정도로/구불구불한 상당히 많은 반복 운동을 해야 복부 근력을 크게 강화할 수 있다}'(뉴욕 타임스 광고)

torturous. TORTUOUS, TORTUROUS 참조.

total 총합. 유의할 점 세 가지.

1. 다음 예문에서와 같이 피수식어구가 이미 totality^{총체성}의 의미를 담고 있을 때 total은 군더더기니 삭제하자. '[They] risk total annihilation at the hands of the massive Israeli forces now poised to strike at the gates of the city^{[그들은] 이제 도시 입구를 공격할 태세를 갖춘 대규모 이스라엘군의 손에 완전히 전멸할 위험이 있다}.'

2. a total of^{총 ~의} 역시 흔하긴 하지만 대개 불필요한 표현이다. 'County officials said a total of 84 prisoners were housed in six cells···^{주 공무원들은 총 84명의 재소자가 여섯 감방에 수용되어 있다고 말했다}'(뉴욕 타임스) 'officials said 84 prisoners'로 쓰자. 큰 숫자를 로마자로 풀어 쓰는 일을 피해야 하는 문두에서는 예외다. 즉 'Two thousand one hundred and twelve sailors were aboard^{총 2,112명의 선원이 승선해 있었다}'가 아니라 'A total of 2,112 sailors were aboard'로 쓴다.

3. 'A total of 45 weeks was spent on the study^{학업에 총 45주가 소요되었다}'(더 타임스)는 잘못되었다. 'a number of' 및 'the number of'와 마찬가지로, 'the total of^총'는 단수 was로 받으나 'a total of'는 복수 were로 받아야 한다.

to the tune of 무려 (~의 거금을 들여). 진부한 완곡어법이다. 'The company is being subsidized to the tune of $500 million a year^{회사는 1년에 무려 5억 달러나 되는 거금을 보조받는다}'는 'The company is receiving a subsidy of $500 million a year^{회사는 1년에 5억 달러의 보조금을 받고 있다}'로 쓰면 더 간결해진다.

toward. TOWARDS, TOWARD 참조.

towards, toward ~쪽으로. 전자는 영국에서, 후자는 미국에서 선호하는 형태이나 둘 다 맞다. 한편 영미 모두 untoward^{별다른}만 허용한다(untowards는 허용하지 않음).

trade mark, trade name 상표, 상호. trade mark는 어떤 제품을 정식으로 식별하는 이름, 상징 또는 묘사다. trade name은 제품이 아니라 제조사 이름이다. 캐딜락은 상표^{trade mark}이고 제너럴 모터스는 상호^{trade name}다.

transatlantic 대서양 횡단의. 'The agreement came just in time to stop the authorities from taking away his permits to operate trans-Atlantic flights^{당국이 그의 대서양 횡단 운항 허가를 취소하려는 시점에 그 합의가 이루어져 취소를 중단했다}'(선데이 타임스) 대부분의 사전은 transatlantic을 선호한다. transalpine^{알프스 횡단의}, transarctic^{북극 횡단의}, transpacific^{태평양 횡단의}도 마찬가지다.

translucent 반투명한. 간혹 'transparent^{투명한}'의 동의어로 잘못 사용된다. translucent material^{반투명 물질}이란 불투명 유리처럼 빛은 통과하지만 형상이 명확하게 비쳐 보이지 않는 재질이다. 철자에도 유의하자. -scent가 아님.

transpire. 'But Mayor Koch had a different version of what transpired^{그러나 코크 시장은 일어난 사건을 다르게 알고 있었다}.' transpire는 예문에서 의도한 것처럼 '발생하다'를 뜻하지 않는다. 다음과 같이 '도착하다' '입고되다'란 뜻은 더더욱 아니다. 'And generally the group found it had too many stocks for the orders that transpired대체로 그 그룹은 입고된 주문품의 재고량이 너무 많다고 생각했다.'(더 타임스) '새어나가다'(라틴어에서는 문자 그대로 '~을 통해서 숨쉬다')의 뜻으로, 그 의미로만 한정해 쓰는 게 가장 좋다.

treble. TRIPLE, TREBLE 참조.

triple, treble 3부로 된, 3배의. 둘 다 명사, 동사, 형용사로 쓰일 수 있다. 음악 용어인 경우('높은음자리표treble clef')를 제외하면 미국에서는 거의 배타적으로 triple만이 세 품사 모두에 쓰이며 영국에서도 이런 경향이 점점 더 우세해지고 있다. 파울러에 따르면(2판second edition의 경우) treble은 동사('They trebled their profits그들은 이익을 세 배로 올렸다')와 명사('I will give you treble what he offered나는 네게 그가 제안한 것의 세 배를 주겠다')로 흔히 쓰인다. 그는 형용사로서 금액에는 treble이, 종류에는 triple이 더 낫다고 말한다. 버치필드는 3판에 지침은 제공하지 않으나 형용사 treble은 금액에, triple은 복수형, 특히 3등분으로 된 사물에 더 흔히 쓰이는 것으로 보인다는 소견을 내놓았다. 요컨대, 재량껏 쓰면 된다.

trivia 사소한 일. 엄밀히 말하면 복수형이며 많은 사전에서 복수형으로만 인정한다. 'All this daily trivia is getting on my nerves매일의 이 모든 사소한 일들이 내 신경을 긁는다'라는 문장은 'All these daily trivia are getting on my nerves'가 되어야 한다. 단수형은 없으나(라틴어 단수 trivium은 이제 고어를 언급할 때만 쓴다), 단수형 단어로 trifle하찮은 것과 triviality사소한 문제가 있다. 복수형이 어색하다면 trivia를 형용사형으로 쓰는 것도 한 방법이다. 'All these trivial daily matters are getting on my nerves.'

Trooping the Colour 군기분열식. (여왕의 실제 생일이 있는 4월이 아니라) 6월에 하는 영국 여왕의 생일 축하 공식 연례행사는 Trooping of the Colour

가 아니며, the Trooping of the Colour는 더더욱 아니고 그냥 Trooping the Colour다.

true facts 진실된 사실. 'No one in the White House seems able to explain why it took such a potentially fatal time to inform the Vice President of the true facts누군가 죽을 수도 있는 상황에서 부통령에게 참된 사실을 알리는 데 왜 그렇게 시간이 걸렸는지 백악관의 그 누구도 설명하지 못하는 것 같다.'(선데이 타임스) true facts는 언제나 군더더기거나 잘못된 표현이다. 모든 사실은 참이다. 참이 아닌 것은 사실이 아니다.

try and ~에 힘쓰다. 일상 대화에서 많이 쓰이지만 진지한 글쓰기에서는 피하자. 'The Monopolies Commission will look closely at retailing mergers to try and prevent any lessening of competition독과점 방지 위원회는 소매업 합병을 면밀히 조사하여 경쟁 축소를 방지하는 데 힘쓸 것이다.'(선데이 타임스) 'try to prevent'로 쓰자.

tumult, turmoil 혼란, 소란. 둘 다 혼란과 동요를 설명하는 데 쓰인다. 차이점은 tumult는 사람에게만 쓰지만, turmoil은 사람과 사물 둘 다에 쓴다는 것이다. 그러나 tumultuous격동의는 사람은 물론 사물에도 쓸 수 있다(tumultuous applause떠들썩한 박수, tumultuous seas격랑이 이는 바다).

turbid. TURGID, TURBID 참조.

turgid, turbid 난해한. 저자가 turgid를 본연의 의미대로 쓴 것인지, turbid와 혼동해 쓴 것인지 구별하기는 어렵지만 다음 예문에서는 이 둘을 혼동한 것으로 보인다. 'She insisted on reading the entire turgid work aloud, a dusk-to-dawn affair that would have tried anyone's patience그녀는 난해한/과장된 저작을 소리 내어 읽겠다고 고집했고, (그것은) 저물녘부터 새벽까지 계속되어 모두의 인내심을 시험할 만한 일이었다.'(선데이 타임스) turgid는 '과장된' '거창하게 말하는' '말만 번드르르한'을 뜻한다. 이 낱말은 turbid의 의미인 '흙탕의' '꿰뚫어볼 수 없는'이란 뜻이 아니다.

turmoil. TUMULT, TURMOIL 참조.

turpitude 대단히 부도덕한 행위. 간혹 생각하는 것처럼 청렴, 진실성을 의미하지 않으며 오히려 저열함, 타락을 뜻한다. 'He is a man of great moral turpitude^{그는 도덕적으로 저열한 사내다}'라 하면 칭찬이 아니다.

Tussaud's, Madame. 런던의 마담 투소 밀랍 인형 박물관. 아포스트로피는 생략할 수 없다.

U

UCLA. 'A professor of higher education at the University College of Los Angeles has examined the careers of 200,000 students at 350 colleges University College of Los Angeles의 어느 대학교수는 350개 칼리지의 학생 20만 명의 이력을 검토했다.' 〈선데이 타임스〉 북미 이외 지역에서는 흔히 발견되는 오류다. UCLA를 풀어쓰면 University of California at Los Angeles다.

Uffizi Gallery. 이탈리아 피렌체에 있는 우피치 미술관.

ukulele. 현악기 우쿨렐레의 철자. uke-가 아님.

Ullswater. 영국 컴브리아주 얼스워터의 철자. Uls-가 아님.

Uluru. 호주 에어즈 록Ayers Rock을 가리키는, 현재 선호되는 정식 명칭이다. '울루루'로 발음한다. 울루루-카타 추타 국립공원의 일부다. 울루루 옆에 있는 리조트 명칭은 율라라Yulara다.

undoubtedly. DOUBTLESS, UNDOUBTEDLY, INDUBITABLY 참조.

unexceptionable, unexceptional 나무랄 데 없는, 범상한. 간혹 혼동된다. unexceptional한 것은 평범하며 뛰어나지 않다('an unexceptional wine 평범한 포도주'). unexceptionable한 것에는 이의가 없다('In Britain, grey is the preferred spelling, but gray is unexceptionable영국에서는 grey가 선호되는 철자지만

263

gray도 나무랄 데 없다').

unexceptional. UNEXCEPTIONABLE, UNEXCEPTIONAL 참조.

unilateral, bilateral, multilateral 일방의, 양자의, 다자의. 이 모두는 다음 예문에서와 같이 불필요할 때가 많다. 'Bilateral trade talks are to take place next week between Britain and Japan다음주에 영국과 일본의 양자 통상 회담이 열릴 예정이다.'(더 타임스) 영국과 일본의 통상 회담은 양자적일 수밖에 없다. bilateral을 지우자.

uninterested. DISINTERESTED, UNINTERESTED 참조.

unique. 같은 종류에서 유일한 것, 비교 불가능한 것을 가리킨다. 다음 예문에서 보듯 어떤 것이 다른 것보다 더 유일무이unique할 수는 없다. 'Lafayette's most unique restaurant is now even more unique라파예트에서 가장 유일무이한 레스토랑이 지금은 더욱 유일무이해졌다.'(우드에게서 재인용)

unknown 알려지지 않은. 다음 예문에서와 같이 부정확하게 쓰일 때가 많다. 'A hitherto unknown company called Ashdown Oil has emerged as a bidder for the Wytch Farm oil interests애시다운 오일이라는 지금까지 알려지지 않은 기업이 윗치 팜 석유 (시추) 이권의 입찰자로 부상했다.'(더 타임스) 기업은 누구에게든, 못해도 자사 이사들에게라도 알려지기 마련이다. '잘 알려지지 않은 기업a little-known company'으로 쓰면 낫다.

unless and until ~할 때까지. 제발 둘 중 하나만 쓰자.

unlike ~와는 달리. unlike가 전치사로 쓰이면 명사나 대명사 또는 명사 상당어구(가령 동명사)를 받아야 한다. 'But unlike at previous sessions of the conference…회의의 이전 세션들과는 달리'(뉴욕 타임스)라는 표현은 'But unlike previous sessions'나 'As was not the case at previous sessions'가 되어야 한다.

unlike는 또한 비교 가능한 것들을 대조해야 하는데 다음 예문에서는 그렇지 않다. 'Unlike the proposal by Rep. Albert Gore, outlined in this space yesterday, the President is not putting forth a blueprint for a final treaty 어제 이곳에서 개요를 발표한 앨버트 고어 의원의 제안과는 달리, 대통령은 최종 조약의 청사진을 내놓고 있지 않다.'(시카고 트리뷴) 쓰인 그대로라면 문장은 '제안이 대통령과는 달리'라고 말하고 있는 셈이다. 문장은 이렇게 되어야 한다. 'Unlike the proposal by Rep. Albert Gore, the President's plan does not put forth a blueprint앨버트 고어 의원의 제안과 달리, 대통령의 계획은 청사진을 내놓고 있지 않다'나 이와 비슷한 식으로 써야 한다.

unpractical. IMPRACTICAL, IMPRACTICABLE, UNPRACTICAL 참조.

until, till, 'til, 'till ~때까지. until과 till은 올바르며 서로 바꾸어 쓸 수 있다. 'til과 'till은 고어다.

untimely death 때 이른 죽음. 흔하지만 정말이지 어리석은 표현이다. 죽음이 시의적절한 적이 있었나?

up. 구동사(PHRASAL VERB 참조)로 쓰일 때 up은 문장에 그냥 편승할 때가 많다. 숙어에 up이 꼭 들어가야 하는 경우도 간혹 있다. 책에서 단어를 찾아보다look up, 사실관계를 캐내다dig up, 승진하다move up 등이 그 예다. 그러나 예문에서와 같이 up이 전적으로 불필요할 때도 있다. 'Another time, another tiger ate up 27 of Henning's 30 prop animals 또 한번은 다른 호랑이가 헤닝스 소유의 사육동물 서른 마리 가운데 스물일곱 마리를 잡아먹기도 했다'(워싱턴 포스트) 'Plans to tighten up the rules… of the National Health Service were announced yesterday(영국) 국가 보건 의료 체계의 … 규정 강화 계획이 어제 발표되었다'(더 타임스) 'This could force the

banks to lift up their interest rates^{이로써 은행들은 금리 인상 압박을 받게 될 수 있다'}(파이
낸셜 타임스) 위 예문들 및 수많은 다른 경우에 up은 인정사정없이 지워버려도 된
다. 간혹 너무 열의가 뻗친 나머지 up이 단어 앞에 가서 붙기도 한다. 'With the
continued upsurge in sales of domestic appliances···^{국산 가전제품의 판매 급증}
^{지속으로.'}(더 타임스) upsurge^{급증}는 인정되는 낱말이긴 하지만 surge^{급증} 이상의 의
미를 갖는 경우는 거의 없다.

upon. ON, UPON 참조.

usage. USE, USAGE 참조.

use, usage 용법, 어법. usage는 특히 언어학과 관련된 격식 있는 관행의 맥
락에서만('modern English usage^{현대 영어 어법}') 쓰이며 다른 모든 의미에는 use
가 쓰이지만, 대부분의 사전에서는 거의 모든 문맥에서 두 단어를 서로 바꿔 쓸
수 있는 것으로 인정하고 있다.

usual 보통의. 신문에서 발견되는 (필시 서두르다보니 생기는) 흔한 실수로 어
떤 것이 관례적이라는 말을 한 문장에서 두 번 하는 경우를 들 수 있다. 두 예
문 다 뉴욕 타임스에서 발췌했다. 'The usual procedure normally involved
getting eyewitness reports of one or more acts of heroism^{하나 이상의 영웅적인}
^{행위에 대해서는 목격자 증언을 확보하는 것이 대개 보통의 절차였다'} 'Customarily, such freezes
are usually imposed at the end of a fiscal year^{관례상 이런 동결은 대개 회계연도 말에}
^{이루어진다'}. 둘 중 하나는 지우자. (HABITS도 참조.)

utilize. 엄밀히 말하면 utilize는 어떤 일에 본래 그 용도가 아닌 어떤 것을 최
고로 잘 사용함을 뜻한다('He utilized a coat hanger to repair his car^{그는 옷}
^{걸이를 활용하여 차를 고쳤다'}). 어떤 것을 십분 활용한다는 확장된 뜻으로('Although
the hills were steep, the rice farmers utilized every square inch of the

land ^{언덕이 가팔랐지만, 벼농사를 짓는 농부들은 땅을 구석구석 십분 활용했다'}) 타당하게 쓰일 수 있으나, 다른 모든 의미로는 use가 더 낫다.

U

V

Van Dyck, Vandyke 반 다이크. 이름이 다양한 철자로 표기되기도 하며 오기되기도 하는 17세기 화가로, 출생시 성명은 Anton Van Dijck였으나 이 철자는 그가 출생한 벨기에 밖에서는 거의 발견되지 않는다. 영국에서 그의 이름은 대개 'Sir Anthony Van Dyck'로 표기하지만 Vandyke도 허용한다. 그의 그림에는 대개 Vandykes를 쓰며 그와 관련된 사물도 마찬가지다. Vandyke beard ^{반다이크 수염}, Vandyke collar^{반다이크식 옷깃}.

Vandyke. VAN DYCK, VANDYKE 참조.

various different 다종다양한. 누가 뭐래도 동어반복이다.

venal, venial. 라틴어 venialis('용서할 수 있는')에서 온 venial은 '용납할 수 있는'이란 뜻이다. venial sin이라면 가벼운 죄다. venal은 '부패 가능한'을 뜻한다. 라틴어 venalis('판매하는')에서 왔으며 매수 가능한 사람을 묘사한다.

venerate, worship 숭상하다, 예배하다. 비유적 의미에서 두 낱말을 서로 바꿔 쓸 수 있지만, 종교적인 문맥에서 worship은 신에게만 써야 한다. 예를 들어 천주교는 하느님을 예배하지만^{worship} 성자들은 숭상한다^{venerate}.

venial. VENAL, VENIAL 참조.

ventricles (심장의) 심실. ventricals가 아님.

verbal. ORAL, VERBAL 참조.

vermilion. 주홍색. -ll- 이 아님.

very 매우. 문장에 꼭 필요할 때 써야 한다. 아무 의미도 더해주지 않거나('It was a very tragic death^{그것은 매우 비극적인 죽음이었다}') 더 적확한 단어로 대체되는 게 나을 만한, 표현력이 약한 단어를 지원하는 데('The play was very good^{연극은 아주 좋았다}') 쓰는 경우가 너무 많다.

via. '경유하여'란 뜻으로 어떤 여행 경로를 뜻하지 수단을 가리키지 않는다. 'We flew from London to Sydney via Singapore^{우리는 비행기를 타고 싱가포르를 경유해 런던에서 시드니로 갔다}'라고 말하는 건 옳지만, 'We travelled to the islands via seaplane^{우리는 수상비행기를 타고 그 섬들까지 갔다}'은 옳지 않다.

viable. 'Such a system would mark a breakthrough in efforts to come up with a commercially viable replacement for internal-combustion engines^{이런 시스템은 상업적으로 자립 가능한/실행 가능한 내연기관 대체품을 찾으려는 노력에서 획기적인 일이 되겠다}'(『뉴스위크』) 'I believe there is a viable market for the Samba Cabriolet in Britain^{영국에 삼바 카브리올레에 대한 자립 가능한/유망한 시장이 있다고 나는 믿는다}'(메일 온 선데이) viable은 흔히 쓰이는 것과 같이 feasible^{실행 가능한}이나 workable^{운용 가능한}, promising^{유망한}의 뜻이 아니다. '독립적으로 존재할 수 있는'을 뜻하며, 그 용법도 이 의미로만 한정해야 한다. 올바로 사용했을 때마저도 이 단어는 예문에서 보듯 문장을 공문서 텍스트처럼 읽히게 하는 경향이 있다. 'Doing nothing about the latter threatens viability of the lakes and woodlands of the northeastern states^{후자에 대해 아무 일도 하지 않는다면 북동부 주들의 호수 및 삼림지의 독립적 존재 가능성을 위협하게 된다}'(시카고 트리뷴) 'the viability of'를 지우면 의미 변화 없이 문장이 간결해진다.

V

vichyssoise. 감자 크림수프를 가리키는 낱말의 철자. -ss-에 유의.

vicissitude 부침浮沈. 변화나 변이를 가리키는 말. 설득력 있는 이유는 없지만 이 단어는 거의 언제나 복수로 쓴다.

vitreous, vitriform. vitreous는 유리로 만들었거나 유리의 특징을 가지고 있는 사물을 가리킨다. vitriform은 유리의 외관을 갖고 있다는 뜻이다.

vitriform. VITREOUS, VITRIFORM 참조.

vocal cords. CHORD, CORD 참조.

volcanology. VULCANOLOGY, VOLCANOLOGY 참조.

vortexes, vortices. vortex소용돌이의 복수형으로, 둘 다 맞다.

vortices. VORTEXES, VORTICES 참조.

vulcanology, volcanology 화산학. 둘 다 화산에 관한 학문을 가리키는 용어다. vulcanology는 영국에서, volcanology는 미국에서 선호하는 철자다.

waiver, waver. waiver는 청구를 포기함을, waver는 주저함을 뜻한다.

Wal-Mart. 미국 소매 유통 그룹 월마트의 철자(월마트 주요 경쟁사의 철자는 Kmart). 회사의 공식 상호명은 Wal-Mart Stores Inc.다.

warn 경고하다. 'British Rail warned that the snow was bound to have a serious effect on its service today영국 국유 철도는 눈이 오늘 운행에 상당한 영향을 미칠 거라고 경고했다.'(데일리 텔레그래프) 상당히 최근까지만 해도, warn이 영국에서 위 예문에서처럼 자동사로 사용되는 일은 거의 없었다. 즉 이 동사는 명시적인 사람 목적어—경고받는 사람 또는 경고되는 내용—를 필요로 한다. 그러므로 전통에 따라 위 문장은 다음과 같이 고쳐 써야 한다. 'British Rail warned the passengers that…'

오늘날에는 자동사를 수용하는 쪽으로 대세가 기울고 있으며, warn을 그런 식으로 쓰면 안 된다고 완고히 주장하는 권위적 기관은 오직 『타임스 표기법 지침』뿐인 듯하다. 버치필드는 흔히 쓰는 어법에 변화가 있다고 언급하지만 이에 대한 견해는 밝히지 않았다. 미국에서 이 단어는 오랫동안 (간접)목적어를 취하기도 하고 취하지 않기도 했으며, 영국에서도 빠른 속도로 그렇게 되어가고 있다. 하지만 현재로서는 영국에서 명시적인 (간접)목적어 없이 이 단어를 쓰면 비난받을 위험이 다소 있다.

'Water, water, everywhere, / Nor any drop to drink' 새뮤얼 테일러 콜리지가 쓴 시 「늙은 뱃사람의 노래」의 시행.

271

waver. WAIVER, WAVER 참조.

Waverley Station. 영국 에든버러 기차역 이름의 철자.

weather conditions. 'Freezing weather conditions will continue for the rest of the week혹한 조건이 주말까지 계속될 것이다.'(더 타임스) conditions를 지우자. 'thunderstorm activity over the plains states대초원 지역 곳곳 뇌우 활동' 같이 미국 기상예보관이 즐겨 쓰는 activity도 마찬가지로 거슬린다.

Weddell Sea. 남극대륙에 있는 웨들해海의 철자.

Wedgwood china 웨지우드(상표명) 도자기. Wedge-가 아님.

Weidenfeld & Nicolson 웨이든펠드&니컬슨. 출판사 이름. -field도, Nich-도 아님에 유의.

Westmorland. 잉글랜드 옛 주였던 웨스트모얼랜드의 철자. -more-가 아님에 유의.

West Virginia 웨스트버지니아주. 미국 50개 주 중 하나. 1863년에 이웃 버지니아주에서 갈라져 나온 별도의 주. 주도는 찰스턴으로 사우스캐롤라이나의 유명한 항만도시 찰스턴과 혼동하지 말 것.

Westward Ho! 잉글랜드 데번에 있는 해안 마을의 이름으로, 뒤에 Devon을 쓸 때는 느낌표 뒤에 쉼표를 쓰는 점에 주의.

What ~한 것. 문두에 쓰인 what은 어색한 문장의 징후일 때가 많다. 'What has characterised her evidence—and indeed the entire case—is the constant name‑dropping^{그녀의 증거―그리고 실제로는 사건 전체―를 특징짓는 것은 계속 유명 인사의 이름을 들먹이는 행위다}(선데이 타임스)은 'Her evidence ―and indeed the entire case ―has been characterised by constant name‑dropping^{그녀의 증거―그리고 실제로는 사건 전체―는 계속 유명 인사의 이름을 들먹이는 행위로 특징지어졌다}'으로 쓰면 더 간결하고 능동적인 문장이 된다.

whence ~에서. 'And man will return to the state of hydrogen from whence he came^{그리고 인간은 본래 기원한 곳인 수소 상태로 (분해되어 흙으로) 돌아갈 것이다}'(선데이 텔레그래프) from whence가 사용된 선례는 많지만―킹 제임스 성경에는 'I will lift up my eyes unto the hills from whence cometh my help^{내가 산을 향하여 눈을 들리라. 나의 도움이 어디서 올꼬}'라는 문장이 나온다―그럼에도 from whence 는 동어반복이다. whence는 '~에서^{from where}'란 뜻이다. 'to the state of hydrogen whence he came'으로만 써도 족하다.

whether or not. 다음 예문에서와 같이 whether가 if와 대등하게 쓰일 때 뒤의 두 단어는 삭제하는 게 좋다. 'It is not yet known whether or not persons who become reinfected can spread the virus to other susceptible individuals^{재감염된 사람들이 감염에 약한 다른 이들에게 바이러스를 옮길 수 있는지 여부는 아직 알려지지 않았다}'(뉴욕 타임스) 하지만 강조되는 것이 대안일 경우에는 or not이 필요하다. 'I intend to come whether or not you like it^{네가 좋아하든지 말든지 나는 올 생각이다}.'

whet one's appetite 구미를 당기게 하다. wet가 아님. 이 낱말은 침이 고이는 것이나 그와 같은 것과는 전혀 관계가 없다. 이는 '날카롭게 하다^{sharpen}'를 뜻하는 옛 영어 단어 hwettan에서 왔다. 그래서 칼을 갈 때 쓰는 숫돌을 가리키는 whetstone의 철자에도 whet이 들어가는 것이다.

which(관계대명사). which가 앞에 나온 진술 전체가 아니라 선행사만을 가리킨다는 믿음은 근거가 없지 않으나 모호할 가능성이 있다. 규칙을 일관되게 적용할 수 없다는 점은 가워스가 인용한 일화에 잘 나타나 있다. 필라델피아의 한 학급에서 지역신문의 어법 관련 상임 자문에게 'He wrecked the car, which was due to his carelessness그는 차를 망가뜨려놓았는데 이는 그의 부주의 때문이었다'라는 문 장에서 무엇이 잘못되었는지를 물었다. 전문가가 스스로 판 함정에 어떻게 걸려드는지 답변의 마지막 세 단어which is nonsense를 주목하자. "실책은 which가 'He wrecked the car'라는 진술을 받도록 한 데 있습니다. which는 명사 뒤에 오면 그 명사를 선행사로 받습니다. 그러므로 위 문장에서 자동차는 그의 잘못 때문이었다가 되고, 이는 말이 안 되는 것이지요." (THAT, WHICH도 참조.)

whitish 희끄무레한. 색깔을 가리킬 때 쓰는 말. white-가 아님.

whiz kid 신동. whizz가 아닌 whiz가 대개 선호되는 철자지만, 사전들은 대부분 둘 다 인정하고 있다. whiz-bang소구경 포탄도 마찬가지지만 붙임표(-)를 추가하는 게 다르다.

who, whom. 이 두 관계대명사가 영 헷갈리는 사람이라면 셰익스피어, 애디슨, 벤 존슨, 디킨스, 처칠 그리고 킹 제임스 성경의 번역가들 역시 당대에 이를 혼란스러워했다는 사실이 좀 위안이 될지도 모르겠다.

규칙은 간단하다. whom은 전치사('To whom it may concern담당자 귀하')나 동사('The man whom we saw last night우리가 어젯밤 본 그 남자')의 목적어일 때, 또는 보어로 쓰인 부정사의 주어일 때('The person whom we took to be your father우리가 네 아버지로 착각한 사람') 쓴다. 다른 모든 경우에는 who를 쓴다.

그러면 이제 잘못 쓰인 세 예문을 보자. 'Mrs Hinckley said that her son had been upset by the murder of Mr Lennon, who he idolized힝클리 씨는 그의 아들이 우상으로 여기던 레넌 씨의 암살에 분개했다고 말했다'(뉴욕 타임스) 'Colombo, whom law enforcement officials have said is the head of a Mafia family in Brooklyn···경찰이 브루클린 마피아 가족의 수장이라고 말한 바 있는 콜롬보'(뉴욕 타임스) 'Heartbreaking decision—who to save가슴 아픈 결정—누구를 살릴 것인가'(더 타임스 헤

드라인) 이런 문장들이 맞는지는 he/him 구문으로 상상해보면 알 수 있다. 예를 들어, 'Hinckley idolized he'라고 쓸 것인가, 'Hinckley idolized him'이라고 쓸 것인가? 경찰은 'he is the head of a Mafia family'라고 말하겠는가, 'him is the head'라고 말하겠는가? 그리고 위는 'whether to save he'에 대한 가슴 아픈 결정인가, 'whether to save him'에 대한 가슴 아픈 결정인가?

간단하지 않나? 글쎄, 별로 그렇다고도 할 수 없다. 관계대명사가 관계사절에서 전치사 뒤에 나오면 이 간단한 테스트는 별 소용이 없어진다. 『포춘』의 다음 문장을 보자. 'They rent it to whomever needs it그들은 그것을 필요로 하는 사람 누구에게나 빌려주었다.' 우리가 'for whom the bell tolls누구를 위하여 종은 울리나'와 'to whom it may concern'으로 쓰는 것을 (이미) 알고 있으므로 'to whomever needs it'으로 써야 맞겠다. he/him 구문으로 가정하는 것으로 이 결론을 시험해보면 'they would rent it to he그에게 빌려줄 것이다'로 쓰겠는가, 'they would rent it to him'으로 쓰겠는가? whom에 한 표를 던지기 십상이다. 하지만 이는 잘못되었을 수도 있다. 난점은 관계대명사가 동사 needs의 주어이자 전치사 to의 목적어라는 것이다. 문장은 사실상 'They rent it to any person who needs it'이라는 뜻이다.

이와 유사한 이유로, 다음 두 문장에서 whomever를 쓰면 틀릴 수 있다. 'We must offer it to whoever applies first우리는 제일 먼저 신청하는 아무에게나 그것을 주어야 합니다' 'Give it to whoever wants it그걸 원하는 아무에게나 주어라'. 다시 한번 말하지만 이 문장들은 이런 뜻이다. 'We must offer it to the person who applies first우리는 제일 먼저 신청하는 사람에게 그것을 주어야 합니다' 'Give it to the person who wants it그걸 원하는 사람에게 주어라'. 이런 구문들은 보통 whoever와 whomever(단순한 who와 whom이 아니라) 중 취사선택을 요하므로 이를 대할 때면 늘 경계를 늦추지 않게 되지만 꼭 그럴 필요는 없다. 한 가지 (다소 까다로운) 예외를 다음 예문에서 발견할 수 있다. 'The disputants differed diametrically as to who they thought might turn out to be the violator논객들은 누가 위반자일 가능성이 있다고 생각하는지에 대해 정반대 의견을 보였다.'(번스타인에게서 재인용) 이 문장은 이런 뜻이다. 'The disputants differed diametrically as to the identity of the person who, they thought, might turn out to be the violator 논객들은 그들이 위반자일 가능성이 있다고 생각하는 사람이 누구인지에 대해 정반대 의견을 보였다.'

　　대부분의 문장은 이보다 훨씬 더 간단하며 소리 내어 몇 번 말해보면 어떤 격을 써야 하는지 대체로 꽤 자신 있게 결정할 수 있다는 점을 말해둬야겠다. 하지만 군이 그렇게까지 할 가치가 있을까? 번스타인은 만년에 그렇지 않다고 생각했다. 그는 1975년에 권위자 25명에게 편지를 써서, 전치사를 직접 받는 경우(가령 'to whom it may concern'처럼)를 제외하고 군이 whom을 유지할 필요가 있다고 생각하는지 물었다. 여섯 명은 whom을 유지하자고 했고, 네 명은 결정하지 못했으며, 열다섯 명은 whom을 버려야 한다고 답했다.

　　영어는 수백 년 동안 대명사의 격 변화를 탈피해왔다. 오늘날 격 변화가 남아 있는 관계대명사는 who가 유일하다. who와 whom의 차이를 유지한다고 해서 명료성이 높아지지도 모호성이 줄어들지도 않는다. 이는 잦은 오류와 끝없는 불확실성의 근원이 되었을 뿐이다. 권위자들은 적어도 200년 동안 whom에 돌을 던져왔지만—노아 웹스터가 처음으로 whom이 불필요하다고 밝혔다—이 단어는 퇴장을 거부한다. 지금부터 1세기 뒤에는 유물이 될 수도 있겠지만 지금으로서는 whom을 무시하려면 세련되지 못하다는 말을 들을 각오를 해야 한다. 나는 이 까다로운 whom이 제대로 쓰였을 때는 상당히 품위가 있다고 본다. 나로 말할 것 같으면 whom이 없어지면 안타까울 것 같다.

whodunit. 추리소설을 가리키는 단어의 철자. 'n'이 하나임에 주의.

whom. WHO, WHOM 참조.

whose. 두 가지 작은 문제가 있다. whose가 사람에게만 쓰일 수 있다는 끈질긴 믿음이 그 하나다. 권위자들은 어색하게 'The book, a picaresque novel the central characters of which are⋯'라고 말하기보다 차라리 'a picaresque novel whose central characters are⋯ 중심 인물들이 ⋯인 악한소설'라고 말하는 게 문제가 없다고 입을 모은다.

두번째 문제는 제한적 용법과 계속적 용법(THAT, WHICH에서 논의)을 구별하지 않는 데서 나온다. 이 문장을 보자. 'Many parents, whose children ride motorbikes, live in constant fear of an accident.'(옵서버) 종속절을 주절로 만듦으로써(즉 쉼표로 시작함으로써) 글쓴이는 사실상 이렇게 말하고 있는 것이다. 'Many parents live in constant fear of an accident and by the way their children ride motorbikes많은 부모가 끊임없이 사고의 두려움 속에 살고 있는데 그건 그렇고 그들의 자녀들은 오토바이를 타고 다닌다.' 물론 글쓴이는 '부모들은 자녀들이 오토바이를 타고 다녀서 두려움 속에 살고 있다'는 의도로 말한 것이었다. 이는 전체 맥락에서 부수적이지 않은 논지다. 그러므로 이 절은 제한적이고, 앞뒤 쉼표는 삭제해야 한다. 가워스는 다음의 전시 훈련 매뉴얼을 인용했다. 'Pilots, whose minds are dull, do not usually live long조종사들은 대개 오래 못 사는데 이들은 정신을 똑바로 차리지 않는다.' 쉼표 두 개를 지우면 모욕은 건전한 조언이 된다('정신을 똑바로 차리지 않는 조종사들은 대개 오래 살지 못한다').

내가 갖고 있는 더 타임스의 오래된 어법서의 다음 문장에서, who에서도 같은 문제가 일어남을 확인할 수 있다. 'Normalcy should be left to the Americans who coined it'정상'은 그 말을 만들어낸 미국인들에게 남겨져야 한다.' 'normalcy'가 그 말을 만드는 데 참여한 미국인들에게만 해당돼야 한다는 게 글쓴이의 의도였다면 쉼표가 없는 게 맞다. 그러나 추정컨대 그 단어는 모든 미국인, 즉 국가 전체를 가리키고 이들이 우연히 그 말을 만들었다고 쓰려는 게 글쓴이의 의도였을 것이다. 그러므로 쉼표가 필요하다. (사실을 말하자면 우리 미국인이 그 단어를 만든 게 아니다. 이 낱말은 미국보다 몇 백 년이나 더 오래됐고 영국인의 표현이며, 영국이 이 단어를 만들기도 했다. NORMALCY 참조.)

widow 미망인. 이 단어는 예문에서처럼 the late고인이 된와 함께 쓰이면 언제나 불필요해진다. 'Mrs Sadat, the widow of the late Egyptian President···'(가디언) 'wife of the late Egyptian President작고한 이집트 대통령의 영부인'나 'widow of the Egyptian President이집트 대통령의 미망인' 둘 중 하나로 쓴다.

will, would. 'The plan would be phased in over 10 years and will involve extra national insurance contributions…이 계획은 10년에 걸쳐 단계적으로 도입될 것이며 전국적으로 추가 보험금 부담이 따를 것으로.'(더 타임스). 여기서 문제는 문법학자들이 조건절protasis과 귀결절apodosis이라고 부르는 것 사이의 일관성 결여다. 문장은 접속법(would)으로 시작해서 갑자기 직설법(will)으로 바뀐다. 여기서도 같은 오류가 나타난다. 'The rector, Chad Varah, has promised that work on the church will start in the New Year and would be completed within about three years 교구 목사인 채드 바라는 교회 관련 공사가 새해에 시작될 것이며 약 3년 내에 완공될 거라고 약속했다.'(스탠더드) 두 문장 모두, 둘 다 will로 쓰거나 둘 다 would로 써야 한다.

이것은 단순히 문법적인 질서의 문제가 아니다. 일어날 수도 있는 일과 일어날 일을 구별하는 명확성의 문제다. 'The plan will cost £400 million이 계획에는 4억 파운드가 소요될 것이다'라고 쓰면 확신을 표현하는 것이다. 이 계획은 채택되었거나 채택이 확실시되는 계획이다. 'The plan would cost £400 million'라고 쓰면 이 진술은 분명 추정이다. 이 문장은 계획이 채택된다면 4억 파운드가 소요될 것으로 추정한다는 뜻이다.

영국 언론에서 발생하는 흔한 실수는 추정을 확실한 것인 양 보도하는 행태다. 가디언에는 총리에게 일자리 창출 계획에 더 많은 재원을 조달하도록 촉구하는 노동조합의 제안에 관해 다음과 같은 기사가 실려 있다. 'The proposals will create up to 20,000 new jobs… will be phased in over three years… will cost up to £8 million이 제안은 2만 개의 신규 일자리를 창출할 수도 있다… 3년에 걸쳐 단계적으로 도입될 것이다… 최대 8백만 파운드가 소요될 것이다' 이런 식이다. 각 문장은 'The proposals would create up to 20,000 jobs'나 'If they are adopted, the proposals will cost up to £8 million'처럼 의견이 조건절로 한정돼야 한다.

will의 추가적인 문제점에 대해서는 SHALL, WILL 참조.

Wilshire Boulevard 윌셔 대로. 로스앤젤레스에 있는 대로 이름의 철자.

Wilt-가 아님.

wistaria, wisteria 등나무 덩굴. 일부 권위자들은 캐스퍼 위스터^{Caspar Wistar}라는 해부학자를 기려 작명된 식물이므로 철자를 wistaria로 써야 한다고 주장한다. 그러나 이런 입장을 지지하는 사전은 거의 없으며 이 식물의 공식 분류 속명屬名도 철자를 Wisteria로 쓴다. 마지막으로, 위스터도 자기 이름 철자를 간혹 Wister로 쓰곤 했다.

wisteria. WISTARIA, WISTERIA 참조.

withheld. WITHHOLD, WITHHELD 참조.

withhold, withheld. -hh-에 유의.

women's. MEN'S, WOMEN'S 와 POSSESSIVES 참조.

wondrous 놀라운. -erous가 아님.

Woolloomooloo. 호주 시드니 지구의 이름 울루물루의 철자. 마지막 'l'이 하나임에 유의.

World Bank 세계은행. 공식 명칭은 International Bank for Reconstruction and Development^{국제부흥개발은행}이지만 이 명칭은 (문서 등에서) 처음 언급될 때도 거의 사용되지 않는다.

World Court 국제사법재판소의 별칭. 공식 명칭은 International Court of Justice^{국제사법재판소}이며, 이 명칭은 대체로 맨 처음이나 초반부에 사용된다.

worship. VENERATE, WORSHIP 참조.

worsted fabric 털실 직물. -stead가 아님.

would. WILL, WOULD 참조.

wound, scar 상처, 흉터. 저자들이 간혹 격식 없이 서로 바꾸어 쓰긴 하지만, 이 둘은 상호 대체할 수 없다. 흉터scar는 상처wound가 아문 뒤에 남는 것이다. 그러므로 a scar healing흉터의 치유 같은 표현은 비유적 의미로 쓰더라도 언제나 잘못되었거나 적어도 억지스럽다.

wrack. RACK, WRACK 참조.

wrapped. RAPT, WRAPPED 참조.

wunderkind 신동. wonder-가 아님.

year 해, 연. 다음 예문에서 year라는 단어와 관련된 흔한 오류를 볼 수 있다. 'The car that crossed the Channel, survived hippiedom and outlasted a million careful owners has reached its fiftieth year영국해협을 건너가 히피의 시대에 생존했으며 주의깊은 자가운전자 1백만 명이 거쳐간 이 자동차는 쉰번째 해를 맞았다.'(선데이 타임스) 이 기사는 시트로엥 드 셰보 자동차의 생산 50주년 기념 기사다. 그러므로 이 차는 51년째 해를 맞은 것이다. 잠시 생각해보면 알 수 있듯이 몇 년째라는 의미에서 보면 우리는 언제나 만 나이보다 한 살 더 먹었다. 신생아는 벌써 첫 해를 살고 있고, 돌이 지난 다음에는 2년 차를 맞게 되는 식이다. 이 문장은 이 자동차가 (생산된 지) 'completed its fiftieth year만 50년이 되었다' 또는 'reached its fifty-first51년 차가 되었다'고 써야 맞다.

years' time ~년의 기간. 'In 1865 an influential book by Stanley Jevons argued⋯ that Britain would run out of coal in a few years' time1865년에 스탠리 제번스가 쓴 영향력 있는 어느 책에서 ⋯ 영국은 몇 년 안에 석탄이 고갈될 것이라고 주장했다.'(이코노미스트) 글쓴이가 years에 아포스트로피를 붙인 것은 칭찬받을 일이지만, time을 years와 같이 써서 어쩔 수 없이 군더더기가 되어버렸으니 이런 노력은 결국 불필요했다. 'in a few short years'로 쓰면 의미도 충분하고 문장도 더 간결해진다.

yes, no 예, 아니오. 다음과 같은 구문에서 yes나 no를 어떻게 쓸지 어쩔 줄 모르는 경우가 많다. 'Will this really be the last of Inspector Clousseau? Blake Edwards says No이것이 정말 클루소 형사의 마지막일까? 블레이크 에드워즈는 아니라고 말한다.'(선데이 익스프레스) 두 가지가 가능한데 위의 글쓴이는 그중 어느 것도 취하지 않았다. 'Blake Edwards says no'라고 쓰거나 'Blake Edwards says, "No"'로 쓸 수 있다. 아무 문장부호 없이 첫 글자를 대문자로 쓰는 것은 무의미한 타협이며 아무도 만족시킬 수 없다.

yesterday 어제. 기자들을 잘 알지 못하는 사람이라면, 기자들이 필시 이렇게 말할 것으로 추정해도 무리는 없다. 'I last night went to bed early because I this morning had to catch an early flight^{나는 이른 비행기를 오늘 아침에 타야 해서 나는 일찍 잠자리에 어젯밤에 들었다.}' 어쨌든 많은 기자가 이렇게 글을 쓰는 건 사실이니까. 이 문장을 보자. 'Their decision was yesterday being heralded as a powerful warning⋯그들의 결정은 강력한 경고를 어제 예고했다'(더 타임스) 'Police were last night hunting for⋯경찰은 ⋯를 어젯밤 수색하고 있었다'(데일리 메일) 'The two sides were today to consider⋯양쪽이 오늘 ⋯를 고려할 예정이었다'.(가디언) 아무리 신문에서는 문장을 모호하게 만들 수 있는 위치에 시간적 요소를 넣지 않도록 주의해야 한다지만, 언제나 좀더 자연스럽게 배치할 수는 있다. 'was being heralded yesterday^{어제 강력한 경고를 예고했다}' 'were hunting last night for^{어젯밤 수색하고 있었다}' 'were to consider today^{오늘 고려할 예정이었다}'.

Yiddish. HEBREW, YIDDISH 참조.

Z

zoom 갑자기 올라가다. 엄밀히 말하면 이 단어는 가파른 상향 이동을 설명할 때만 써야 한다. 거의 모든 권위자가 이 점을 강조하지만, 그게 정말 그렇게 중요해서인지, 아니면 'z' 항목에 넣을 표제어가 아무것이라도 필요해서인지는 말하기 어렵다. 내 생각에는 줌렌즈가 자기 위쪽에 있는 사진을 찍는 데만 쓰여야 한다거나 이 단어가 수평적 이동에 쓰이면('The cars zoomed around the track^{차들이 트랙을 돌며 붕 지나갔다}') 안 된다고 주장할 사람은 아무도 없다. 하지만 하향 이동을 설명할 때는('The planes zoomed down on the city to drop their bombs^{비행기들이 폭탄을 투하하려고 도시로 쑥 내려갔다}') 따로 swoop^{급강하하다}라는 단어가 있으니 zoom을 피하는 게 좋겠다.

문장부호

문장부호나 구두점은 매우 많이 사용하고 오용도 다양해서 가장 흔한 오류에 대한 일반 지침만 제시한다. 더 심층적으로 살펴보려는 이들에게 G. V. 케리가 쓴 탁월한 저서『문장부호에 관하여』를 권한다.

apostrophe 아포스트로피. 아포스트로피의 주요 기능은 글자가 생략되었음을 가리키거나(don't, can't, wouldn't) 소유격(엄밀히 말하면 속격)을 보여주는 것(John's book^{존의 책}, the bank's money^{은행의 돈}, the people's choice^{사람들의 선택})이다.

일반적 용법에서 아포스트로피는 교육받은 저술가들에게는 통상 별로 문제가 되지 않는다. 하지만 광고업계에서는 끝없이, 미치게 만들 만큼, 괴로우리만치 문제가 방치되고 있다. 지금 내 앞에 성탄절 광고지가 놓여 있는데 'This years holidays at last years prices'란다. 'Todays Tesco'는 손님들에게 'mens clothes' 'womens clothes' 'childrens clothes'를 판다. 얇은 일요판 부록 하나에 아홉 광고주가 이런 오류를 열네 개나 저지르고 있다. 변명의 여지가 없으며, 이런 실수를 범하는 자들은 언어학적 원시인이다.

왕왕 일어나는 또다른 두 유형의 오류도 눈여겨볼 만하다. 다음과 같다.

1. 다중 소유격

다음 예문에서 이 문제를 살펴볼 수 있다. 'This is a sequel to Jeremy Paul's and Alan Gibson's play^{이것은 제러미 폴과 앨런 깁슨 연극의 속편이다.}'(더 타임스)

문제는 아포스트로피가 두 개나 필요한가 하는 점인데, 이 경우 그 해답은 '아니요'다. 언급 대상은 공동 저자의 단일 희곡이므로, 두번째 나온 이름에만 소유격을 붙이면 된다. 그러므로 'Jeremy Paul and Alan Gibson's play'로 써야 한다. 따로 쓴 두 개 이상의 희곡이라면 두 이름 모두에 아포스트로피가 필요하다. 공동 소유인 경우에는 가까운 선행사에만 아포스트로피를 붙이고, 별도 소유일 때는 각 선행사를 소유격으로 표시해야 한다.

2. 측정의 복수 단위

'a fair day's pay for a fair day's work정당한 하루 노동에 대한 정당한 하루치 임금*'라는 표현에서는 아포스트로피를 생략하는 일이 좀처럼 없을 테지만 측정 단위가 올라가면 꼭 이를 생략하곤 한다. 다음 예문을 보자. 'Laker gets further 30 days credit레이커 30일을 더 인정받아'(더 타임스 헤드라인) 'Mr Taranto, who had 30 years service with the company30년 근속한 타란토 씨는' (뉴욕 타임스) days와 years 둘 다 아포스트로피가 붙어야 한다. 대안으로 시간 뒤에 of를 붙일 수 있다(30 days of credit, 19 years of service). 아포스트로피든 of든 둘 중 하나는 필요하다.

다음 예문에서와 같이 종종 불필요한 단어가 들어가 있어 문제가 가중된다. 'The scheme could well be appropriate in 25 years time, he said그 계획은 25년 뒤에 적절할 수도 있겠지요, 그가 말했다'(더 타임스) 'Many diplomats are anxious to settle the job by the end of the session in two weeks time많은 외교관이 2주 뒤 섹션 막바지까지 그 일을 마무리하기를 간절히 바라고 있다'(옵서버) 'The Government is prepared to part with several hundred acres worth of property정부는 몇 백 에이커 상당의 부동산을 내어줄 준비가 되어 있다.'(『타임』) 각기 아포스트로피가 필요하다. 하지만 불필요한 말을 빼면 그럴 필요도 사라진다. 'in 25 years'라고 하지, 'in 25 years' time'일 게 뭔가? 'several hundred acres worth of property'는 'several hundred acres'와 뭐가 다른가?

colon 쌍점. 정식 도입부나 어떤 연속된 것들의 시작을 가리킨다. 단순 열

---

* 미국 노동운동의 전통 슬로건.

285

거에서는 콜론이 동사와 보어 또는 목적어를 분리하면 안 된다. 그러므로 다음 예문은 잘못됐다. 'The four states bordering Texas are: New Mexico, Arkansas, Oklahoma and Louisiana^{텍사스와 접경하고 있는 주 네 곳은: 뉴멕시코, 아칸소, 오클라호마, 루이지애나}.' 콜론을 삭제해야 한다. 이렇게 말하면 옳다. 'Texas is bordered by four States: New Mexico, Arkansas, Oklahoma and Louisiana^{텍사스는 다음 주 네 곳과 경계를 이루고 있다: 뉴멕시코, 아칸소, 오클라호마, 루이지애나}.'

comma 쉼표. 오늘날에는 형식과 명료성이 허용하는 한 쉼표를 적게 쓰는 것이 추세다. 하지만 쉼표가 나와야 하는데 나오지 않는 경우가 너무 많다. 마찬가지로, 전혀 무관한 곳에서 쉼표가 불쑥 튀어나오는 일도 놀랄 만큼 잦다. 요컨대, 쉼표는 가장 오용되는 문장부호이며 영어에서 최악의 상습범이다. 본질적으로 쉼표를 반드시 사용해야 하는 세 가지 상황과, 쉼표가 권장되는 또하나의 상황이 있다.

1. 제공된 정보가 명백한 삽입구 성격일 때

구두점이 올바로 사용된 다음 두 문장을 보자. 'Mr Lawson, the Energy Secretary, was unavailable for comment^{로슨 에너지 장관에게서는 논평을 들을 수 없었다}.' 'The ambassador, who arrived in Britain two days ago, yesterday met with the Prime Minister^{영국에 이틀 전에 도착한 대사는 어제 총리와 만났다}'. 두 문장 모두에서 두 쉼표 사이의 정보는 주요 논지에 부수적이다. 삭제해도 뜻이 통한다. 다음 예문들에서 글쓴이는 정보가 삽입구 성격임을 표시하지 못했다. 쉼표가 들어갔어야 할 자리를 보여주기 위해 빗금(덧붙이자면, 보통 'slash'로 부르는 빗금의 올바른 명칭은 'virgule'이다)으로 표시했다. 'British cars / says a survey / are more reliable than their foreign counterparts^{한 여론조사에 따르면 영국산 자동차가 외제차보다 더 신뢰받는 것으로 나타났다}'(스탠더드 사설) 'The New AT&T Tower on Madison Avenue / the first of a new breed / will be ready by the end of 1982^{매디슨가의 새 AT&T 타워는 신규 유형 중 첫번째로 1982년 말까지 완공될 예정이다}'(선데이 타임스) 'Operating mainly from the presidential palace at Baabda

286

/ southeast of Beirut, Habib negotiated over a 65-day period베이루트 남동부의 바브다에 있는 대통령궁에서 주로 집무하는 하비브는 65일 기간에 대해 교섭했다'(『타임』) 'Mary Chatillon, director of the Massachusetts General Hospital's Reading Language Disorder Unit / maintains: "It would simply appear to be…" 매사추세츠 종합병원 읽기 언어 장애 부서의 메리 샤틸론 부장은 "그건 단순히 …로 보인다"고 주장한다'. 다음과 같이, 특히 괄호 뒤에서 쉼표를 빼먹는 관행이 흔하다는 점에 유의해야겠다. 'Mr James Grant, executive director of the United Nations Children's Fund(UNICEF) / says…유엔아동기금(유니세프) 총재 제임스 그랜트는 이렇게 말한다'(더 타임스)

기자가 문장에 삽입구적인 개념이 포함돼 있음을 인지하면서도, 다음 예문에서처럼 어느 정도까지가 부수적 정보인지 밝히지 않는 경우도 있다. 'At nine she won a scholarship to Millfield, the private school, for bright children of the rich그녀는 아홉 살에 부유층의 총명한 자녀들이 가는 밀필드—사립학교—의 장학금을 탔다'(스탠더드) 삽입구로 제시된 부분을 삭제하면 문장은 이렇게 된다. 'At nine she won a scholarship to Millfield for bright children그녀는 아홉 살에 총명한 아이들을 위해 밀필드의 장학금을 탔다' 마지막 진술 전체가 삽입구 성격이므로 school 뒤 쉼표는 삭제해야 한다.

다음 예문에서는 보기 드문 오류를 발견할 수 있다. 'But its big worry is the growing evidence that such ostentatious cars, the cheapest costs £55,240, are becoming socially unacceptable그러나 이런 호화 승용차들은—제일 싼 것이 55,240파운드다—사회적으로 수용하기 어렵다는 점이 (그 기관의) 큰 걱정이다'(타임스) 부수적인 정보가 독립적으로 기능할 수 있는 온전한 문장일 경우에는 줄표나 괄호처럼 좀더 확실한 문장부호로 표시해야 한다.

2. 계속적 용법으로 정보를 나타낼 때

이 문제는—실제로는 앞의 세 문단에서 논의된 바와 거의 같다—데일리 메일에서 발췌한, 문장부호가 잘못 표기된 다음 문장에 드러나 있다. 'Cable TV would be socially divisive, the chairman of the BBC George Howard claimed last night^{케이블 방송은 사회 분열을 조장할 수 있다고 BBC 사장 조지 하워드가 어젯밤 주장}

했다.' 글쓴이는 (1) 'BBC chairman George Howard claimed last night^{BBC 사}

^{장 조지 하워드가 어젯밤 주장했다}'와 (2) 'the chairman of the BBC, George Howard,

claimed last night^{BBC 사장—조지 하워드—이 어젯밤 주장했다}'의 차이를 이해하지 못했

다. (1)에서 조지 하워드라는 이름은 문장 의미에 필수적이다. 문장을 한정하기

때문이다. 이를 제거하면 문장은 이런 말이 된다. 'BBC chairman claimed last

night.' 하지만 (2)에서는 이름이 한정적으로 쓰이지 않는데, 실상 삽입구 성격

을 지닌다. 이는 문장의 의미를 바꾸지 않고 삭제될 수 있다. 'The chairman of

the BBC claimed last night'인 것이다. 이름이나 직함이 삭제될 수 있다면 쉼

표로 표시돼야 한다. 삭제될 수 없다면 쉼표 사용은 오류다.

두 가지 가상의 예가 그 구별을 명확히 하는 데 도움이 될 수 있다. 두 가

지 다 문장부호가 올바르게 쓰였다. 'John Fowles's novel *The Collector* was

a bestseller^{존 파울즈의 소설 『편집광』은 베스트셀러였다}' 'John Fowles's first novel, *The*

Collector, was a bestseller^{존 파울즈의 첫 소설 『편집광』은 베스트셀러였다}'. 첫번째 예문에

서는 소설 제목이 한정적으로 쓰였는데, 파울즈의 여러 소설 중 『편집광』만을

가리키기 때문이다. 두번째 예문에서 그것은 한정적으로 쓰이지 않았는데, 작

가의 첫 소설은 하나일 수밖에 없기 때문이다. 두번째 예문에서 문장의 의미를

손상하지 않고 The Collector를 지울 수 있지만 첫 예문에서는 그럴 수 없다.

어떤 것이 동종에서 유일한 것이라면 쉼표로 표시해야 한다. 한편 여러 개

중 하나일 뿐이라면 쉼표 사용은 오류다. 그러므로 더 타임스에서 발췌한 다음

두 문장은 잘못됐다. 'When the well-known British firm, Imperial Metal

Industries, developed two new types of superconducting wires^{잘 알려진 영}

^{국 기업—임피리얼 메탈 인더스트리스—이 두 가지 새로운 초전도성 와이어를 개발했을 때}' 'The writer

in the American magazine, Horizon, was aware of this pretentiousness^미

^{국 잡지 『허라이즌』의 필자는 이런 허세를 인식하고 있다}'. 첫 예문은 Imperial Metal Industries

가 유일하게 잘 알려진 영국 기업일 때만 옳고, 두번째 예문은 Horizon이 미국

의 유일한 잡지일 때만 옳다. 같은 오류가 반대 형태로 다음 예문에서 발견된

다. 'Julie Christie knows that in the week her new film *The Return of the*

Soldier has opened··· 줄리 크리스티는 그녀의 새 영화 〈병사의 귀향〉이 그 주에 개봉했다는 걸 알고 있다.'(선데이 타임스) 〈병사의 귀향〉은 줄리 크리스티의 영화 중 그 주에 개봉한 유일한 새 영화이므로 쉼표로 표시해야 한다.

이 오류는 배우자의 이름이 나올 때 자주 발생한다. 'Mrs Thatcher and her husband Denis left London yesterday대처 여사와 남편 데니스 씨는 어제 런던을 떠났다.'(옵서버) 대처 여사에게는 남편이 한 사람뿐이므로 'and her husband, Denis, left London yesterday'가 돼야 한다.

3. 호명의 경우

사람들을 부를 때는 불리는 사람의 이름이나 직함 앞뒤로 반드시 쉼표를 써야 한다. 'Hit him Jim, hit him'(선데이 타임스)는 'Hit him, Jim, hit him그를 때려, 짐, 그를 때려'이 되어야 한다. BBC 텔레비전 시리즈 *Yes Minister*는 *Yes, Minister*예, 장관님이 되었어야 한다. 영화 *I'm All Right Jack*은 *I'm All Right, Jack**이 되었어야 한다. 쉼표(들)의 부재는 언제나 문장을 조잡하게 만들며 간혹 의미에 혼란을 주기도 한다. 가령 1981년에 선데이 익스프레스는 새연재물에 'I'm choking Mr Herriot나는 헤리엇 씨의 목을 조르고 있어요'이란 제목을 붙였으나 정작 의도한 뜻은 'I'm choking, Mr Herriot헤리엇 씨, 저는 목이 메어요'이었다. 이는 달라도 한참 다른 얘기다.

4. 삽입된 단어 및 구와 같이 쓰일 때

moreover더구나, meanwhile그동안, 한편, nevertheless그럼에도 불구하고 같은 단어들 및 for instance예를 들어, for example가령 같은 숙어들은 전통적으로 쉼표와 같이 쓰였으나 재량껏 쓰는 관행이 퍼진 지 오래됐다. 영국에서는 미국에서보다 더 자유롭게 쉼표를 포기한다. 가령 파울러는 좀체 쉼표를 쓰지 않는다. 나는 잠시 멈춤을 뜻하거나, 모호한 결과를 낳을 수 있을 때 쉼표를 쓸 것을

---

* '나는 괜찮아, 잭'이라는 뜻으로 해석할 수 있으나 '나만 괜찮으면 되지'라는 식의 태도를 가리키는 숙어이기도 하다.

권한다. 특히 however아무리 ~해도/하지만를 쓸 때 그렇다. 다음 두 문장을 보자. 'However hard he tried, he failed아무리 열심히 노력해도 그는 실패했다' 'However, he tried hard, but failed하지만 그는 열심히 노력했으나 실패했다'. 독자에게 잠시라도 혼란을 주지 않으려면 however를 삽입구로 쓸 때는 쉼표를 앞뒤로 써주는 게 좋다. say도 마찬가지다. 'She should choose a British Government stock with(,) say(,) five years to run그녀는 가령 5년쯤 남은 영국 정부 발행 국채를 선택하는 게 좋습니다.'(데일리 메일)

dash 줄표. 삽입되는 내용을 포함할 때는 줄표를 쌍으로 써야 하며, 한 문장에서 갑작스러운 단절을 가리키거나('I can't see a damn thing in here-ouch! 아무것도 안 보여—아야!') 어떤 점을 강조할 때는('There are only two things we can count on-death and taxes우리가 결코 피해갈 수 없는 것은 두 가지뿐이다—죽음과 세금') 하나를 쓴다. 줄표는 적게 쓸 때 가장 효과적이며 한 문장에 줄표가 결코 한 쌍을 초과하면 안 된다. 파울러는 줄표를 쌍으로 쓸 때 첫번째 줄표에서 중단된 구두점은 반드시 두번째 줄표 뒤에서 다시 써야 한다고 주장한다(가령 'If this is true-and no one can be sure that it is-, we should do something이것이 사실이라면—사실인지는 아무도 확신할 수 없다—우리는 무언가 해야 한다'). 구두점에 대해 파울러는 많은 점에서 다른 이들과 의견을 달리하는 경우가 많은데, 위 사안도 그렇다. 줄표와 관련해 흔히 범하는 두 가지 오류는 다음과 같다.

1. 삽입구적 논평의 끝을 두번째 줄표로 닫지 않는 것

'The group-it is the largest in its sector, with subsidiaries or associates in 11 countries, says trading has improved in the current year 그 그룹—11개국에 자회사를 두고 있는 그 부문 최대 기업이다—은 금년도에 거래가 개선됐다고 말한다.'(더 타임스) 'countries-says'로 쓰자.

2. 문장 주요 부분의 단어나 구를 삽입구 속에 넣어버리는 것

'There is another institution which appears to have an even more-shall we say, relaxed-attitude to security안보에 대해 그보다 더한—이렇게 말해도 될지 모르겠지만 느긋한—태도를 지닌 듯한 다른 기관도 있다.'(더 타임스) 줄표 사이의 단어들을 제거하면 'institution with an even more attitude태도가 더 많은 기관'가 된다. relaxed는 문장 자체에 속하므로 줄표 밖에 놓아야 한다. 'There is another institution which appears to have an even more-shall we say?-relaxed attitude to security안보에 대해 그보다도 더—이렇게 말해도 될지 모르겠지만—느긋한 태도를 지닌 듯한 다른 기관도 있다.' (PARENTHESES도 참조.)

ellipsis 생략 부호. ellipsis(간혹 ellipse로 부르기도 한다)는 어떤 내용이 생략됐음을 가리키는 데 쓰인다. 마침표 세 개(...)로 구성되며 일부 저자들이 생각하는 것처럼 마침표 여러 개를 아무렇게나 흩어놓으면 되는 게 아니다. 생략이 문장 끝에서 일어날 때는 대개 마침표를 하나 더 찍어 네 개가 된다.

exclamation mark 느낌표. 강렬한 감정이나('Get out!나가!') 다급함을 표현하는 데('Help me!도와주세요!') 쓴다. 단순한 사실관계의 진술을 강조할 때는 쓰지 않는 게 좋다. 'It was bound to happen sometime! A bull got into a china shop here언젠가 벌어질 일이었어요! 도자기 가게에 황소가 들어간 셈이죠.'(번스타인에게서 재인용).

full stop(미 period) 마침표. 마침표와 관련된 흔한 오류는 두 가지가 있는데, 둘 다 마침표의 부재에서 비롯된다. 첫번째는 무종지문無終止文(즉 두 가지 독립적인 사유를 쉼표로 연결하는 것)이다. 이런 문장이 어떤 때는 글쓴이의 무지 때문에, 또 어떤 때는 조판 담당자의 엉뚱한 유머 때문에 탄생한다고는 결코 말할 수 없겠지만, 이 오류는 너무 자주 일어나므로 무지가 한몫하는 게 틀림없다. 다음 각 문장에서 어디서 한 문장이 끝나고 다음 문장이 시작돼야 하는지 내가 빗금으로 표시했다. 'Although GEC handled the initial contract, much of the equipment is American,/the computers and laser printers come from Hewlett PackardGEC에서 애초에 계약을 담당했지만 설비의 상당 부분은 미국산이다. 컴퓨터와 레이저 프린터들은 휼렛 패커드 제품이다'(가디언) 'Confidence is growing that Opec will resolve its crisis,/however the Treasury is drawing up contingency plans석유수출국기구가 기구의 위기를 해결할 거라는 자신감이 커지고 있다. 하지만 재무부는 비상시 대비 계획을 세우고 있다'(더 타임스) 'Funds received in this way go towards the cost of electricity and water supply,/industries, shops and communes pay higher rates이렇게 들어온 자금은 전기와 수도 공급 비용으로 충당된다. 산업체와 상가, 공동체는 더 높은 요금을 낸다'(더 타임스)

두번째 실수는 다음과 같이 글쓴이가 한 문장에서 너무 많은 것을 말하려 할 때 일어난다. 'The measures would include plans to boost investment for self-financing in industry, coupled with schemes to promote investment and saving, alleviate youth unemployment, fight inflation and lower budget deficits, as well as a new look at the controversial issue of reducing working hours조치에는 근무시간 단축이라는 논쟁의 소지가 많은 문제에 대한 새로운 시각은 물론, 투자와 저축을 장려하고 청년 실업을 완화하며 인플레이션을 타파하고 예산 적자를 감축하기 위한 기획과 함께 업계의 자체 할부 금융을 위한 투자 증진 계획이 포함될 것이다.'(더 타임스) 글쓴이가 독자들을 혼란에 빠뜨렸든지 그게 아니면 분명 그 자신이 혼란에 빠졌을 것이다. 마지막의 둔중한 미사여구('as well as a new look…')는 앞부분과 문법적으로 연결되어 있지 않고 그냥 그 자리에 걸려 있는 것이다. 엄청난 정보를 흡수할 기회를 독자에게 주려면 마침표를 찍으라고—아무데라도 좋다—문장은 아우성치고 있다.

저자가 자기 전화번호만 빼고 독자에게 모든 걸 다 알려주는 문장이 여기 또하나 있다. 'But after they had rejected once more the umpire's proposals of $5,000 a man for the playoffs and $10,000 for the World Series on a three-year contract and the umpires had turned down a proposal of $3,000 for the playoffs and $7,000 for the World Series on a one-year contract, baseball leaders said the playoffs would begin today and they had umpires to man the games하지만 3년 계약으로 한 명당 플레이오프는 5000달러, 월드 시리즈는 1만 달러인 심판들의 제안을 그들이 거절하고, 1년 계약으로 한 명당 플레이오프는 3000달러,

월드 시리즈는 7000달러인 제안을 심판들이 거절한 뒤, 야구 지도자들은 플레이오프가 오늘 시작될 것이며 경기를 주재할 심판들을 확보했다고 말했다.'(뉴욕 타임스)

마침표에 무슨 할당량이 있는 게 아니다. 담긴 뜻이 복잡하면 쪼개서 소화 가능한 덩어리로 제시하자. '한 문장에 한 가지 아이디어'는 여전히 글쓰기에 관한 최고의 조언이다.

hyphen 붙임표. 붙임표에 관해서만큼 단호하게 말할 수 있는 것도 없다. 파울러가 말했듯 '붙임표의 무한한 다양성은 설명하기 어려울 정도다'. '붙임표를 사용하다'란 뜻의 단어만 해도 논쟁거리가 된다. 어떤 권위자들은 단어에 붙임표를 넣는다고 할 때 hyphenate를 쓰고 일각에서는 hyphen을 쓴다. 붙임표는 주로 모호해질 가능성을 줄이는 역할을 한다. 가령 'the 20-odd members of his Cabinet이십몇 명으로 홀수 인원인 그의 각료'과 'the 20 odd members of his Cabinet그의 기이한 각료 스무 명'의 차이를 보자. 붙임표는 간혹 발음을 표시하려고도(de-ice얼음을 제거하다) 쓰지만 항상 그렇지는 않다(coalesce합병하다, reissue재발급하다). 명사 앞에 쓰인 합성형용사는 대개 붙임표를 쓰지만(a six-foot-high wall6피트 높이의 벽, a four-inch rainfall4인치의 강우량) 역시 늘 그렇지는 않다. 파울러는 'a balance-of-payments deficit국제수지 적자'을, 가워스는 'a first-class ticket일등석 표'을 인용하고 있으나 낱말이 흔히 연결돼 쓰이는 이런 표현들에서는 'a trade-union conference노동조합 회의'나 'a Post-Office strike우체국 파업'와 마찬가지로 붙임표가 더이상 필요하지 않다. 다음과 같이 부사구에서도 붙임표를 사용하는 것은 옳지 않다. 'Mr Conran, who will be 50-years-old next month⋯'(선데이 타임스) 콘랜 씨는 다음달 50세가 될 것50 years old이고 그러면 50세의 남자50-year-old man가 되는 것이다.

일반적으로 붙임표가 불필요할 때는 생략하자. 의미상 없어도 되는데 붙임표가 쓰이는 경우는 'newly-elected새로 선출된'나 'widely-held널리 유지되는'처럼 -ly로 끝나는 부사와 함께 쓰일 때다. 권위자들은 이런 구문에서 붙임표를 삭제하라고 제안한다.

parentheses 괄호. 삽입 어구는 이를 포함하는 문장에서 분리돼야 할 만큼 논지에 부수적인 정보라 할 수 있다. 줄표나 대괄호^{brackets}(대개 인용문에 삽입된 설명에 국한된다), 앞뒤 쉼표로 표시할 수 있고, 물론 소괄호^{parentheses}로 표시할 수도 있다. 요컨대, 삽입구는 끼워넣은 어구로, 문장에 미치는 문법적 영향이 없다. 마치 삽입구가 있다는 사실조차 문장이 모르는 것과 같다. 그러므로 더 타임스에 나온 다음 진술은 틀렸다. 'But that is not how Mrs Graham (and her father before her) have made a success of the Washington Post^{그러나 그레이엄 여사(그리고 이전에 그녀의 아버지)는 그런 방식으로 워싱턴 포스트를 성공시킨 것이 아니다.}' 동사는 has가 되어야 한다.

그러나 삽입 어구가 문장에서 문법적 효과를 발휘하진 않지만, 문장은 삽입 어구에 영향을 준다. 로스앤젤레스 타임스의 다음 문장을 생각해보자(한편이 문장에선 줄표를 쓰고 있지만 같은 자리에 괄호를 써도 좋다). 'One reason for the dearth of Japanese-American politicians is that no Japanese immigrants were allowed to become citizens—and thus could not vote— until 1952^{일본계 미국인 정치인이 부족한 이유 중 하나는 1952년까지 일본계 이민자들에게는 시민권자로의 귀화—그러므로 투표할 수 없었다—가 허용되지 않았기 때문이다.}' 있는 그대로라면 문장은 'no Japanese citizens could not vote^{어떤 일본계 시민권자도 투표하지 않을 수 없었다}'라고 말하는 셈이다. 'could not'을 지우자.

삽입구가 한 문장의 일부일 때는 마침표가 닫는 괄호 뒤에 와야 한다(이렇게). (그러나 전체 문장이 삽입구라면 마침표는 닫는 괄호 안에 써야 한다.)

question mark 물음표. 물음표는 문장 끝에 온다. 퍽 간단하게 들리지 않는가? 하지만 저자들이 물음표를 얼마나 흔히 빼먹는지 깜짝 놀랄 정도다. 무작위로 선정한 예문 두 가지를 들겠다. '"Why travel all the way there when you could watch the whole thing at home," he asked^{"집에서 전부 다 시청할 수 있는데 뭐하러 거기까지 가나요." 그가 물었다}'(더 타임스) 'The inspector got up to go and stood on Mr Ellis's cat, killing it. "What else do you expect from these people," said the artist^{경감은 가려고 일어서며 엘리스 씨의 고양이를 밟아 아프게 했다. "이 사람들}

한테 뭘 기대해요." 화가가 말했다' (스탠더드)

때로는 파울러가 인용한 (소설가) 트롤럽의 문장에서처럼 물음표가 불필요한 곳에 나타나기도 한다. 'But let me ask of her enemies whether it is not as good a method as any other known to be extant?하지만 그것이 현존하는 것으로 알려진 다른 어떤 방법만큼 좋지 않은지 그녀의 적들에게 물어보자.' 여기서 문제는 직접 의문문과 간접 의문문을 구별하지 못한 데 있다. 직접 의문문에서는 언제나 문장 끝에 물음표가 온다. 'Who is going with you?누가 너와 같이 가니?' 간접 의문문에는 결코 물음표를 쓰는 일이 없다. 'I would like to know who is going with you나는 누가 너와 같이 가는지 알고 싶다.'

직접 의문문이 명령조를 띨 때는 좀더 재량껏 물음표를 사용해도 된다. 'Will everyone please assemble in my office at four o'clock?모두 4시에 내 사무실로 모여주시겠소?'은 엄격히 말해 옳지만 모든 권위자가 여기에 물음표를 써야 한다고 고집하지는 않는다.

발생 빈도는 낮은 편이지만 직접 의문문이 직접 인용문 외부에 나타날 때 생기는 문제도 있다. 필드하우스는 『모두를 위한 올바른 영어 가이드』에서 다음과 같이 문장부호를 사용해도 된다고 말한다. 'Why does this happen to us, we wonder?' 하지만 파울러 형제는 이것을 재미있는 대실수라고 불렀다. 분명 극도로 불규칙인 것은 맞다. 흔히 질문에 물음표를 직접 붙이기도 하는데, 그러면 'Why does this happen to us? we wonder'가 된다. 하지만 이런 구문은 어색한데 간접 의문문으로 바꾸면 개선된다. 'We wonder why this happens to us우리는 왜 이런 일이 우리에게 일어날까 생각한다.'

quotation marks (inverted commas) 인용부(따옴표). 영국에서는 빈번하게 발생하고 미국에서는 거의 일어나지 않는 문제가, 마침표 및 다른 문장부호가 인용부와 같이 나타날 때 이를 인용부 안에 쓸 것인지 밖에 쓸 것인지 하는 문제다. 인용부 안에 문장부호를 두는 관행이 미국에서는 전적으로 우세하며 영국에서도 그런 경향이 점점 더 보편화되고 있다. 그러므로 'He said: "I will not go."그가 말했다. "나는 가지 않겠어."'가 돼야 한다. 그러나 일부 출판사는 문장부호가 인용의 일부인 경우를 제외하고 이를 인용부 밖에 쓰는 것을 선호한다. 그러면 위 예문은 'He said: "I will not go".'가 되겠다.

영미권 모두 이런 관행은 일관성이 없고—미국인도 'Which of you said, "Look out"?너희 중에 누가 "조심해"라고 말했지?' 같은 문장에서는 문장부호를 인용부 밖에 쓸 수밖에 없다—논리적으로 판단해 선택할 수 있는 폭도 좁다. 이와 유사하게, 작은따옴표('')를 쓸지 큰따옴표("")를 쓸지의 문제 역시 특정 매체의 표기법을 따라야 하는 게 아니라면 각자 선호하는 형태로 쓰면 된다.

인용부가 온전한 진술을 담고 있다면 인용문 서두는 대문자로 써야 한다('He said, "Victory is ours"그가 말했다. "승리는 우리 것이다""). 그러나 인용부 앞에 'that'이 선행하는 경우는 예외다('He said that "victory is ours"그는 "승리는 우리 것이다"라고 말했다'). 파울러는 한정 용법으로 쓰인 인용문을 표시할 때 문장부호가 필요 없다고 말했다. 가령 파울러라면 다음 문장에서 쉼표들을 삭제할 것이다. 'Tomorrow', he said, 'is a new day내일은', 그가 말했다. '새날이야'.' 그의 말은 인용문의 중단이나 도입을 표시하려 쉼표를 쓸 필요는 없다는 것이다. 인용부가 이미 그 역할을 하고 있기 때문이다. 논리적으로는 그의 말이 맞다. 하지만 같은 논리대로라면 우리는 물음표를 쓰지 않아도 된다고 주장할 수도 있다. 질문을 하고 있다는 게 문맥상 거의 언제나 분명하기 때문이다. 쉼표는, 논리상이 아니라 관습상 필요하다.

semicolon 쌍반점. 쌍반점은 쉼표보다 무겁고 마침표보다 가볍다. 주요 기능은 접촉절 분리, 즉 의미상 연결되어 있으나 접속사가 없는 두 가지 아이디어를 분리하는 것이다. 가령 이런 문장이 있다. 'You take the high road; I'll take the low road자네는 확실한 길을 택하게. 나는 뒷길을 택할 테니.' 마찬가지로 이 문장은 온전한 두 문장으로 만들 수도, 접속사를 넣어 한 문장으로(You take the high road and I'll take the low road) 만들 수도 있다. 또한 쌍반점은 때로 긴 등위절을 분리하는 데 쓰인다. 이 용법은 옛날에 훨씬 더 널리 쓰였다. 가령 파울러는 일련의 쌍반점을 종종 쓰곤 했다. 오늘날 쌍반점은 전적으로 재량껏 쓰면 된다. 여러 훌륭한 저술가는 쌍반점을 거의 쓰지 않는다.

용어

프랭크 파머의 말을 인용하자면 문법 용어는 대부분 관념적이고 종종 극도로 모호하다. 가령 swimming은 'I went swimming^{나는 수영하러 갔다}'에서 현재분사로 쓰이지만 'Swimming is good for you^{수영하는 것은 (몸에) 좋다}'에서는 동명사로 쓰인다. 이런 구별이 많은 이를 늘 당혹스럽게 하므로, 나는 이 책에서 문법 용어를 가급적 적게 쓰려 애썼다. 하지만 때로는 불가피하게 이런 용어들이 나오므로, 이를 헷갈리는 독자들이 기억을 되살릴 수 있게끔 간단한 안내서로 다음 내용을 제공한다. 좀더 풍부한 논의를 살펴보려는 이들에게 버건과 코닐리아 에번스의 『현대 미국 영어 어법 사전』과 B. A. 피시언의 『컨사이스 올바른 영어 사전』을 추천한다.

adjective 형용사. 명사나 대명사를 수식하는 말. 'a brick house^{벽돌집}' 'a small boy^{어린 소년}' 'a blue dress^{푸른 드레스}'. 대부분의 형용사는 원급(big^큰), 비교급(bigger^{더 큰}), 최상급(biggest^{가장 큰})의 세 가지 형태를 갖는다. 형용사가 명사 앞에 올 때는 대개 알아보기 쉽지만 다음과 같이 문장의 다른 곳에 나오면 구별하기가 늘 쉽진 않다. 'He was deaf^{그는 귀가 먹었다}' 'I'm glad to be alive^{나는 살아 있음이 기쁘다}' 'She's awake now^{그녀는 이제 깨어 있다}'. 형용사는 때로는 명사로(the old^{노인들}, the poor^{가난한 이들}, the sick^{아픈 이들}, the insane^{정신 나간 이들}), 또 때로는 부사로(a bitter-cold night^{지독히 추운 밤}, a quick-witted man^{두뇌 회전이 빠른 사내}) 기능한다. 형용사와 부사의 차이는 미세한 경우가 많다. great는 'a great book^{대단한 책}'에서 형용사지만 'a great many books^{아주 많은 책들}'에서는 부사다.

adverb 부사. 명사가 아닌 다른 모든 낱말을 한정(또는 묘사)하는 단어. 느슨한 정의처럼 보일 수 있지만 파머는 다음과 같이 말했다. "다른 곳에 속하지 않는 낱말들이 들어가는 범주로, 그러한 분류는 아주 명백히 '잡동사니 모음' 또는 '휴지통' 역할을 한다." 대체로 부사는 동사(badly played엉망으로 처른), 형용사(too loud너무 시끄러운), 또는 다른 부사(very quickly매우 신속하게)를 한정한다. 형용사와 마찬가지로, 부사도 원급, 비교급, 최상급의 세 가지 형태(예컨대 long긴, longer더 긴, longest가장 긴)를 갖는다. -ly로 끝나는 낱말은 언제나 부사라는 믿음은 흔한 오해다. 예를 들어 kindly친절한, sickly아픈, masterly능란한, deadly치명적인는 대개 형용사다.

case 격. 이 용어는 품사 간의 관계와 통사적 기능을 설명한다. 대명사는 동사의 주체일 때('He is here그가 왔어') 주격nominative(주어로 부르기도 한다) 형태가 되며, 동사나 전치사의 객체일 때('Give it to him그에게 그걸 줘') 목적격accusative(목적어로 부르기도 한다) 형태가 된다. 대명사 여섯 쌍(I/me, he/him, she/her, they/them, we/us, who/whom)과 소유/속격 genitive(GENITIVE 참조)을 제외하면 영어는 격의 형태를 모두 탈피했다.

clause 절. 서술형 동사(다른 품사가 아닌 본연의 품사로 기능하는 동사)와 주어를 갖춘 낱말군. 'The house, which was built in 1920, was white그 집은 1920년에 지어졌는데 흰색이었다'라는 문장에는 절이 두 개 있다. 'The house was white집은 흰색이었다'와 'which was built in 19201920년에 지어졌는데'가 그것이다. 독자적으로 쓰일 수 있는 첫번째 절은 주절 또는 독립절이라 부른다. 두번째 절은 독자적으로 쓰일 수 없으며 종속절이라 부른다. 다음 예문에서와 같이 때로는 주절에서 주어가 생략된다. 'He got up and went downstairs그는 일어나 아래층으로 갔다.' 비록 'and went downstairs그리고 아래층으로 갔다'는 혼자 쓰일 수 없지만 주어가 숨겨져 있기에 주절이다. 사실 문장은 이렇게 말하고 있는 것이다. 'He got up and he went downstairs.' (PHRASE도 참조.)

complement 보어. 보어는—즉 동사의 의미에 온전한 의미를 제공하여— 술어 구문을 완성하는 단어들의 집합이다. 'He is a rascal그 녀석은 악동이야'에서 rascal은 동사 is의 보어다.

conjunction 접속사. 다음 예문에서처럼 문법적으로 대등한 것을 연결하는 단어. 'The President and Prime Minister conferred for two hours대통령과 총리는 두 시간 동안 회의했다'(접속사 and가 두 명사를 연결), 'He came yesterday, but he didn't stay long그는 어제 왔지만 오래 머물지 않았다'(접속사 but이 두 절을 연결).

genitive 속격屬格. 명사, 대명사, 형용사가 소유를 표현하면 속격이 된다(my house내 집, his car그의 차, John's job존의 직업). 일부 권위자는 속격과 소유격의 미세한 차이를 지적하지만 다른 많은 권위자는 그러지 않는다. 이 책에서는 전체적으로 소유격possessives이라는 용어를 썼다.

gerund 동명사. 다음 예문에서 이탤릭체로 표시된 부분과 같이 명사로 기능하도록 만들어진 동사. '*Seeing* is *believing*보는 것이 믿는 것이다' '*Cooking* is an art요리하기란 예술이다' '*Walking* is good exercise걷기는 훌륭한 운동이다'. 동명사는 -ing로 끝난다.

infinitive 부정사. 이 용어는 부정법 속 동사들(즉 주어가 없는 동사)을 설명한다. 달리 표현하면 이것은 인칭, 수, 시제를 나타내는 어형 변화 없이 동사의 행위를 가리키는 동사형이다. 부정사에는 두 가지 형태가 있다. to 부정사(to go, to see)와 종종 'to 없는 부정사'로 불리는 원형 부정사(go, see)가 그것이다.

mood 법. 동사에는 네 가지 법法이 있다.
  1. 직설법. 사실을 진술하거나 질문하는 데 쓴다('I am going나는 갑니다' 'What time is it?몇 시예요?').

2. 명령법. 명령을 가리킨다('Come here이리 와' 'Leave me alone날 내버려 둬요').

3. 부정법. 일반적 진술에 쓰이며 주어가 없다('To know her is to love her그녀를 알게 되면 그녀를 사랑하게 된다').

4. 접속법. 가정이나 추정을 가리키는 데 주로 쓰인다('If I were you···내가 너라면'). 접속법 사용에 관해서는 본문에 좀더 상세히 쓰여 있다.

noun 명사. 대개 사람, 장소, 사물이나 특성을 설명하는 낱말로 정의된다. 이런 정의는 많은 권위자가 지적했듯 기술적으로 부적절하다. 대부분은 hope희망, despair절망, exultation크게 기뻐함을 사물로 생각지 않겠지만 이들은 명사다. 또 특성을 설명하는 낱말 대부분—good좋은, bad나쁜, happy행복한 등—은 명사가 아니라 형용사다. 파머는 'He suffered terribly그는 끔찍하게 고통받았다'와 'His suffering was terrible그의 고통은 끔찍했다'에 의미상 차이가 없음을 주목하지만, suffered는 동사이고 suffering은 명사다. 요컨대 순환적이지 않은 명사의 정의는 없지만, 다행히도 명사는 대부분 즉각 알아볼 수 있는 품사다.

object 목적어. 문장의 주어는 누가, 또는 무엇이 행동을 수행하는지 알려주는 반면 목적어는 누구에게, 또는 어떤 행동이 수행되는지를 알려준다. 'I like you나는 너를 좋아해'에서는 you가 동사 like의 목적어다. 'They have now built most of the house그들은 이제 집 대부분을 다 지었다'에서는 most of the house가 동사 built의 목적어다. 다음 예문에서와 같이 때로 문장에는 직접목적어와 간접목적어가 있다. 'Please send me four tickets제게 표 네 장을 보내주세요.' 'I'll give the dog a bath내가 개를 목욕시켜줄게'.(피시언에게서 재인용) 직접목적어는 각각 four tickets와 a bath다. 간접목적어는 me와 the dog다. 전치사도 목적어를 갖는다. 'Give it to him그에게 그걸 줘'이라는 문장에서는 him이 전치사 to의 목적어다.

participle 분사. 분사는 동사형 형용사다. -ing로 끝나는(walking, looking) 현재분사와 -d(heard), -ed(learned), -n(broken) 또는 -t(bent)로 끝나

는 과거분사, 두 종류가 있다. 현재분사, 과거분사라는 이름은 오해의 소지가 있다. 현재분사는 과거 시제의 의미에도 종종 쓰이며('They were looking for the money그들은 돈을 찾고 있었다'), 의미가 현재나 미래 시제일 때도('He has broken it그가 그걸 깼어' 'Things have never looked better(지금보다) 상황이 더 좋아 보인 적은 없었다') 과거분사가 종종 쓰이기 때문이다. 현재 시제의 분사가 명사로 기능할 때는 동명사라 부른다.

phrase 구. 주어와 동사가 없는 낱말군. 'I will come sometime soon내가 언제 곧 올게'은 절(I will come)과 구(sometime soon)로 이루어진다. 구는 언제나 불완전한 생각을 담고 있다.

predicate 술부. 문장에서 주어의 일부가 아닌 모든 것(즉 동사, 동사의 수식어와 보어)은 술부라 부를 수 있다. 'The man went to town after work그 남자는 퇴근 후 시내로 갔다'에서 The man은 주어이며 문장의 나머지는 술부다. 간혹 동사만을 가리켜 simple predicate술어로 부르기도 한다.

preposition 전치사. 명사나 명사 상응어와 동사, 형용사, 다른 명사나 명사 상응어 사이의 관계를 연결하고 구체화하는 낱말이다. 'We climbed over the fence우리는 담장 너머로 기어올라갔다'에서 전치사 over는 동사 climbed를 명사 fence와 이어준다. 한 낱말이 전치사인지 접속사인지는 기능으로 구별할 수 있다. 'The army attacked before the enemy was awake군대는 적군이 잠에서 깨기 전에 공격했다.' 여기서 before는 접속사다. 그러나 'The army attacked before dawn군대는 새벽이 오기 전에 공격했다'에서 before는 전치사다. 그 차이점은 첫번째 문장에서 before 다음에 동사가 나온다는 것에 있다. 두번째 문장에서는 그렇지 않다.

pronoun 대명사. 명사(들) 대신에 쓰이는 낱말. 'I like walking and reading; such are my pleasures나는 걷기와 독서를 좋아한다. 그것이 내 취미다'에서는 such가 reading과 walking을 나타내는 대명사다. 대명사는 권위자들에 따라 여러 가지로 분류됐다. 가장 흔한 분류로는 인칭대명사(I, me, his 등), 관계대명사(who, whom, that, which), 지시대명사(this, that, these, those)와 부정대명사(some, several, either, neither 등)가 있다.

subject 주어. 문장이나 절에서 행동을 수행하는 이 또는 사물을 가리키는 낱말이나 구. 'I see you^{나는 네가 보여}'에서 주어는 I다. 'Climbing steep hills tires me^{가파른 언덕을 올라가는 일은 나를 피곤하게 해}'에서는 Climbing steep hills가 주어다.

substantive 실사實辭. 명사의 기능을 수행하는 낱말 또는 낱말군. 'Swimming is good for you^{수영은 (너에게) 좋다}'에서 Swimming은 실사이자 동명사다.

verb 동사. 일반적으로 동사란 시제를 지니며 사람이나 사물이 무엇이라거나 무엇을 한다고 보여주는 낱말로 (다소 느슨히) 정의할 수 있다. 'He put the book on the table^{그는 탁자에 책을 놓았다}'에서처럼 목적어가 있는 동사는 타동사 transitive verbs—동사가 주어에서 목적어로 행동을 전달한다—라고 부른다. 'He slept all night^{그는 밤새 잘 잤다}'와 같이 목적어가 없는 동사는 자동사로 부른다. 이런 동사들에서 행동은 주어에 국한된다.

　'I have thought about this all week^{나는 이에 대해 일주일 내내 생각했다}'에서와 같이 단순 과거나 현재 시제 이상을 나타내야 할 때는 둘 이상의 동사가 결합된다. 이런 동사들의 결합을 가리키는 널리 합의된 용어가 없지만 이 책에서는 편의를 위해 파울러를 따라 합성동사^{compound verbs}라 칭했다. 이런 구문에서 추가적인 또는 보조적인^{helping}(예를 들어, 위 예문에서 have) 동사는 조동사라 부른다.

참고문헌

대체로 다음 서적들을 참고했으며, 본문에서는 초판을 개정한 이들의 이름은 무시하고 원저자의 성으로 표시했다. 어니스트 가워스 경이 1965년에 『현대 영어 어법 사전』을 상당히 개정했으나 이 책은 본문 전체에서 '파울러'로 표기했다. '가워스'로 출전을 표기한 책은 가워스 본인의 저서인 『쉬운 영어 총론』을 가리킨다.

Aitchison, Jean, *Language Change: Progress or Decay?*, Fontana, London, 1981.

American Heritage Dictionary, American Heritage Publishing Company, New York, 1969.

Bernstein, Theodore M., *The Careful Writer*, Atheneum, New York, 1967.

Dos, Don'ts and Maybes of English Usage, Times Books, New York, 1977.

Burchfield, R. W. (ed.), *The New Fowler's Modern Usage* (third edition), Clarendon Press, Oxford, 1996.

Carey, G. V., *Mind the Stop*, Penguin, Harmondsworth, 1971.

Collins Dictionary of the English Language, Collins, London, 1979.

Concise Oxford Dictionary of Current English, Oxford University Press, Oxford, 1982.

Crystal, David, *Who Cares About English Usage?*, Penguin, Harmondsworth, 1985.

Encarta World English Dictionary, Bloomsbury, London, 1999.

Evans, Bergen and Cornelia, *A Dictionary of Contemporary American Usage*, Random House, New York, 1957.

Fieldhouse, Harry, *Everyman's Good English Guide*, J. M. Dent & Sons, London, 1982.

Fowler, E. G. and H. W., *The King's English*, third edition, Oxford University Press, London, 1970.

Fowler, H. W., *A Dictionary of Modern English Usage*, second edition (revised by Sir Ernest Gowers), Oxford University Press, Oxford, 1980.

Gowers, Sir Ernest, *The Complete Plain Words*, second edition (revised by Sir Bruce Fraser), Penguin, Harmondsworth, 1980.

Grimond, John, *The Economist Pocket Style Book*, Economist Publications, London, 1986.

Howard, Philip, *Weasel Words*, Hamish Hamilton, London, 1978.

New Words for Old, Unwin, London, 1980.

Words Fail Me, Hamish Hamilton, London, 1980.

A Word in Your Ear, Penguin, Harmondsworth, 1985.

The State of the Language, Penguin, Harmondsworth, 1986.

Hudson, Kenneth, *The Dictionary of Diseased English*, Papermac, London, 1980.

Jordan, Lewis (ed.), *The New York Times Manual of Style and Usage*, Times Books, New York, 1976.

Michaels, Leonard, and Ricks, Christopher (ed.), *The State of the Language*, University of California Press, Berkeley, 1980.

Morris, William and Mary, *Harper Dictionary of Contemporary Usage*, Harper & Row, New York, 1975.

Newman, Edwin, *Strictly Speaking*, Warner Books, New York, 1975.

A Civil Tongue, Warner Books, New York, 1976.

Onions, C. T., *Modern English Syntax*, seventh edition (prepared by B. D. H. Miller), Routledge & Kegan Paul, London, 1971.

Oxford Dictionary for Writers and Editors, Oxford University Press, Oxford, 1981.

Oxford Dictionary of English Etymology, Oxford University Press, Oxford, 1982.

Oxford English, Guild Publishing, London, 1986.

Oxford English Dictionary (Compact Edition), Oxford University Press, *Oxford, 1971.*

Oxford Guide to the English Language, Guild Publishing, London, 1984.

Palmer, Frank, *Grammar*, Penguin, Harmondsworth, 1982.

Partridge, Eric, *Usage and Abusage*, fifth edition, Penguin, Harmondsworth, 1981.

Phythian, B. A., *A Concise Dictionary of Correct English*, Hodder & Stoughton, London, 1979.

Potter, Simeon, *Our Language*, Penguin, Harmondsworth, 1982.

Quirk, Randolph, *The Use of English*, Longmans, London, 1969.

Safire, William, *On Language*, Avon, New York, 1980.

What's the Good Word?, Times Books, New York, 1982.

Shaw, Harry, *Dictionary of Problem Words and Expressions*, McGraw-Hill, New York, 1975.

Shipley, Joseph T., *In Praise of English: The Growth and Use of Language*, Times Books, New York, 1977.

Shorter Oxford English Dictionary, Book Club Associates, London, 1983.

Simon, John, *Paradigms Lost: Reflections on Literacy and Its Decline*, Clarkson N. Potter, New York, 1980.

Strunk Jr, William, and White, E. B., *The Elements of Style*, third edition,

Macmillan, New York, 1979.

Wood, Frederick T., *Current English Usage*, Papermac, London, second
edition (revised by R. H. and L. M. Flavell), 1981.

옮긴이 **권상미**

한국외국어대학교와 동대학교 통역번역대학원을 졸업하고 캐나다 오타와대학교에서 번역학 석사학위를
받았으며 박사과정을 수료했다. 캐나다에서 OTT 기업들의 프리랜스 리드 링귀스트로 일하며, 문학 번역
과 회의 통역을 병행하고 있다. 옮긴 책으로 『올리브 키터리지』『네가 있어준다면』『이렇게 그녀를 잃었
다』『드라운』『오스카 와오의 짧고 놀라운 삶』『일요일의 카페』『빌 브라이슨 발칙한 유럽산책』『빌 브라
이슨 발칙한 미국 횡단기』『서쪽으로』『위도우즈』 등이 있다.

빌 브라이슨의 틀리기 쉬운 영어

1판 1쇄 2020년 6월 10일 | 1판 4쇄 2024년 1월 15일

지은이 빌 브라이슨 | 옮긴이 권상미

책임편집 유지연 | 편집 구민정
디자인 이효진 최미영 | 저작권 박지영 형소진 최은진 서연주 오서영
마케팅 정민호 서지화 한민아 이민경 안남영 왕지경 황승현 김혜원 김하연 김예진
브랜딩 함유지 함근아 고보미 박민재 김희숙 정승민 배진성 조다현
제작 강신은 김동욱 이순호 | 제작처 영신사

펴낸곳 (주)문학동네 | 펴낸이 김소영
출판등록 1993년 10월 22일 제2003-000045호
주소 10881 경기도 파주시 회동길 210
전자우편 editor@munhak.com | 대표전화 031) 955-8888 | 팩스 031) 955-8855
문의전화 031) 955-3576(마케팅) 031) 955-3572(편집)
문학동네카페 http://cafe.naver.com/mhdn | 트위터 @munhakdongne
북클럽문학동네 http://bookclubmunhak.com

ISBN 978-89-546-7075-3 13740

잘못된 책은 구입하신 서점에서 교환해드립니다. 기타 교환 문의 031) 955-2661, 3580

www.munhak.com